100年前的中日韓

東亞近代文明新發現

金文學——著

目 錄

作者前言

　　回顧歷史，近代東洋（東亞）的文明發展，是在西方文明的衝擊下開始起步的。中國和韓國、日本立志於西洋的近代化，開始了一場類似於龜兔賽跑的競爭。不幸的是，日本帝國通過明治維新，率先實現了西洋近代化。隨著這一力量的侵入，東洋近代史的格鬥正式展開。

　　近代東亞的文化、思想、社會，在這一幸與不幸的歷史背景下，不可避免地在建構壓制、抵抗及適應的多層版圖的同時，逐漸形成其明暗面。如文明史學家所說，從地緣政治學上講，介於大陸和島國夾縫中的朝鮮半島，是遭受了「城門失火，殃及池魚」般的慘痛，並在一系列變化中立於歷史之中的。

　　「歷史是一面鏡子，也是一種教訓。」這一古訓至今仍有深刻的現實意義。從這一視點出發，通過重新審視、重新揭示亞洲近代的明與暗，重新發現和思考不被我們充分了解的近代史，這對生活於21世紀的我們而言，都是一件極其重要，且具有深遠意義的事情。

　　什麼是歷史呢？歷史正是以堅韌的紐帶，把昨天連接起來的今天。但是，我們今天對於100年前的近代史，持有怎樣的態度呢？對於中國的近代史，我們通過學習教科書中的知識，對其有了一定的認識，可對我們民族自身的近代歷史，我們又了解多少呢？另外，對於具有密切關聯的鄰國——日本的近代史，我們又有多少關注呢？

　　此外，我們透視歷史的角度也存在一定的問題，這一點尤其令我感到焦慮。我認為我們有必要擺脫單純的二分法思維方式的桎梏，而採用一種更為溫和、更為多樣化的視角。巧合的是，所謂歷史，並非是根據某種特定性的目的論、認識論展開的。歷史也是將個人和民族、集團社

會、國家糾纏在一起，在穿越時空的過程中逐漸形成的。

　　所以，在歷史中，我們和他者、此方和彼方，要麼在彼此影響過程中形成和諧關係；要麼與此相反，彼此反目成仇，進而在格鬥過程中形成極其複雜的形態。因此，歷史這一巨型連續劇的主人公，總是由自我和他者構成，是一種複合的形態。那麼，他者成為鏡子，並起到照出我們真實面貌的作用，這本身是否就是歷史的真實面貌呢？

　　「了解他人，才能更好地了解自己。」，比較、回顧100年前的中國、韓國、日本，也是反觀我們自己的好方法。

　　筆者在長期比較研究東亞歷史過程中，試圖在該書中以類似於MRI（核磁共振成像）的方法，對中日韓三國近代史中的重大事件、文化、藝術、社會、風俗、民眾的日常生活等方面進行切分，並以特寫鏡頭予以還原。

　　我希望在這本書中，能對我們曾經不太了解的，或者已經隨風而逝的歷史場面，進行再發現、再思考。通過這一過程，我們可以發現已逝的近代史的光明與黑暗，同時也能感受到溫和而又冰冷的近代史的體溫。

　　筆者所希冀的是，擺脫單一國家歷史的視角，並以多國的、多層次的視角，省察我們和我們周邊的歷史環境。

　　本書中文繁體版共分三冊，第一冊《文明・風物篇》、第二冊《人物・思想篇》、第三冊《政治・軍事篇》，由臺灣大地出版社出版。

1. 彷徨的魯迅

開創中國近代語言文學先河的偉大文豪魯迅，從周樹人變成魯迅，其實經歷了漫長的彷徨與思考。

從魯迅年譜中我們可以發現，他結束了在日本長達7年的留學生活，歸國後成為杭州、浙江兩省師範學堂的生理化學教員，是在1908年8月炎熱的夏天。在魯迅的文學生涯中，通過漫長的沉默，他終於踏上了由周樹人變身為魯迅的飛躍期。

從各個意義上講，魯迅就是在中國和日本近代史上彼此擺脫不了的關係中生活過來的國民作家。不僅如此，從更為普遍的意義上講，他也是近代精神史的象徵性人物。此外，他的形象也不應簡單地用偉大的文學家、思想家、革命家加以形容。事實上，魯迅同時具有更為複雜和多層次的性格，是一個超越了國界的具有國際眼光的「世界人」。

在中國，關於魯迅的研究，最近以來也非常活躍，一些新銳學者的「魯迅批判」也非常尖銳。但是，在筆者看來，對於魯迅進行的更有深度的分析研究，似乎還應首推把魯迅視為東亞代表作家的日本學術界。原魯迅博物館館長、魯迅研究領域的中堅學者孫郁也曾在與筆者的交談中，對此表示過贊同。

筆者對魯迅觀察的一個切入點是：為什麼魯迅終止日本留學回國以後，變得消沉，在沉默中經歷著精神上的彷徨？另外一點是，他為何以那種刻骨之痛，對中國、中國國民的劣根性進行批判？又為何始終將其視為自己神聖的使命？

關於這些問題，無論是中國學者，還是新聞工作者，都無法得到準確擊中要害的答案。對於魯迅的評價，向意識形態或革命家層面傾斜，變得表面化了。同時，這也成為定型魯迅的一個框架。

深刻剖析魯迅是一件非常困難的事情。在觀察魯迅歸國以後的行跡

之前，還是讓我們來比較考察一下他在日本7年漫長的留學生活吧。

從1902年開始的留學生活，對他的人生而言，果然是一段「黃金時節」。從22歲到29歲這7年間，他在日本度過了多愁善感的青年時期。日本的先進文化，給他帶來了巨大的文化衝擊。而日本式的西方文明也讓他大開眼界。在日本期間，他「總是喜歡穿日本的和服。在外出的時候，他也總喜歡套上袴褶，帶著獵帽，穿著皮鞋。他喜歡穿留學生不大喜歡的木屐，有時甚至穿著木屐去逛夜市。」「中華料理店經常出售火腿和豆腐等中國食品，可他一次都沒買過。」「能看到他在東京想要過一種日本式生活的努力……在不受中國生活方式阻礙的情況下，積極融入日本風俗方面，總覺得其中有某種志向。」（丸山昇《魯迅》1965，及《周樹人回憶錄》）

魯迅平生蓄留的鬍子，也是日本流行的八字鬚。這一從日本開始蓄留的鬍鬚樣式，他一直保留到生命的最後一刻。正如學者指出的那樣，他是一個徹底沉浸於日本文化，並終於將試圖融入其中的國際性的現實體驗，昇華到精神世界的高度。

魯迅最尊敬的人也是他的導師、日本人藤野先生。他視為終生朋友的畏友也是日本人內山完造，為自己和兒子診治的醫生仍然是日本人。甚至臨終前的遺言也是用日文寫成的。他是一個最為接近「親日」的文豪，而這種傾向，全都始於他在日本的生活。當然，這種喜好僅屬於來自他個人性格方面的私生活，我們對此難言是非。但在日本的生活，給他的世界觀、價值觀的確立帶來了絕對的影響，這是不爭的事實。

很多學者涉及日本體驗方面的研究結果表明，魯迅之所以著眼於「國民性改造」，是因為在日本期間接觸了史密斯的《中國人的性格》，以及日本人寫的有關國民性批判類書籍和雜誌內容。尤其是因為在明治末期和大正初期，魯迅大量接觸了乘著民主主義之風，如雨後春筍般冒出來的西方學說、哲學思想等內容。魯迅曾在中國留學生創辦的

《浙江潮》、《江南》等刊物上發表《摩羅詩力說》（1907）等文。在文中，魯迅指責中國與歐洲之間的差距，並呼籲改革。在此期間，青年魯迅和他的弟弟周作人一起翻譯外國小說、創辦雜誌均遭到失敗。但他卻熱情不減，展開了議論、文學方面的活動。

可是，歸國後，魯迅卻生活在「寂寞」和消沉之中。實際上，他在日本留學期間，並沒有獲得學士、碩士或博士之類的學位，僅僅拿到了弘文學院和仙台醫專出具的學歷證明。因此，僅憑這個學歷，難以在大學找到教授職務。

從1912年到1926年間，他在朋友的引薦下，就任北京政府教育部科長一職（公務員）。跟留學期間截然相反的是，直到1938年在《新青年》發表《狂人日記》，他一直是沒沒無聞的周樹人。他深陷於苦惱之中，一度曾把抄寫古書和整理拓本作為全部的愛好。這一時期的他過於消沉，在彷徨中消解自己的自信，跟仙台醫專時期立志於通過文學作品喚醒國民的魯迅判若兩人。

其原因何在？筆者進行比較研究結果，終於找到了如下答案。

當時的魯迅，對本國同胞的「落後性」產生了無限的絕望感，甚至產生了嫌惡之感。他已經在日本成長為一個「國際人」。國際人的心中，始終存在報復文化體驗的記憶裝置，一旦對方不具備這種裝置，就會對對方產生絕望。此外，他也是生活在邊緣狀態的「邊緣人」。他是一個生活在日本文化和中國文化邊緣的人物。

他在中國重新發現的同胞的落後性，可能也會從逆向招致文化的衝擊。因此，他審視中國的透鏡中，或許充滿了「劣等」、「落後」、「醜陋」、「阿Q」等批判性的概念。也就是說，裡面已經沒有餘地容納其他形象了。

即便是在逝世前幾天，他在日本租界地還對自己的日本友人宇治山這樣說道：「我看得到中國未來的沙漠。」對中國人的絕望感，也是身

為具備了國際人眼光的魯迅一大局限。但這也是將他塑造成批判國民性領域最具影響力的作家的決定性原因。

2. 伊藤博文與戊戌變法

1898年9月21日。

這是中國近代史上最黑暗的一天。被稱為戊戌變法的維新革命，在以慈禧太后為首的保守勢力打擊下，於此日以慘澹的失敗而告終。

被稱為「戊戌變法」的這一革命，實際上是以日本維新革命為藍本而進行的「戊戌維新」。這也是經歷了1895年中日甲午戰爭慘敗以後，清朝不得不進行的維新。即便是那些口口聲稱「戰勝日本」的主戰派，也由於甲午戰爭的失敗，而不得不改變大清帝國式的、大國的傲慢思維方式。戰爭的失敗，為這一歷史轉變提供了契機。不巧的是，知識份子並沒有把從洋務運動的失敗中得到的教訓，用於政治統治系統的改革，也沒有使國家變成一個日本式的「國民國家」。正因為如此，別說是西方，就連在與小小的東洋島國日本的交戰中也遭到了慘敗。

作為南方海南地區公羊派代表人物聞名於世的領袖康有為，早在1888年便撰寫了《日本變政考》，上書光緒皇帝，主張學習日本。但他的主張遭到保守派官僚階層的駁斥。此後，隨著1895年4月《馬關條約》簽署的消息傳開，於是正在北京準備科考的康有為，召集全國雲集於北京的603名舉人聯名上書，上演了一場著名的「公車上書」。舉人上書清朝政府，號召「變法圖強」。

但是，年僅27歲的光緒皇帝，跟日本的明治天皇一樣，沒有什麼實權。他沒有更多足以動搖西太后等保守派的政治資本和力量。正如1884年由朝鮮的年輕開化派領袖主導的甲申政變在三天內草草收場一

樣，戊戌維新充其量也只維持了百日便落下了帷幕。

　　比較明治維新和戊戌變法，以及朝鮮的甲申政變這三場政治運動，不難從中找到唯獨明治維新獲得成功的決定性因素。

　　戊戌變法或甲申政變，都缺乏對周圍人才以及社會環境靈活的應對舉措，但明治維新，卻確保了這一點。而且其應對舉措、明治天皇及其周圍的英才——大久保利通、木戶孝允、西鄉隆盛等階層都帶著可變性和多義性，表現出一致的行動。中國和朝鮮的維新，其上下之間缺乏靈活的聯合，而且是以一種「僵化的結構」單向實施的。所以當然會以「拋頭顱灑熱血」的悲劇而告終。

　　這兩個國家的維新派，在維新革命失敗後同樣都逃往日本。這也從側面說明，當時的日本是亞洲革命的中心，而且具有一種靈活的結構。

　　當時，確保戊戌維新成功的機會，其實已經出現在中國，但中國自己失去了這個機會。正如前面所提到，戊戌變法的特徵，正是以1868年的明治維新為藍本的。因此，通過明治維新，實現了國民國家政治，制定了日本最初的近代憲法的總理大臣伊藤博文，對康有為、梁啟超、譚嗣同等年輕革命者而言也是一個令人羨慕的大政治家。

　　剛好，戊戌變法熱火朝天地進行的過程中，伊藤博文於1898年6月辭去了第三屆內閣大臣職務，為了考察甲午戰爭以後三國政治形勢於7月路經朝鮮，抵達了北京（9月14日）。既然伊藤博文是東亞著名的政治家，自然受到了維新派人士的熱烈歡迎。從當時的報紙上，我們也能了解到年輕的學生聚集在一起，為了得到伊藤博文指導而請求接見的盛況。

　　尤其是康有為，甚至與弟子梁啟超呈上奏摺一封，鼓吹中日應合為一國，並應請日本伊藤博文主持中國變法。但伊藤博文是否確實承諾，卻不見文字記錄。

　　在此期間，伊藤博文積極會見中國的維新派，並向他們提出諸多建言。「應避免急進式的表面化改革，並有計劃性地循序漸進。哪怕是為

了農工商的發展，也都應首先完善教育。」

此外，伊藤博文於9月15日訪問總理衙門時，這樣表示道：「看到這個國家的大臣、官僚們沉迷於權欲而非國家政治，從而不能向皇帝誠實諫言，我很遺憾。」

9月20日，光緒皇帝向前來拜謁的伊藤博文說道：「請你指導總理衙門五大臣，使他們了解和掌握改革的順序和方法。」對此，伊藤博文回答：「只要是為了貴國，我將竭盡全力。」

但是就在第二天，9月21日，慈禧太后等保守派認識到連伊藤博文也都加入到變法陣營的嚴重事態而發動政變，將光緒皇帝囚於瀛台。

如果（當然，在歷史上，「如果」這一前提被視為禁物）伊藤博文能以戊戌變法的最高顧問身分，對革命進行指導，那麼將會發生什麼樣的後果呢？這是一個非常有意思的假設。雖說是一種假設，但如果變法真的按照伊藤博文的方法順利進行，說不定極有可能在這一重大事件上寫下新的篇章。

此後，在滯留日本公使館期間，伊藤博文為了避免梁啟超在慈禧太后發動的政變中受到傷害，向清政府提出庇護要求對其加以保護。伊藤博文向日本公使館人員稱，「像梁啟超這種有才能的人，理應救他一命。」最後，伊藤博文終於成功地將康有為和梁啟超送上了開往日本的遊輪，使他們逃過一劫。

康有為和梁啟超把日本當成是第二革命根據地，也跟伊藤博文的幫助是分不開的。

3. 跨越國界的革命家孫中山的背影

1911年10月10日，通過武昌起義，打響了辛亥革命第一槍。此時，

孫中山身在美國。獨立的清朝各省分為不同派系，並就將何地確定為革命政府所在地以及推舉何人為革命領袖一事，發生了嚴重分歧。從報紙上了解到武昌起義的孫中山，在三藩市坐上了歸國的航船。12月25日，孫中山到達上海，並於一周以後的1912年1月1日出現在南京。中華民國政府和臨時大總統就此誕生。

孫中山（1866-1925），名文，字載之，號日新，又號逸仙。「日新」則是他在歐美期間廣為人知的名號。孫中山在中國大陸被視為「革命先驅者」，而在臺灣，則被稱為「國父」，是一位受人尊敬的政治領袖。他在日本逃亡期間，在東京日比谷公園附近的一家旅館下榻之際，偶然看到一家店鋪掛出「中山」二字的招牌，於是便隨手將自己的名字寫成了「中山樵」。孫中山的名號就是由來於此的。

在教科書上，孫中山是作為一位革命家而出現的。在說到孫中山為了革命活躍在世界各地時，教科書只是簡單提及「曾亡命日本」，但對於詳細細節部分，卻沒有作更多的介紹。

在他40多年革命生涯中，有三分之一的時間是在日本度過的。有關這部分內容的缺失，不能不說是一件令人遺憾的事情。

孫中山真可謂是一個具有多重性格、多重面孔的近代巨人。他既是一個民主主義者，也是一個親日的革命家，同時又是一個大亞洲主義者。他曾把中國革命的第一步看成是「維新革命」，而第二步則看成是中國共和革命。

在青年時期，孫中山十分清楚日本是亞洲各國獨立運動家遭到迫害之後首選的亡命之地，並據此展開活動，一次次東山再起。1895年，在第一次廣州起義遭到失敗以後，孫中山即刻逃往日本，由此開始了他與日本的因緣。他在1905年8月，於日本東京創建了同盟會，並當選為總理，然後開始創辦《民報》，高舉起他的三民主義旗幟。

這樣一位革命家的正面形象，雖然在教科書中多有強調。但他作為

一個人的深層心理活動，以及他在跨越國境展開革命活動的背影部分卻十分模糊。因此，出於進一步了解「有血有肉的孫中山的形象」這一不俗的願望，我將考察他尚不為人知的側面，較為立體地觀察這位偉人。

1895年廣州起義失敗以後，孫中山逃往日本，此後又經美國到達英國，並被大清公使館拘留。他根據自己的親身體驗，發表了《倫敦避難記》。此後，孫中山作為一位青年革命家，開始為世人矚目。

1900年5月，孫中山再次登陸日本，並和他的日本女友投宿於箱根的一家旅館。這是為了把日本當作革命根據地，重新展開革命活動。一直到辛亥革命勝利，孫中山一共發起了10次革命起義，卻一次次以失敗告終。因此，他還曾被人貼上「失敗的革命家」標籤。他是一位充滿革命激情的人物，立志推翻滿清政府，並建立以漢族為中心的人民共和國。

孫中山的身高僅156公分，卻以雄辯的口才大談革命抱負，滔滔不絕地向人們闡述革命道理，有些華僑甚至因此還把他戲稱為「孫大炮」。從性格上講，孫中山是個性急的人，情緒波動較為強烈。多處可見有關這一點的證言。

每當囊中羞澀之時，孫中山變揮毫潑墨，寫下「博愛」書法作品向周圍日本居民兜售，宣稱「隨便多少錢都可以買下這幅字」。在日本人的回憶錄中，也可見到相關內容。多虧了這一點，孫中山先生在日本留下了大量墨寶，這或許是另一種幸運。

與他達觀活潑的性格相仿，孫中山揮毫寫就的書法同樣是一種奇觀。根據犬養毅的回憶錄內容，我們可以了解到孫中山在生前最喜歡談論的話題有兩個：一個是「革命」，而另一個則是「女人」。根據中國的學者林思雲的考證，於1895年到達日本的孫中山，在以東京和橫濱為中心準備展開革命活動之際，其「英雄好色」的形象已經被周圍人所熟知。

實際上，在他的婚姻生活中，曾經有位名叫盧慕貞的原配夫人。

但在1896年，孫中山在橫濱與日本女性大月薰舉行婚禮，並於1906年5月，生下了名為富美子的女兒。富美一詞的日語發音與中文的「文」字發音相同，據稱富美子的名字就是由來於此。另外，孫中山還曾愛上一位名叫淺田的日本女子，並在巡迴日本各地的時候與其相伴而行。據稱，淺田逝世的時候，孫中山顯得非常傷心。從他與這些女性交往的歷史中，我們也可以看出他身上具有柔情的人性一面。

在國民黨的青天白日旗剛剛設計出來時，有人認為它看上去恍若日本的太陽旗，並據此予以反對。但孫中山堅持己見，最終通過了這一設計方案。相當於是孫中山弟子的胡漢民後來在回憶錄中寫道：「真不知道孫先生為何執著於青天白日旗。」顯然是對此迷惑不解。實際上，在孫中山的心中，已經在這面青天白日旗中，寄託了自己對中日聯合所形成的亞洲繁榮的遠大理想。

孫中山的理想和熱情感動了日本人，並引起了他們的共鳴。當然，日本人當中也不乏想要利用孫中山之流，但孫中山反過來也是在利用這些日本人的支援。由這些人組成的名單包括實業家梅屋莊吉、一生絕對支持孫中山的革命家宮崎滔天、犬養毅（也是支援金玉均的人）等，有數十人之多。他們一共向孫中山提供了相當於今天10兆日圓以上的援助。在辛亥革命時期，甚至有數十名日本人採取自盡的方式，在戰鬥中獻出自己的生命。

1912年3月，在以宣統皇帝的退位為條件將袁世凱推上總統寶座。後來，孫中山在「討袁革命」中遭遇失敗，隨後於1915年在日本與宋慶齡結為夫妻成為革命的伴侶。此後，孫中山又發起了數次革命起義，但在1925年，他在寫下了「革命尚未成功，同志仍需努力」的遺言以後闋然長逝。

在逝世前的1924年冬，孫中山在日本神戶進行了主題為「大亞洲主義」的演講。針對歐美的侵略主義，他強調東洋的王道和平，但日本帝

國主義無視孫中山提出的警告，開始入侵中國大陸。跨越國界的孫中山作為一位世界性的革命家，其東洋和平思想，在今天也具有重要的現實價值。

4. 成為孫中山的拐杖的日本人

「孫中山的革命運動和日本之間的關係，是近代中日關係史上的重要組成部分。若想全方位闡明近代中日關係，除了過去的戰爭歷史以外，也不能不查明孫中山的革命運動和日本的關係。在日本，作為孫中山研究的一個環節，對於孫中山和日本之間關係的研究領先於其他領域。但在中國，由於各種原因目前還落後於日本。」南開大學歷史學研究所俞辛焞教授在其所著的《孫中山的革命和日本》（1989）一書的序言中這樣寫道：「回顧100年前近代中日關係，孫中山遭遇了日本，並對日本寄予希望。而日本人也支持了孫中山，自然而然成為他的拐杖，其中有很多必然因素。」

孫中山在1895年來到日本以後，十數次來往於日本和中國大陸，而滯留於日本的時間，加在一起則長達10年之久。他把日本視為革命根據地的原因和金玉均、朴泳孝等人相仿。實際上，在《孫中山與神戶》（陳德仁、安井三吉合著）一書中我們可以看到，早在義和團運動風起雲湧的1900年6月21日孫中山來到神戶，便與正在日本逃亡的朝鮮開化派領袖朴泳孝有過會談。有資料表明，1902年1月，孫中山再次與鄭士良一起拜訪朴泳孝，並就亞洲革命事宜展開會談。

可以說，孫中山和日本的交集，是從他想要將明治維新的成功範例作為中國革命的藍本開始的。縱觀近代史上的中日韓三國，除了「壓迫」和「被壓迫」之外，總是伴有相互利用的事實。

孫中山在「壓迫和被壓迫」這一組關係當中，打算利用日本針對清
政府的侵略壓迫，並由此希望得到日本人的支援。孫中山的政治理念和
日本國家主義的鼻祖、深陷於東亞聯合與侵略的頭山滿，或者是作為政
黨領袖一度成為首相的犬養毅，以及被稱為大陸浪人的內田良平等政治
家的政治理念相互交融在一起，而其中促使他們聯起手來的原因是：他
們都夢想著顛覆清政府的統治。

此外，這些日本人，同樣也是積極支援了朝鮮的金玉均、朴泳孝等
人。他們參與了明成皇后屍骸的處理和吞併朝鮮的政治事件，因此他們
的身分和纏繞在一起的歷史事實一樣複雜。

中國和日本是同屬於東洋文化圈的兄弟鄰邦，所以孫中山迫切希望
在近代化進程中迅速獲得成功的日本能支持自己的中國革命活動。於
是，在同樣的漢文化圈中圖謀亞洲的「騰飛」與「聯合」的日本人，自
然而然和孫中山聯起手來，幫助他推翻清朝政府。

其中，孫中山「最親近的朋友兼助手」是宮崎滔天。宮崎滔天出身
於熊本下級武士，1898年戊戌變法失敗以後，他曾幫助康有為等7人成
功逃亡日本。他的哥哥也是一位中國革命活動支持者，不幸中途遇難，
於是宮崎滔天繼承了哥哥的遺志，全身心投入中國的革命事業。1905
年成立的同盟會，也是在宮崎滔天和末水節等人的支持下，利用黑龍
會所創建起來的。事實上，最早把黃興介紹給孫中山的，正是宮崎滔
天。而同盟會則是在孫中山和黃興等人領導的各團體的聯合團體。

宮崎滔天在其著名的回憶錄《33年之夢》一書中介紹說，1897年
他曾拜訪亡命橫濱的孫中山，當時孫中山向他強調：中國革命是為了中
國人、為了亞洲黃色人種、為了世界人類而發起的。宮崎滔天被孫中山
沖天的革命熱情所感動，此後，宮崎滔天與孫中山一起投身於辛亥革命
運動。1921年由中國回到日本以後，宮崎滔天病逝。

中國革命運動是宮崎滔天所有事情當中的重中之重。當他的妻子向

他哭訴「明天沒米下鍋」時，宮崎滔天只丟下「你自己想辦法吧」這樣一句話，予以斥責。宮崎滔天甚至變賣了自己祖傳的田產，把得到的錢作為中國革命活動經費，捐獻給孫中山。

在宮崎滔天、平山周、平岡浩太郎、梅屋莊吉等人的人力物力支援下，孫中山在東京過著「皇帝般的日子」（孔祥熙語）。

孫中山的生活方式也帶有明顯的日本文化痕跡。他在自己經常穿的日式學生服基礎上稍加變化設計出的服裝，便是今天的「中山裝」。至今為止，這仍然是中國具有代表性的人民服裝，也成為傳統中國領導人經常穿在身上的服裝。

孫中山的革命理想和思想同樣是以日本為出發點的，並將其歸納為「三民主義」和「五權憲法」。孫中山在1894年向清政府實權人物李鴻章提出的政治改革報告中，提倡改良主義。其實質便是以明治維新以後的日本為楷模的君主立憲制，但卻遭到了李鴻章的抹殺。

孫中山在此後頻繁提倡的「民主主義」思想，也是起因於日本的「平均地權」思想的。「平均地權」思想本是宮崎滔天的哥哥首先提出的，孫中山在與他的交往過程中，借鑒了他的這一思想，並將其移植到自己的「三民主義」體系當中。從這個意義上講，孫中山的「三民主義」，是他在滯留倫敦期間閱讀的美國經濟學家亨利‧喬治的民族獨立、民權主義，與日本的「平均地權」思想的混合體。

日本人為了孫中山的事業，向他提供了財物、思想、理念等各種形式的幫助，並成為孫中山得以邁步向前的拐杖。可是，日本人提供的這些幫助，在孫中山推翻清王朝政府的同時，也間接地成為日本侵略中國的拐杖。可以說，日本人的幫助起到了二元作用。

對孫中山而言，他始終無法擺脫自己身上來自於對日本認識方面的這種二元化矛盾。1919年，在清政府與日本簽訂了《二十一條條款》以後，孫中山開始重新認識日本的侵略活動，並予以譴責。但與此同

時，他也陷入了繼續寄希望於日本的自相矛盾當中。

中國的歷史學家俞辛焞曾經指出：孫中山「所寄予的希望便是目的，而批判也是達成這一目的的手段。」總之，孫中山希望能從日本方面獲得物資、財政方面的支援。一個巨大的疑問是：為什麼中國國內竟然沒有出現更多強有力的支援者，以至於孫中山轉而將希望寄託在日本方面？這也是中國人需要自問的一個問題。

孫中山在晚年在政策上發生了「聯俄、聯共、扶助農工」的轉變。但直到1924年冬天再次訪問日本時，他仍然沒有放棄對日本的希望，以致發表了著名的「大亞洲主義」演講。這又是為什麼呢？

金玉均、朴泳孝等人是否也懷著同樣的心情，寄希望於日本的呢？這也是需要討論的一個課題。

在中韓兩國圍繞著日本的百年前歷史中，我們自己的形象總是和日本的形象混搭在一起。

5. 近代朝鮮獨立自主的先驅者金玉均

中日甲午戰爭爆發前10年，1884年12月4日，朝鮮爆發了近代史上著名的「甲申政變」。雖說朝鮮需要改變自1876年以來的鎖國政策，並在西方及日本的影響下糾正自己的發展方向，但實際上，朝鮮李朝政府需要選擇的獨立自主的近代化道路則只能是改革具有悠久歷史傳統的封建體制。這是當時的歷史背景。

日本在亞洲率先實現了近代化，但是大清國乃至其他國家反而淪落為殖民地、半殖民地國家，其原因就在於它們都在近代化革命道路上遭到了失敗。當時，日本之所以開始覬覦朝鮮，也是因為日本迅速實現了近代化，而落後的（封建體制）、弱小的朝鮮則為其入侵提供了機會。

　　從當時外國人寫的朝鮮觀察日記中，我們不難看出朝鮮末期仍然維繫著封建體制。這種前近代化的現狀，為開化的知識份子、政治家提供了機會，促使他們對這令人絕望的現狀進行改革，並將朝鮮引向近代化道路。年輕的金玉均此時以一個鮮明的改革派形象登上了歷史舞台。

　　「金玉均是完成朝鮮近代化改革，並為其獨立自主道路而獻身的先驅者之一。在朴泳孝看來，金玉均的『就新自立』，是對朝鮮國內進行改革，斷絕與中國的從屬關係，從而實現國家獨立的主張。他為了對抗那些『守舊依賴』（即固守舊體制、保持與大清國的從屬關係）的保守派，將他們排斥出影響國王的勢力圈，開拓朝鮮新時代，發起了一場政治運動，這就是1884年的甲申政變。」（駐日歷史學家姜在彥）

　　「甲申政變」的領袖金玉均是一個什麼樣的人物呢？韓國和日本出版的有關他的傳記和資料，向我們刻畫了比較全面的金玉均。

　　金玉均是一位稀世的秀才，從小就已經聲名遠揚。在21歲那年，他在全朝鮮2000多名秀才參加的科舉考試中名列前茅，摘取了狀元桂冠；而在22歲時，他便被提拔為專門管理公文的弘文館校理（校長）；32歲那年，金玉均官至戶曹參判（財政部副部長）職位。他開始投身開化派先輩劉大致、吳慶錫以及朴燕巖的後人朴珪壽等人門下，向他們學習開化思想。金玉均的周圍，彙聚了朴泳孝、徐光範、徐載弼、洪英植等朝鮮近代史上赫赫有名的大人物。這些左右著朝鮮近代化進程的青年官僚都位居朝鮮政治中心的要職，此外還有魚允中、金允植、金弘集等穩健的年長改革派。金玉均從很早開始就已經意識到朝鮮不可能實現自主改革，於是開始嘗試藉助外部力量。同時，金玉均也接受日本近代啟蒙思想家福澤諭吉熱情洋溢的指導。在魚允中的推薦下（1881年訪日以後），又經朝鮮僧侶李東仁的介紹，金玉均和俞吉濬、柳正秀、尹致昊（當時正在日本留學）一起與福澤諭吉相遇。在福澤諭吉的介紹下，金玉均又會晤了井上角五郎、洪澤榮一、大隈重信等日本巨人，並展開激

烈的爭論。福澤諭吉派出自己的弟子井上角五郎，前往朝鮮創辦朝鮮歷史上第一份韓文報紙《漢城旬報》，以傳播文明開化知識和理論。

當時，在第三次訪問日本期間，金玉均為了解決朝鮮的財政剝削問題，向日本政府提出了300萬日圓的借款請求，但遭到了拒絕。日本政府已經因軍費擴張一事急紅了眼，根本無暇顧及朝鮮的財政改革。

可是，金玉均等開化派迎來了絕佳的時機。1884年，隨著中法戰爭的爆發，大清國政府抽調原來駐紮在朝鮮半島的一半軍隊派往戰爭前線，於是清軍在朝鮮的軍事力量大大減弱。

從國際形式上看，自鴉片戰爭以後，清政府的形象已經變成了一隻「紙老虎」。於是，金玉均獲得了信心，決定率領開化派發動一場政變。他們與日本公使接觸，傳達自己的革命構想並向其請求支援。

當時，跟2000名清軍相比，開化派軍隊（150名）和日本軍隊（500名）加在一起僅有650名，但只要藉助高漲的士氣和武器，至少可以與清軍展開較量。

12月4日，金玉均發動了軍事政變。政變軍隊利用友邦的開國國宴，殺掉保守派政府要員，確立了以開化派為主導的新政權。保守派官僚李祖淵、韓圭卨、閔泳翊和開化派的金玉均、朴泳孝、徐光範等人，與美英法清公使一同參加宴會。發起政變以後，他們殺掉了保守派的閔泳穆、閔大鎬、趙寧夏等保守派重臣，並擁戴高宗轉移到景佑宮。實際上，他們是把高宗當成了人質，以確保除掉保守派，實現新舊政權的轉換。

新政權在次日清晨5點鐘，在獲得高宗的認可以後宣布成立。開化派官僚掌握了新政權的中樞。新政權發布了15條新的政綱政策，其內容包括：擺脫與清政府的從屬關係，主權獨立；取締身分制度；改革租稅制度；受流配禁錮刑者，酌量減刑；嚴懲腐敗；創設員警巡查制度；財政一元化政策；去除門閥，樹立全民平等權等。

如果當時新政權採取的措施得以實施，那麼朝鮮將從此步入與日本

相仿的近代國家行列。無論如何,「甲申政變」都是朝鮮近代史上具有劃時代意義的一場革命。

但是,甲申政變以「三日天下」的結局宣告失敗了。受明成皇后左右的高宗重新回到了昌德宮,而明成皇后向清政府提出軍事援助請求,打算藉助清政府的力量一舉擊潰開化派。清政府當然不願意失去朝鮮,於是,1500名士兵在袁世凱的率領下攻入昌德宮。日軍和朝鮮開化派軍隊從數字上雖然處於劣勢,但進行了頑強的抵抗。最終,在清軍的強大火力下,參與政變的軍隊被殲滅,甲申政變同時宣告終止。

金玉均、朴泳孝、徐光範等人和日本公使一起躲進了日本駐仁川的公使館,但日本公使開始對他們冷淡起來。12月11日,坐上日本郵輪的金玉均等人,開始了他們漫長的日本流亡生涯。「開化派出於想要促使朝鮮走上近代化道路這種短期方案的設想不得不依賴日本,因此具有致命的局限性。」針對金玉均的批評開始蔓延開來。提出批評雖說是一件容易的事情,但從我們今天的角度來看,這似乎缺少了一種還原歷史,並從中發現歷史的態度。

回顧由金玉均領導的甲申政變軌跡,我們可以從中發現這樣一種歷史真相。作為晚於日本28年開國的落後的封建制國家,朝鮮面對的問題是十分嚴重的。開化派對此有多大程度的深刻認識,這一點恐怕不難想像。開化派為什麼放棄了當初憑藉自己的力量進行改革的計畫,轉而請求日本提供支援?其背景當中,存在這樣一種朝鮮王朝根本性的問題:與開國日期推遲、且受到列強的威脅相比,朝鮮當時只擁有貧弱的財政和軍事力量。此外,如果當時團結一致,便可以成就改革。但由於早已沉浸在事大傳統的閔氏保守派藉助清軍力量鎮壓了政變,朝鮮處於大陸和海洋兩股勢力之間左右搖擺。這也是當時的朝鮮具有的致命局限性。歸根結柢,還是因為當時的朝鮮仍然缺乏近代的「民族」與「國民國家」意識。

6. 東亞聯合的思想家——金玉均

在東京地鐵銀座線的外苑前一站，有一座名為「青山靈園」的公墓。裡面設有「外國人墓地」。我們在那裡可以看到金玉均的墓碑。碑上寫有「金玉均之碑」中文字樣。碑高3公尺，厚15公分，寬1公尺，是一塊自然石。

碑上還用韓文刻上了這樣一段文字：「嗚呼！雖身懷非常才能，卻因身處非常時期，而未能建立非常功勳，終於非常死亡。」金玉均的墓地，在日本和韓國共有三座，「青山靈園」墓地和東京真淨寺各有一座，此外在韓國忠清南道的故鄉牙山也有一座。

金玉均是在中日甲午戰爭爆發前夕的18943月28日，在上海被洪忠宇暗殺的。他的死亡也成為日本發動中日甲午戰爭的導火索之一。可是，原本流亡在日本的金玉均，為什麼要來到上海呢？在東京期間，金玉均經常會晤清國公使——李鴻章的養子李經方。而他之所以前往上海，正是在李經方的介紹下，準備到上海與李鴻章面談。

當時，金玉均已經對日本失望，於是他帶著自己朝鮮改革問題和東亞三國聯合的「三和主義」前往上海，企圖尋求李鴻章的支持。李鴻章和朝鮮政府一向關係密切，因此金玉均的中國之行無異於是前往死亡陷阱之路。對此，金玉均自然了然於胸。

金玉均婉言謝絕了孫中山的支持者宮崎滔天提出同往上海，以向他提供安全保護的建議，並回絕了富山的挽留執意前往，他宣稱「不入虎穴焉得虎子。」

雖然金玉均早已掌握了洪忠宇的身分，但對他主動親近自己的行為視若無睹，並毅然地一步步實施自己既定的方針。在金玉均的心中，熊熊燃燒著通過中日韓三國聯合，完成朝鮮改革的信念。

3月28日下午3點30分，在位於上海的日本酒店東和洋行的客房

裡，朝鮮派出的刺客洪忠宇向金玉均連發三槍。金玉均中彈身亡，結束了他波瀾壯闊的革命生涯，時年僅43歲。李鴻章下令由「威靖號」軍艦將其屍體運往朝鮮，隨後向朝鮮發電報，通知朝鮮政府暗殺金玉均成功的消息。

朝鮮政府接收了金玉均的屍體以後，在楊花津對其實施凌遲處置，將其截為幾段，然後將金玉均的首級掛在楊花津示眾。金玉均的屍體被政府分別丟棄於朝鮮五道的路旁，任由鳥獸隨意啄食。即便是在身死以後，仍然遭到悲劇性的凌辱——這也正是後來朝鮮半島淪為殖民地的悲慘命運的縮影。

金玉均遇害的消息傳到日本以後，迅速在日本掀起反清浪潮。5月20日，日本舉行了有數千人參加的金玉均追悼大會，並將其遺髮和衣服安葬在了青山靈園墓地。當時，日本方面動員了所有的媒體，對清政府處理金玉均的舉措大加譴責，以喚起民眾反清情緒。而後來，金玉均的屍體問題觸發了中日甲午戰爭——這是留給人們的一種印象。實際上，日本只是利用了中國處理金玉均屍體的問題而已。

接著，讓我們來了解一下金玉均在日本期間的生活和思想動態吧。

1884年12月6日，甲申政變失敗以後，金玉均一行於12月11日乘坐「千歲丸號」船離開仁川港，並於13日抵達日本長崎港。12月末，金玉均抵達東京，並在福澤諭吉家裡安頓下來。福澤諭吉非常高興能再次見到金玉均，連連對他說「活著回來就好。」當時一同亡命日本的開化派人士還有徐載弼、徐光範、李圭完、柳赫魯、鄭蘭教、申應熙、邊燧等九人。其中，金玉均和朴泳孝（朴泳孝後來前往美國後又回到日本）留在了日本，而徐載弼、徐光範等人則到了美國。

金玉均等人長達10年之久的日本亡命生涯，其實也是政治失意的延續。他們在日本滯留期間，成功躲過了數次朝鮮政府實施的暗殺行動，但他們並沒有對自己的生活唉聲歎氣。儘管也有來自犬養毅、尾崎行雄

等政治家的生活費支持，但日本政府卻對這些被視為朝鮮政府和清政府的「叛徒」開始冷淡起來，並把他們流放到小笠原群島和北海道。

但是，天生樂觀的金玉均始終沒有放棄自己的信仰，並用自己的遠大理想和非凡的書法藝術打動日本人，結識了無數的日本朋友。根據朴泳孝後來的回憶，「金玉均的特長是教育，實際上也很擅長教育。他很會寫文章，在書畫方面也卓有建樹。金玉均的缺點只是缺乏德行和謀略。」（李光洙《與朴泳孝相遇的故事》）

日本的朋友們召開書畫發布會，幫助金玉均出售他的書法作品以幫他度過難關。從筆者收藏的金玉均書法作品上看，他的書法具有中國文人所普遍認可的風格。可以說，金玉均是一位藝術才華橫溢的政治家。

但金玉均不僅是一位開化派的先驅，同時也是能以亞洲的視野出發，構思朝鮮未來改革的思想家。我們今天之所以對他的思想不甚了解，是因為我們對他的認識還停留在表面上。

作為一位政治家，他對日本政府在對清政策和對朝政策之間優柔寡斷的行為提出嚴厲批評。對於朝鮮，他主張「中立國和」，並宣導中日朝聯合以對抗歐美列強。他還指出，朝鮮必須廢止封建專制體制，從而走上立憲君主制的近代獨立國家之路。

金玉均就此提出了「三和主義」思想。從東亞的視角上思考朝鮮改革問題，這對當時的朝鮮來說是一種非凡的先驅意義上的思想。他在所作的《興亞之意見》一文中高聲吶喊，「中日韓三國應該聯合起來，以防止歐美的侵略。」

駐日歷史學家姜在彥教授這樣評價金玉均的思想：「『三和主義』實際上是把清日兩國置於和朝鮮同等的地位，以此來廢止清日兩國對朝鮮問題的介入。這是一個開拓自主改革道路的外交戰略。」因此，他試圖以自己的「三和主義」說服李鴻章，使其停止繼續支持朝鮮保守派，以開啟朝鮮獨立自主的道路。金玉均經常談道，「如果把日本比作東亞

的英國,那麼朝鮮就應該成為亞洲的法國。」

在他死後100年的歷史節點上看,安重根的「東亞和平思想」中的三國聯合思想,實際上也和金玉均的三國聯合思想有著一脈相承的淵源關係。百年前由金玉均領導的朝鮮自主獨立思想與他的「三和主義」思想,對今天的我們仍具有重大的啟示意義。

7. 形象模糊的國母——明成皇后

在近代朝鮮歷史上,遭到最慘無人道迫害的人物,當首推金玉均和明成皇后。開化派領袖金玉均被明成皇后派出的同族刺客暗殺於上海,但明成皇后卻是被日本人殘殺的。

明成皇后遇害事件,被稱為「古今未曾有過的凶惡事件」,這是在韓日兩國及東亞近代史上無法跳過的一大事件。

「1895年10月8日上午5點,越過景福宮高高的圍牆,敞開光化門的一群闖入者,長驅直入到北端的乾清宮,佔領了高宗的長安堂,和明成皇后的居所坤寧閣。雖然高宗極力阻擋,但他們如入無人之境,將高宗推到一旁,繼續前進。在坤寧閣,一個女人和一群宮女正好出現在與乾清宮相連的走廊上。這時,那群闖入者當中的一人,上前抓住這個女人的衣領,將其拖往後院,然後揮刀砍下。隨著一聲慘叫,女人倒在血泊中。這個女人正是明成皇后。

這個揮刀行凶者,正是日本陸軍少尉宮本竹太郎。這個事實,直到最近才被人所知。在日本天皇的指示下,他們發動了乙未事變。」(2010年1月11日《朝鮮日報》)首爾大學名譽教授李泰鎮先生對明成皇后遇害過程做出這樣的說明。

此後,闖入者把明成皇后的屍體轉移到坤寧閣的玉壺樓內,對照手

中的照片驗明正身。對此，日本非虛構體裁作者角田房子在其所著的
《暗殺明成皇后》一書中說道：其中一個男人稱，「曾有報告指出，他
們做下了令我等同胞都感到羞於寫下來的暴行。」其中，「羞於寫下來
的暴行」指的便是當時發生的姦屍，即對屍體的凌辱。作為一個弱小國
家的國母，明成皇后即使是在命喪黃泉以後，都未能避免遭到凌辱，這
實在是一段令人感到悲痛的歷史。

「隨後，明成皇后的屍體被運往位於坤寧閣附近的鹿山，並將其置
於柴堆之上，然後點燃了一把大火。殘留下來的部分屍體被扔到乾清宮
前池塘的行願井裡，但它很快就浮了上來。於是他們重新將其打撈上
來，埋到了鹿山腳下。」（李泰鎮）

最近，駐日朝鮮族女學者金文子根據接觸到的豐富外交資料和軍部
資料，編輯出版了《朝鮮王妃遇害與日本人》（2009年2月）一書。在
書中，金文子推翻了迄今為止流行的「暴行是日本浪人和壯士實施的」
的說法，闡明這是在日本軍部參與下實施的舉世震驚的事實。

事實上，在這一事件中，當時的軍部指揮官川上操六和朝鮮公使三
浦梧樓相互勾結，制定了縝密的計畫，並在日本首相伊藤博文和外相陸
奧宗光的默認下，由日本陸軍一部、海軍諜報將校動員了民間「壯士」
組成精銳軍團，一步步實施的。即，這是一起由日本軍部、政府策劃的
陰謀事件。

筆者在通讀這本書的過程中感觸頗深的是，作者堅持從徹底的實證
主義立場出發，用實證方法揭開歷史真相的嚴謹學術態度。「至今為
止，一直被認為是由身為陸軍中將的朝鮮公使三浦梧樓主導的偶發事
件，實際上是由日本政府和軍部合作上演的一場陰謀事件。本書通過實
證手段有力地證明了這一點，因此在韓日兩國近代史研究領域起到了
拋磚引玉的作用，並使這一事件成為思考近代韓日關係中的重大歷史事
件。」在這一點上，這本書功不可沒。

在觀察歷史事件過程中，探究事件發生的原因是最重要的。提到
1895年10月，我們必須意識到，這一時期日本剛剛在甲午戰爭中獲勝
的歷史背景。當時，日本雖然獲得了勝利，但由於「三國干預」，必須
重新向俄羅斯轉讓遼東半島，而且日本與俄羅斯之間的對立也逐漸浮出
水面。

另一方面，當時的朝鮮正在興起反日浪潮，政府和宮廷也開始表現
出反日作為，於是以明成皇后為首的朝鮮開始向俄羅斯傾斜，由此誕生
了親俄政權。被明成皇后流放的親日派開始和日本勢力勾結，在朝鮮公
使三浦梧樓（井上角五郎的後任）的主謀下，日本軍部和朝鮮親日派一
起策劃、實施了除掉明成皇后的陰謀。明成皇后與清朝慈禧太后相仿，
是一位深謀遠慮的政治人物，所以日本把她視為日本統治朝鮮的一大障
礙，於是最終上演了慘無人道的暗殺王妃事件。

1897年，大韓帝國宣布成立以後，閔妃被尊為明成皇后。我們今天
所了解到的「明成皇后」就此誕生。

與慈禧太后不同的是，明成皇后對朝鮮民族而言，其面貌無法得到
確認，真可謂是一位「形象模糊的國母」。經常出現於韓國教科書或諸
多書籍中的「閔妃」、「明成皇后」的照片，經多位學者考證，已被判
明並非是其本人。筆者收集了美國、法國、義大利出版的相關書籍和雜
誌，並對其進行考察的結果，最初刊載其照片的雜誌是日本在中日甲午
戰爭期間發行的《寫真畫報》。而照片中的人物，被判定為並非是明成
皇后本人，而是當時的一個宮女。

被指認為明成皇后的照片或繪畫作品雖然有多見傳世，但對其真偽
的爭論也是甚囂塵上，因此眼下還難以確認明成皇后本人的長相。據
說，皇后遇害以後，高宗和朝鮮皇室曾懸賞收集她的照片，但始終沒能
如願以償。

曾受到明成皇后接見的安德伍德女士在她的遊記《與帽子相伴15

年》中，對她有過這樣的描寫：「她的臉型稍長，臉色略微蒼白，一雙閃亮的眼睛顯示著她的智慧，令人印象深刻。雖說她的美貌還達不到引人注目的程度，但總的來說，給人以智慧、敏銳的印象。」

莎貝拉・露西・伯德・畢曉普女士也曾這樣提到她的容貌：「……略顯蒼白的面孔，身材偏瘦，容貌看似有些銳利。一雙洞察一切的眼睛顯出堅毅的性格。」

和百年前遭到蹂躪的民族和國家一樣，明成皇后的容顏在沒有得到確認的情況下，以一種模糊的形象留在了人們心中。這或許是一種朝鮮民族悲痛歷史的象徵。

8. 朝鮮的三大天才

1909年11月，崔南善在日本因洪命憙（1888-1968）的周旋與李光洙初次會面。當時，崔南善年僅20歲，洪命憙22歲，而李光洙僅為18歲。三位都是血氣方剛的年輕人，這就是被稱為「朝鮮三大天才」的第一次會面。

這次相逢，可以說是朝鮮近代史上值得一記的歷史事件。也有另一種說法認為，這三人是於1906年在東京初次會面的。但不管怎麼說，這三大天才的相逢以及他們所從事的活動，在此後的近代朝鮮文學、言論、出版、獨立運動、親日等領域，表現出了緊密的關聯性。

事實上，在1909年，李光洙還是一個沒沒無聞的年輕留學生。可是，就像天才能識得天才，崔南善在與李光洙第一次相逢時，便當場稱其為「朝鮮當代文壇首屈一指的天才」。

當時，創辦了《少年》這一朝鮮歷史上第一份雜誌的崔南善，邀請李光洙和洪命憙二人共同經營這份雜誌，希望在二人的參與下，把雜誌

辦得越來越好。在1910年第三期《少年》上，崔南善發表文章稱，由於李光洙和洪命熹二人的加盟，《少年》雜誌的前途將一片光明。

筆者的桌面上擺放著這三大天才的照片。照片上的崔南善，與其說他是一個文人，還不如說他是一個笨手笨腳的農夫。李光洙則是美男子。無論是他創作《無情》時期（36歲）的照片，還是在上海臨時政府出任《獨立新聞》社長時期和眾人一起拍攝的照片，李光洙都是一個五官端正的美男子。雖說這只是筆者個人的看法，但在朝鮮近代文化史上，能與李光洙比肩的美男子是沒有第二人的。他的臉上閃耀著聰明、智慧的光芒。與此相對照的是洪命熹，他剃著光頭，戴著一副眼鏡，看上去和一個老學究相仿。洪命熹的長相是一個消瘦型的典型知識份子。

雖然他們是有著完全不同的長相，但這三位文人卻都有一個共同點。即，他們都有著相同的日本留學經歷和生活體驗，都是在當時通過日本吸收西方最先進文化的天才。

日本在各個方面給朝鮮帶來極大的影響，而朝鮮近代的天才人物也是在日本的影響下誕生，並展開活動的。

崔南善（1890-1957）和李光洙（1892-1950）也是筆者最推崇的近代朝鮮文人。其中，對李光洙的喜愛，是語言無法形容的。這二人可以說是催生了韓國新聞業的兩大巨頭，因此避開他們二人就無法談論韓國近代文化史。

崔南善在韓國近代文化領域，幾乎囊括了所有的「第一」。近代詩人、歷史學家、思想家、啟蒙家、出版家、隨筆作家、實業家……在這些稱謂前面，都可以為他冠上「第一」。

李光洙不僅是韓國第一位近代小說家，同時也是開拓了韓國詩歌、隨筆、評論、戲劇等領域的文人。他同時也是一位思想家、啟蒙家。李光洙的博覽強記、淵博的知識、敏銳的洞察力、先進的預見能力、語言天賦等，在朝鮮時代是無出其右的。

　李光洙除了令人難以望其項背的天才式的卓越才能，同時也具有強烈的愛國心。當然，這在當時也引來無數充滿嫉妒的明槍暗箭，雖然可以對他的軼聞趣事評頭論足，但迄今為止還沒有人可以從正面與其交鋒。

　李光洙於1922年5月發表於《開闢》的《民族改造論》，第一次分析了朝鮮人的國民性缺陷。這篇傳世名作為韓國文化開闢了一條不朽的民族論道路，我希望那些沒有認真讀過這篇文章，便指責其為「親日」的人，應該好好讀一遍然後再發表意見。

　崔南善發表於1928年的《通過歷史觀察到的朝鮮人》，也是一篇分析朝鮮民族性弱點的文章，即使今天重讀，其中很多內容仍然能引起讀者的共鳴。

　李光洙和崔南善在解放以後，都被加上了「親日」的罪名，遭到同族的譴責和批判，對此李光洙義正詞嚴地表明，自己的「親日」是「為了保存民族」而採取的措施。筆者認為，我們應該更加認真地思考李光洙的理念並對此加以分析，這才是評價李光洙的重點所在。

　洪命熹（1888-1968）於1924年接手崔南善創辦的《時代日報》，出任社長一職。1928年至1939年間，洪命熹在朝鮮日報上連載了著名的長篇小說《林巨正》，引起巨大迴響。1945年韓國光復以後，洪命熹加入左翼運動，成為朝鮮文學家同盟主要負責人，後來投奔了北朝鮮政府。到北朝鮮以後，洪命熹參與朝鮮共產黨的建設，一度曾擔任副首相職務。1968年，80高齡的洪命熹與世長辭。

　1950年，在朝鮮戰爭進行過程中的7月12日，李光洙在孝子洞家裡遭到綁架被挾持到北朝鮮。據傳，李光洙於當年10月25日，因病死於慈江道萬浦市。他的三兒子李英根曾於1991年7月下旬訪問平壤，並拜謁了為李光洙的特設墓地。67歲的崔南善也於1957年在漢城逝世。

　曾在朝鮮波瀾壯闊的年代引領時代潮流的三大天才，正如首爾大學邱仁煥教授所說，「將與我們這個民族一起長存於世。」

9.「賣國奴」的代名詞李完用的另一副面孔

筆者收藏有孫中山、李鴻章、袁世凱、伊藤博文、金玉均、朴泳孝等東亞近代名士的墨跡，除此之外還有兩幅李完用的書法作品。

李完用的毛筆字堪稱名作。他的字灑脫、自由奔放，可以說已經達到了龍飛鳳舞的境界。

日本統治時期的明治天皇也對李完用的毛筆字讚賞有加，甚至留下了向其本人求字的佳話。這樣一個書法家身上，卻被世人貼上了一個「賣國奴」的標籤。

直到今天，李完用這三個字，在韓國人眼裡都是「賣國奴」的代名詞。無論是學術界還是民間，只要有人膽敢冒天下之大不韙試圖重新評估他的功過，將會立刻遭到眾口一詞的譴責。

那麼，李完用究竟是一個怎麼樣的人呢？

1910年8月22日，李完用作為朝鮮政府總理，迫於時任朝鮮統監寺內正毅的壓力，與日本簽署了《關於朝鮮併合的條約》。

1905年簽署日韓保護條約（即《乙巳保護條約》）的時候，時任學部大臣（教育部部長）的李完用與另外四位大臣均表示贊同。後人將這五人綁在一起，稱為「乙巳五賊」。

如果摘下李完用頭上「賣國奴」的標籤，我們認真觀察會發現他的另一副面孔。

李完用（1858-1926），字敬德，號一堂，本貫牛峰李氏，出生於京畿道光州。從小李完用就被認為是一個聰明伶俐的孩子。在10歲那年，李完用被漢陽名門大戶李鎬俊收養，並成為這個家庭的長孫。1882年，李完用特別科舉考試中第，然後在奎章閣、侍講院等處任職，後於1886年進入新式學校育英院學習英語、地理、歷史等新的知識。

從1887年開始，李完用以外交官身分，在美國公使館工作了3年。

1890年歸國以後，李完用在出任成均館、李朝、工曹參判期間官運亨通，終於在1895年成為學部大臣。1896年，李完用兼任外務大臣和農商工部大臣等要職。此後，李完用因獨立運動而遭貶職，後於1905年官復原職，再次出任學部大臣。當年11月，李完用率先在《乙巳條約》上簽字，成為「乙巳五賊」頭號人物。

1907年，李完用在朝鮮統監伊藤博文的推薦下，成為內閣總理大臣。1907年末，「海牙密使事件」發生以後，日本政府以高宗違反《乙巳條約》相關規定為由，通過李完用追究高宗的責任，於是李完用迫使高宗退位並成功將純宗推上了皇位。朝鮮百姓對此憤慨不已，在他的私宅點燃了一把大火。1909年12月22日，李完用因遭到李在明的襲擊而負傷。

隨後，李完用迫於日本的壓力，在1910年8月22日，以總理大臣身分，簽署了日韓併合條約。

1911年，李完用任朝鮮貴族院會員，1920年被封侯爵。到了1927年69歲那年，李完用因李在明留下的舊傷復發，終於斃命。當時，朝鮮方面在為其召開的追悼會上稱，「李完用侯爵是東洋一流的政治家，他的人格值得人們崇敬。他的死亡是國家的一大損失。」據說，他的葬禮是自高宗國葬以後，規模最大的一次葬禮。

「賣國奴」李完用能獲得朝鮮人民如此高度的評價和瞻仰，這本身似乎也說明了一定的事實。認真考察李完用走過的一生，實際上是很難將其簡單視為韓國教科書中所說的「罪大惡極的賣國奴」的。

首先，李完用在《日韓併合條約》上簽字，是因為「朝鮮王朝自始至終在拒絕文明開化，並置掙扎於過度的貧窮和饑餓中的民眾於不顧，所以才想哪怕是藉助日本的協助，圖謀民族的振興。」這是明治大學教授、現任加耶大學客座教授的崔基鎬在他的著作《重新驗證歷史——日韓併合》一書中所說的話。他繼續說道：「這是他們在當時朝鮮國內形

040 | *100* 年前的中日韓 ❷

勢的壓力之下不得不做出的政治選擇。作為當時朝鮮政權的負責人，他做出這樣的選擇是理所當然的。」

　　根據筆者接觸到的歷史資料，所謂親日派李完用一生都沒有說過一句日語，在和日本人交談的時候，李完用說的是英語。這些資料表明，李完用最大限度地堅持了自己的民族自尊心。另外，作為當時東洋最著名的書法家之一，他的筆跡至今還保留在獨立門或王宮之內。他具有高尚的人格情操，而且在第二次出任學部大臣期間，也終止了俄羅斯併合朝鮮政策。在這件事上，李完用是一個有功之臣。

　　另外，李完用在職期間，作為一名貞洞派（親美開化派）人士，他始終和清政府與日本保持著一定的距離展開政治活動。1896年，徐載弼結束他在美國的流亡生活回到國內，並在一次貞洞派聚會中與李完用會面，然後與他一起結成獨立協會，成為獨立自主運動的中心人物。

　　1897年1月23日，李完用在《獨立新聞》發表自己對獨立運動的態度時稱，「自己盡其所能，採取了一種和平的、對朝鮮沒有更大傷害的措施。因此，如果李氏（王朝）分裂，或許會出現比李氏更優秀的人物。」徐載弼也在發行於1897年11月11日的《獨立新聞》中撰文，對李完用的愛國行為大加讚揚。在1919年的「三一獨立運動」過程中，李完用也是第一個被推舉為民族代表的人，但他以自己的惡名可能會給運動的成功帶來影響為由，拒絕成為民族代表。當時，雖然有部分人在罵他，但他卻受到了絕大部分朝鮮人的尊敬與擁護。作為一個一直堅持培養實力思想的人物，他希望杜絕「以卵擊石」式的冒失行動。

　　參加李完用葬禮的朝鮮人，排成了超過10公里以上的長隊。由此也可看出他當時的威望和在人們心中的地位。

10. 愛國志士黃玹的悲壯之死

1910年8月29日，《日韓併合條約》公布以後，有的愛國志士實在不堪國恥而自盡。

這就是筆者想在這裡介紹的朝鮮罕見的知識份子黃玹（1856-1910）。認真查閱當時的資料，也很難發現當時因喪國之恥而採取自盡這種極端方式的憂國之士。

延續了500年的朝鮮李氏王朝在一夜之間被日本帝國主義滅掉。對於朝鮮人而言，國家的滅亡不僅意味著他們將失去自己固有的語言、文化，同時也意味著以這一文化為紐帶延續了千百年的民族將接受外來民族的統治。

黃玹的自盡，可以說也是代表了無數朝鮮同胞屈辱心境的歷史事件。筆者在20年前到日本留學期間，最為敬仰的民族文人，除了李光洙以外便是黃玹。筆者是在1990年日本舉辦的國書刊行大會出版的書（朴相德譯）上，第一次了解到黃玹的著作《梅泉野錄》的。

這是一本將漢文原著譯成日語的專著。筆者在閱讀這本著作過程中，曾為黃玹高尚的先賢氣質和幽默、平實的文風所深深折服。通過這本書也了解到了很多隱藏在朝鮮近代史背後的歷史事實。

黃玹的原文有如李光洙的長篇小說一樣，給筆者帶來深深的感動。閱讀《梅泉野錄》時的情況，至今還記憶猶新。

僅就當時而言，對於黃玹的介紹和研究也還沒有超出「憂國之士」這樣的局限，韓國還沒有將其視為一個民族烈士。因此，筆者只能艱難地四處查找有關黃玹的文章和資料。

黃玹，字雲卿，號梅泉，朝鮮全羅道光陽郡人。他從小就被稱為神童，據說從幼年時期，黃玹就在作詩作文方面表現出卓越的才能。青年時期，黃玹來到當時的首都漢城，與當時以文著稱的李建昌、金澤榮等

人建立了友好關係。

1887年和1888年，黃玹兩次參加科舉考試，兩次都獲得了最佳成績。當時，經歷了「壬午軍亂」（又稱壬午兵變、壬午事變、漢城士兵起義，是1882年7月23日朝鮮發生的一次具有反封建、反侵略性質的武裝暴動）和甲申更張以後，朝鮮的國運已開始夕陽西下。即便如此，朝鮮官僚仍依附明成皇后的權勢，極盡腐敗之能事，於是黃玹決定遠離官場。

此後，黃玹返回故鄉過起了隱居生活。很多親朋好友再三邀請他入世，可黃玹置若罔聞，繼續投身於自己的閱讀和作文之事。

後來，在聽到朝鮮政府簽署了《乙巳條約》的消息以後，黃玹悲憤不已，試圖逃亡到大清，結果因缺少盤纏而打消了這個念頭。

1910年8月，朝鮮被日本帝國主義「併合」。年屆55歲的黃玹留下了這樣的絕命詩：「妖氛掩翳帝星移，九闕沉沉晝漏遲。詔敕從今無復有，琳琅一紙淚千絲。」他的絕命詩也曾被張志淵轉載於《慶南日報》。黃玹是在家中大量服用鴉片而死的，他的氣概可謂是「文章氣節冠冕士林」。

黃玹留給後人的遺著有《梅泉集》、《梅泉野錄》等。《梅泉集》被他生前好友金澤榮在上海出版，世人才得以了解到他的文章。

黃玹曾告誡自己的子孫，在他生前不要將《梅泉野錄》拿出來給外人看。在日本帝國主義統治下，黃玹十分清楚其中收錄的內容是為當時社會所不容的。1939年，總督府的朝鮮史編修會發現了《梅泉野錄》，但並沒有予以公開。朝鮮光復以後，這本書終於得見天日，並於1955年公開出版。《梅泉野錄》出版以後，立刻成為研究朝鮮末期歷史、人物方面的基本資料。

據推測，黃玹是在1894年開始執筆《梅泉野錄》的。雖說書名標明是「野錄」，自稱是「野史」，但所記錄的歷史事件和歷史人物都非常精確，因此在史學界更傾向於視其為是一本「正史」，而非野史。

　　此外，日本史學界也認為《梅泉野錄》是了解和認識當時朝鮮人物、歷史的重要資料，因此在研究過程中反覆予以引用。

　　由於篇幅所限，在這裡詳細介紹《梅泉野錄》是一件非常困難的事情。概括說來，《梅泉野錄》主要是由朝鮮末期發生的一些歷史事件構成的：壬午軍亂、中日甲午戰爭、日俄戰爭，以及明成皇后被日本人以極殘忍的手段殺害的歷史事件、大院君集權時期大院君的人生百態及其周邊人物的軼聞趣事、朝鮮王朝內部的黨爭及權力鬥爭、乙巳五賊、高宗軼聞等。在書中，朝鮮歷史和日本的侵略歷史相互交叉，向世人展示出那段烽火連天的歲月。

　　從外國人的視角觀察和記錄朝鮮的名著有伊莎貝拉·露西·伯德·畢曉普的《朝鮮及其鄰國》、薩維奇蘭道爾（A. Henry Savage Landor）的《寧靜的早晨之國——朝鮮》、希爾伯特的《大韓帝國滅亡記》以及麥肯茲的《朝鮮的悲劇》等。但若提起朝鮮人自己寫的有關當時的歷史記錄，毫無疑問當首推《梅泉野錄》。

　　憂國之士梅泉黃玹含恨離世，卻為後人留下了一部偉大的著作，韓國政府於1962年追授了建國勳章國民獎章。據說在黃玹的故居建有他的靈亭，裡面供奉著他的牌位。

11. 朝鮮三大新小說作家

　　與被稱為近代文學之父的李光洙、崔南善、洪命熹「三大天才」相比，還有大約提前了一代的朝鮮新文學（小說）「三大作家」。他們分別是李人稙、李海朝、崔瓚植。

　　在了解作家之前，首先讓我們了解一下「新小說」的概念。朝鮮末期，在甲午更張以後以開化期為時代背景，出現了一系列具有啟蒙主義

特色的小說。在朝鮮近代史上，人們將其稱為新小說。作為連接古典小說和現代小說的過渡期小說，這些新小說通常以批判封建主義，宣傳啟蒙思想及自主獨立、民族、愛國思想為主，同時涉及吸納西方新思潮等近代黎明期的時代內容。

從時間上講，1906年李人稙連載於《萬歲報》上的《血淚》，被認為是韓國新小說的鼻祖。李光洙於1917年的推出他的著名小說《無情》。通常人們把這一期間出現的小說統稱為新小說。

李人稙（1862-1916）是朝鮮新小說的開山鼻祖。1900年，在40不惑之年，李人稙踏上日本留學之路。據說，李人稙是想通過小說這種形式，來實現自己的政治理想。

在日本，李人稙也曾用日語創作童話故事《龍宮使者》。1906年，李人稙成為《國民新聞》的主筆，但隨後由於經營問題而停刊。《國民新聞》停刊以後，李人稙轉戰《萬歲報》，開始小說創作。

《血淚》是從1906年7月22日開始，一直到10月10日連載於《萬歲報》上的小說。這篇小說在朝鮮文學史上佔據著第一篇「新小說」的位置。小說以在中日甲午戰爭中成為孤兒的玉蓮的生活及其愛情故事為中心展開。這是一篇以人類渴求新的教育、文明為主題的小說。

此後，李人稙又連載了《鬼之城》。到了1908年，李人稙出版了《雉岳山》、《銀世界》。1912年，李人稙在《每日新報》上發表了《貧鮮郎的日美人》，但在日韓併合以後，他從文壇上隱退了。

1911年至1915年，李人稙出任成均館伺成（三品官職），並巡防全國儒林，同時負責經學院雜誌的發行與編輯。1916年逝世，享年54歲。

李人稙作為近代黎明期「『新小說』的開拓者，在文學史上作出的貢獻是值得褒揚的。但在日韓併合以後，由於他的賣國行為，他在文學史上所做出的貢獻被抹殺了。」不過也有評論家認為，一個作家的社會行為，應該和他的文學作品區分開來加以評價。

李海朝（1869-1927）是一位可以與李人稙比肩的新小說作家。李海朝是王族出身，但卻沒有像其他開化期作家那樣接受西方式的教育。他更多的是從漢學、語言學領域發揮自己的才能的。

李海朝很早就參加了愛國啟蒙運動，但在1910年日韓併合以後，踏上了向日本帝國主義妥協的道路，加入朝鮮總督府機關報《每日新報》，全身心投入創作。1913年，李海朝退出《每日新報》，同時退出了所有的社會活動。

李海朝顯示出作家實力的作品是他創作於1906年的《獎》。此外較為著名的還有《自由鐘》、《枯木花》、《鬢上雪》，以及《鐵世界》、《華盛頓傳》、《獄中花》等。

李海朝的小說特徵是以開化期為時代背景，關注發生在家庭中妻妾矛盾、寡婦改嫁等社會的問題過程中，鼓吹文明開化思想。這就是李海朝小說的基本特徵。他的小說停留在「勸惡從善」的二分法主題上，因此很難突破根本性的局限，表現社會結構性的矛盾衝突。可以說，他的小說未能擺脫古代小說的局限性。

以1911年為分水嶺，李海朝此前的小說多帶有親日色彩，但其晚年的傳統體裁作品、歷史小說等，卻展現了他對傳統的珍視。

縱觀李海朝二十年來的文學創作活動，可以更加清楚地發現新小說的整體面貌。在這一點上，李海朝比李人稙更具代表性。

李海朝的繼承者便是崔瓚植（1881-1951）。到了崔瓚植那個年代，新小說的特點已經開始變得模糊起來。因此評論界認為在小說的趣味性方面，崔瓚植明顯超越了李海朝。

崔瓚植的父親崔永年在1900年代中期曾出任親日新聞《國民新報》的主筆，及一進會總務，是一個親日教育家、漢學家。1908年，崔瓚植擔任《慈善夫人會雜誌》的記者，1910年日韓併合以後又擔任日本人創辦、經營的雜誌《新聞界》、《半島時論》的記者，同時從事小說

及歌詞創作活動。

　　1912年出版的《秋月色》既是他的處女作，也是他引起文壇重視的作品。此後，從1914年開始，他陸續發表了《金剛門》、《雁之聲》、《桃花源》、《綾羅島》、《白蓮花》等十餘部長篇小說。

　　其中，《秋月色》到1921年為止，共加印了十五次，成為他最受讀者歡迎的一部小說。評論家認為，「他的小說中表現出來的愛情觀、婚姻觀，比李人稙或李海朝更具保守性；除了故事的時代背景和人物是來自現實以外，其他部分則給人以回歸傳統家長社會的印象。」

　　當然，一個時代會有與之相符合的優點、特色，同時也會存在相應的局限。1900年代以李人稙為首的三大小說家雖曾風靡一時，但最終還是結束了他們的時代使命退出歷史舞台。

　　此後，隨著1917年韓國近代文學之父李光洙的長篇連載小說《無情》的出現，韓國文學從「新小說」時代步入近代小說階段。從這個意義上講，新小說是連接了近代和前近代的優秀橋樑。

12. 清末民初中國「第一女性」是誰？

　　百年前，清末民初時期的中日韓三國，在時空關係上形成相互交織的網絡，上演了一齣又一齣波瀾壯闊且動盪的連續劇。這些劇中的主人公，即使是在後世人看來也都是無法模仿的。這是一個英雄輩出的年代。

　　筆者在學習近代史過程中重新發現的人物，便是將要提到的鄭毓秀（1891-1959）。對我們而言，鄭毓秀這個名字是非常生疏的。那麼，鄭毓秀究竟是誰呢？簡單說來，她是一位可以與秋瑾、宋慶齡、何香凝相提並論的中國近代史上的女傑。

　　從清末民國時期，一直到20世紀中期，鄭毓秀都可以說是創造了中

國女性當中最多「第一」的人物。鄭毓秀是中國第一位法學博士、第一位律師，也是第一個參與起草《中華民國民法典草案》的女性。她還是中國第一位地方法院女院長及檢查院長、中國第一位民間女性外交特使、中國民國政府時期第一位省級女性政務官……

可是，我們在中國近代史上，卻很難找到有關這樣一位具有巨大能量的才女、女傑更多的資訊。顯然，近代史對她是有所疏忽的。對於這一點，筆者難掩遺憾之情。

從筆者手中的鄭毓秀的照片上看，她和當時那個時代眾多女中豪傑一樣，擁有過人的氣魄和膽識，而且還擁有端莊秀麗的容貌。她身穿旗袍，脖子上掛著一串珍珠項鍊，看上去儼然就是一位上流社會的淑女。這樣的形象，又怎能使人想到她是一個具有叛逆性格的女性呢？

1891年，鄭毓秀出生在廣東廣州府新安縣西鄉鄉屋下村（今廣東省深圳市寶安區西鄉鎮樂群村）一個封建官吏家庭。從小，鄭毓秀就是一個叛逆的女孩子。當時裹腳之風猶存，家人憂其不纏腳，將來大腳女難嫁人，然而任憑家人軟硬兼施，年僅5、6歲的小毓秀死活不讓纏腳，家人無計可施只好作罷。

鄭毓秀的自傳《中國少女》日文版於1941年2月在瀋陽出版發行。筆者推測，這可能是根據鄭毓秀的英文版自傳《我的革命生涯》翻譯而來。

她在書中回憶說，拒絕裹足便是她反潮流、革命的開始。日本有一本出版於1949年的小冊子，書名為《中國社會和民族性》（神田昌夫）書中將其稱為「炸彈少女」，並對她頗有革命家氣概的形象做了介紹。

從幼年起，鄭毓秀便熟讀了女四書，並於1903年遷居到北京。此後，她開始寄宿在金雅梅在天津創辦的北洋女醫學堂學習，因此很早就接觸到了西方的新知識和思想。

另外，通過當時投身於「滅滿興漢」革命運動的哥哥，鄭毓秀也了解到在中國各地有很多革命家發動了起義。

　　鄭毓秀一直以來非常崇拜女革命家秋瑾，於是在1909年她啟程前往日本留學。15歲那年，鄭毓秀便加入了同盟會，並擔任同盟會的聯絡員。後來，鄭毓秀參與京津同盟會領袖李石曾發起的「暗殺行動」，並負責秘密從日本把炸彈運送到國內。她憑藉自己的機智和膽量，成功地將炸彈運回國內，因此獲得了「炸彈少女」的綽號。

　　當時，他們的主要目的是暗殺清政府要員。1910年，汪精衛暗殺載灃時所用的炸彈，也是鄭毓秀從天津秘密運送到北京的。1912年暗殺袁世凱的行動雖然以失敗告終，但她在這次暗殺行動中也起到了關鍵作用。

　　鄭毓秀的活動範圍非常廣，除了日本、中國以外，歐洲後來也變成了她的活動場所。1914年，鄭毓秀獲知袁世凱有暗殺她的計畫，在這種情況下，她選擇了出國留學。1919年，由於鄭毓秀出色的辯論和外交才能，她被推舉為代表與陸徵祥談判。而此時，陸徵祥已接到北京政府的示意，準備在和約上簽字。鄭毓秀急中生智，在花園裡折了一根玫瑰枝，藏在衣袖裡，頂住陸徵祥，聲色俱厲地說：「你要簽字，我這支槍可不會放過你。」陸徵祥不敢去凡爾賽宮簽字，保留了中國政府收回山東的權利。

　　這就是轟動一時的「玫瑰枝」事件。而鄭毓秀創造的歷史佳話並沒有以此告終。日本著名的社會主義運動家石川三四郎的著作《一個自由人的放浪記》中說，在日本大舉鎮壓社會主義運動的1913年，正滯留於日本的鄭毓秀與石川三四郎第一次會面。年僅19歲的鄭毓秀勸石川三四郎流亡國外，他在鄭毓秀的幫助下，與當時的比利時外交官柯貝爾取得聯繫，終於成功地逃亡比利時。石川三四郎是一位和黃興、宋教仁等有著深厚友誼的社會主義理論家，而柯貝爾與鄭毓秀之間也保持著很深的交往。這大概就是石川三四郎能成功出逃的原因所在。

　　1913年末，鄭毓秀在巴黎過著富足的留學生活，家裡聘請的廚師和傭人達數人，因此當時的人們稱她家為「鄭公館」。鄭公館是一個留學

生經常聚會的場所，也曾有胡漢民、李石曾等革命家和傅斯年、陳寅恪等精英知識份子前來造訪。1924年，鄭毓秀在巴黎大學獲得法學博士學位，並於1926年回國，與她的同窗法學博士魏道明，在上海經營一家律師事務所。在參與律師工作期間，鄭毓秀幾經周旋成功地解決了京劇大師梅蘭芳和孟小冬之間的矛盾，一時傳為佳話。

1927年，鄭毓秀與魏道明結婚，並於年末被任命為上海法政大學校長。1928年11月，國民革命政府立法院成立時，又被任命為第一任立法委員，並作為民法起草委員會成員，參與起草民法。

1924年，丈夫魏道明作為胡適的繼任被委以駐美大使一職，於是鄭毓秀以大使夫人身分隨夫前往美國。在和宋美齡一起會見美國羅斯福總統夫人時，兩人彼此發現對方身上的才智並從此成為知己。可是，正如玉中瑕疵這句話所說的那樣，鄭毓秀到了晚年過度執著於金錢。據說，那一時期，鄭毓秀始終隨身攜帶著裝滿紙幣的箱子。

1959年，鄭毓秀在美國因患癌症病逝。

13. 百年之愛

百年前，敞開革命大門的先驅者，他們的革命行為也在「戀愛」與「婚姻」方面留下了足跡。

陳獨秀、胡適、魯迅、徐志摩以及郭沫若等人，都是和民國革命一起，像彗星一樣閃耀在新文化運動中的先驅者。他們在向傳統儒教社會文化發起革命性挑戰的同時，也對個人的「戀愛」發起了一場革命，並演出了一幕又一幕愛情劇。

這可以說是一場近代的「戀愛革命」。當然，由這種戀愛、愛情直接促成的婚姻和離婚案例，也是一種花絮式的「緋聞」。

　　新文化運動的主將魯迅，在投身文學革命的同時也親身實踐了戀愛革命。1906年，正在日本留學的魯迅接到一封家鄉發來的電報，電報稱「母病危，速回。」魯迅回國後，在家庭的壓力下，與妻子結婚。

　　魯迅的妻子朱安長他兩歲，長相很普通，她不僅是一個鄉下的裹足女子，也不能識文斷字。第一次見面，魯迅就對她沒什麼好感，甚至都沒有品嘗洞房花燭夜的甜蜜便返回日本。

　　面對朋友們的新婚致賀，魯迅也總是說那只是「母親送給他的一件禮物」。

　　3年以後，魯迅於1909年夏回國，並開始在杭州、紹興等地的專科學校執教。雖然知道朱安在家裡期盼著他的到來，魯迅卻沒有回去，他是在刻意回避和自己並不中意的妻子見面。後來，魯迅在北京女子師範大學任教，並與當時年方17的女學生許廣平相識，墜入情網。此後，魯迅於1926年8月帶著許廣平，離開北京移居廣州。

　　他們在廣州開始了同居生活。1927年秋天，他們搬到上海的日本租界地，對外公開了他們的同居生活。作為一個反體制的作家，魯迅已經聲名遠揚。對他而言，逃避不幸的婚姻，主動追求自由的戀愛，給他帶來了莫大的幸福。國民黨方面的傳媒，對魯迅的自由戀愛行為大肆宣傳，將其變成了一段重婚緋聞。

　　1935年頒布的中華民國刑罰第17章「妨害婚姻及家庭罪」第239條規定，「有配偶而與人通姦者，處一年以下有期徒刑。其相姦者亦同。」如果根據這項條款，那麼魯迅和許廣平可以說是有罪的。

　　但是，他們住進了外國的租界地，巧妙地避開了中國的法律，因此才得以享受他們的愛情生活。

　　朱安始終沒有與魯迅離婚，而且一直在負責照顧魯迅年邁的母親，她於1947年孤獨地離開人世。朱安雖然對魯迅抱有不滿，但卻為其辯解說，「周先生對我很好，我們一次架都沒吵過。」顯然，朱安成了魯

迅的戀愛革命的犧牲品。

　　比魯迅年長的新文化運動領袖陳獨秀，也是一個戀愛革命的實踐者。1897年，年僅18歲的陳獨秀就已經迎娶了一位高姓女子。這位高氏出身富商之家，不僅不能識文斷字而且還是個裹足女子，陳獨秀根本不喜歡這位新婦。

　　1901年，陳獨秀把妻子丟在家裡，踏上了前往日本留學的道路。即使是在歸國以後，陳獨秀仍然在上海等地領導革命運動，也沒有回家。1910年，陳獨秀開始喜歡上了高氏的同父異母妹妹高君曼。高君曼和姐姐不同，不但年輕美貌而且是一位知識女性。這大概就是陳獨秀喜歡她的原因。於是，陳獨秀把妻子置於家中不顧，和高君曼一起來到杭州，開始了兩人的愛情之旅。而遭到遺棄的高氏，一個人忍辱負重培育3個兒子。

　　然而，陳獨秀和高君曼兩人的愛情生活也並非一帆風順，兩人總是吵吵鬧鬧。1926年初，失蹤了一個月之久的陳獨秀突然出現。在「失蹤」的這一個月期間，陳獨秀和另一位美貌女子同居。於是，陳獨秀和高君曼協議分手。

　　新出現的美貌女子名為施芝英，是陳獨秀因胃病經常光顧的那家醫院的主治醫生。原來她是被陳獨秀的人格和名聲迷倒的，1927年，這兩個人的愛情也以分手告終。

　　1930年，陳獨秀開始與年少自己34歲的潘蘭珍同居。潘蘭珍是陳獨秀的最後一位伴侶，對他十分恭敬。一直到1942年陳獨秀因病去逝，潘蘭珍都默默地以一個賢內助的身分陪伴在他的身邊。

　　比魯迅年少許多的新文化運動旗手胡適，同樣是把裹足女子江冬秀視為糟糠之妻迎娶回家，結果在舉辦婚禮當天，對伴娘曹誠英產生了愛慕之情。

　　1918年胡適背著妻子，偷偷在杭州與小自己14歲的曹誠英同居，

開始了兩個人的同居生活。1923年，在蔡元培、徐志摩等慫恿下，胡適執行了自己的戀愛革命。於是，胡適向自己的妻子江冬秀提出了離婚要求，但是江冬秀手執菜刀相威脅，欲與胡適同歸於盡。胡適無奈，只得向妻子妥協，他的戀愛革命流產了。

曹誠英在解放以後出任瀋陽農業大學教授，並一直等待逃往臺灣的胡適。最後於1968年淒慘離世。

郭沫若的戀愛革命更為波瀾壯闊。雖然因父母之命而與年長自己3歲的女子張瓊華結了婚，但在新婚之夜，看到妻子的長相以後，郭沫若大叫一聲「原來是一個猿猴一樣的女人！」便逃了出來。結婚一周以後，郭沫若離開家鄉來到成都讀書，經過了漫長的26年以後，郭沫若才回到家鄉。也就是說，張瓊華一個人獨守空房長達26年之久。可是，這時的郭沫若，已經與他的妻子于立群結婚，並已生下了四男二女。

其實，郭沫若在日本留學以及亡命期間，已經與日本人安娜結婚，並生下了五個孩子，但在回國的時候，郭沫若拋棄了他們。除此而外，郭沫若身後還有四個女人。

正如「英雄美人」或「才子佳人」這樣的古語所說的那樣，近代史上文人才子的戀愛和愛情，也是一種燃燒他們自己的革命。百年前的革命，也謳歌了百年前的愛情。

14.「中國革命的恩人」梅屋莊吉

在考察近代以來日本和中國的關係過程中，我們很容易忘卻一個事實，也就是日本人對近代中國革命的支援。眾所周知，在中日近代關係史上，孫中山和日本以及日本人之間有著極為密切的關係。在孫中山先生的一生當中，有三分之一的時間是在日本度過的，我們不應忘記他所

發起的革命，是在無數日本民間志士提供的援助下得以實現的。因此，我們也應該高度評價日本人對中國近代革命所提供的援助。

在從人力物力方面向孫中山提供援助的日本人當中，梅屋莊吉是最具代表性的人物。梅屋莊吉是一個什麼樣的人呢？在中國也不大為人所知，而在日本，也很少有人知道他曾是孫中山革命事業的支持者。

梅屋莊吉，在日本主要還是以「日本活動寫真株式會社」（簡稱「日活」）的創立者而聞名的。「日活」足以稱得上是日本電影產業的發源地，因此是一個對日本電影產業做出卓越貢獻的企業。梅屋莊吉便是這一龐大產業的主人。他畢其一生力量對孫中山的革命事業提供了支援。

1868年，梅屋莊吉於明治元年出生於長崎。他是一位具有強烈正義感的少年。13歲那年，梅屋莊吉偷偷坐上了駛往上海的船隻偷渡到中國。隨身攜帶的資金花光以後，梅屋莊吉開始在賓館打工以積蓄回國資費。

梅屋莊吉在上海看到了中國人在西方列強的壓迫下備受屈辱的情景，在此以後，梅屋莊吉始終在思考這樣一個問題：「歐美列強為什麼要入侵中國，帝國主義為什麼要在外國的土地上搬弄是非。」

回到日本以後，梅屋莊吉開始著手大米出口以及各種投機生意，但都一一失敗。背了一身債務的梅屋莊吉，只好逃亡到廈門，並在輾轉亞洲各地過程中學會了攝影技術。他也是亞洲歷史上第一個全面掌握攝影技術的人，在路經新加坡抵達香港以後，梅屋莊吉的「梅屋照相館」開張營業。

照相館事業獲得了成功，這使他得以積蓄一定的資金。在此期間，一個名叫詹姆士‧康德黎的英國人成為他的老顧客，而詹姆士‧康德黎是孫中山的醫學教師，由於這樣一種因緣關係，梅屋莊吉在詹姆士‧康德黎的介紹下，於1895年與孫中山第一次會面。當時，孫中山29歲，而梅屋莊吉年僅27歲。據說，梅屋莊吉的英語和中文都很好，因此他們總是用英文或中文交談。

梅屋莊吉在自傳中說，只要一見面他們之間就有談不完的話。孫中山總是慷慨激昂，發誓為了中國的未來，推翻清政府，建立一個以漢族為中心的革命政權。梅屋莊吉為孫中山的遠大抱負所折服，並立下盟約：「君以兵舉事，而我將以財政予以支援。」

按照他們的約定，梅屋莊吉於次年向孫中山提供了相當於現在800萬元的現金資助。在廣州起義之前，由於得到梅屋莊吉提供的援助，孫中山得以從橫濱、新加坡等地購買兵器，但在運往中國途中，這些兵器被海關扣押，孫中山不得不流亡海外。

1904年，日俄戰爭爆發以後，梅屋莊吉來到新加坡，開始發展他的電影產業。第二年回國以後，梅屋莊吉利用他通過電影膠片、票房等收入，創立了註冊資金為10億日圓的電影發行公司，隨即併購了他的競爭公司，建立了「日本活動寫真株式會社」。

1911年，為了支援辛亥革命，梅屋莊吉在日本修建了機場，致力於培養中國飛行員。據說，他經營的學校就是中國近代第一所航空學校。在辛亥革命爆發以後，梅屋莊吉立刻把自己的攝影團隊派往中國，拍回大量影像資料。這些被冠以「革命成功」標題的影像資料，成為日本最早的紀錄片，同時也成為直接記錄辛亥革命最珍貴的資料。

1913年孫中山再次亡命日本，於是，梅屋莊吉把這些紀錄片放映給孫中山看。革命期間，身處美國的孫中山根本沒機會親眼看到這些革命場面，而通過這些紀錄片，他得以了解革命的具體情況。那天，孫中山反覆觀看了紀錄片，據說，後來梅屋莊吉把這些紀錄片作為禮物送給了孫中山。

梅屋莊吉也十分關心孫中山的私生活。年已49歲的孫中山喜歡上了年僅22歲的宋慶齡，結果在梅屋莊吉的撮合下兩人結為伉儷。

1925年，孫中山因肝癌逝世。通過孫中山的兒子孫科發來的電報，梅屋莊吉獲悉他病逝的消息。梅屋莊吉發誓，「孫先生是世界偉人，我

將使後人了解到他的豐功偉績。」後來，梅屋莊吉把自己親自設計的孫中山銅像贈送給中山大學以及黃埔軍校。當時，中國的反日浪潮風起雲湧，能做到這一點實屬不易。

梅屋莊吉30年來自掏腰包，向孫中山提供的革命資金，折合成現在的資金則多達2兆日圓。當時的中國報紙也將其視為「革命恩人」，對他的事蹟進行了大幅報導。1933年，梅屋莊吉曾兩度被日本憲兵召見，並被指認為「賣國賊」。1934年，梅屋莊吉在準備訪問中國的時候，因胃癌離開人世。

「我是由衷地支持中國的。這是為了堅守我與孫文先生的誓約所做的事情，所以無須聲張。」臨終前，梅屋莊吉這樣交代自己的後人。1978年10月，梅屋莊吉的長女訪問中國，並與高齡86歲的宋慶齡熱烈擁抱。

梅屋莊吉——這是一位被歷史遮蔽的中國革命的恩人。最近以來，中國的知識份子也開始認為「如果沒有日本方面的援助，辛亥革命是無法獲得成功的。」中國革命偉大的支持者，梅屋莊吉可以說是無愧於這種評價的。

15. 世界人類學家鳥居龍藏

若提起近代亞洲史上著名人類學家，日本的鳥居龍藏（1870-1953）應該是首屈一指的。

1910年代，在中國和朝鮮半島幾乎沒有可以稱得上是著名的人類學家。鳥居龍藏卻在一百多年前開始，將近半世紀的時間裡，在亞洲人類學及考古學研究領域留下了自己的足跡，並以此而聞名於世。

無論是在文獻還是在東亞地區人類學實地考察方面，他都是第一個

拒絕遵從他人意見的學者。鳥居龍藏被譽為「利用西方人類學方法，在東方進行實地考察的先驅者。」

鳥居龍藏還沒上完小學就中途退學，但這並沒有影響他日後成為一名世界級的人類學家。他對煩悶無比、枯燥無味的小學教育失去了興趣，於是在上二年級的時候就退學了。從此，他開始在家裡自習歷史、地理、英語等基礎知識。

「世界的人種大體上可分為五種。」據說，小學教科書上這樣的記述決定了他的人生。教科書中說，世界上的人種共分為歐洲、亞洲、美洲、非洲以及馬來人種這五大類，這樣一句話，使鳥居龍藏對世界上可能存在的其他人種充滿好奇，於是，在16歲那年，鳥居龍藏加入日本「東京人類學會」。幾年以後，鳥居龍藏於1893年成為時任人類學會會長、東京帝國大學人類學系坪井教授的助手，負責幫忙整理資料。在坪井的指導下，他開始學習形質人類學、考古學知識，並開始對人類學產生濃厚興趣。

1895年，在開始對愛奴族人進行實地考察過程中，鳥居龍藏加入了地質學家神寶對中國遼東半島進行的調查活動，開始正式進入人類學界。此後，在1896年至1900年間，他調查了臺灣。在這段時間內，他的足跡遍及東亞全境（1899年調查千島群島；1910-1916年調查朝鮮半島；1911-1921年調查薩哈林、西伯利亞等東亞地區。）1930年，他甚至前往南美洲進行實地考察。

鳥居龍藏於1910年開始著手對朝鮮的調查研究。到1916年為止，他一共對朝鮮進行了7次考察。而在1932年，作為考察滿洲的一部分，再次對朝鮮進行了實地考察。如此算來，他一共考察了朝鮮8次。

鳥居龍藏在朝鮮進行的實地考察，包括對古代朝鮮遺址的考察、對朝鮮人人體的測量以及朝鮮民俗調查等。有趣的是，鳥居龍藏在朝鮮當地拍攝了大量人物照片，留下了珍貴的形質人類學資料。也許，世上再

也沒有人比他更投入地調查過朝鮮，他不顧當時艱難的交通條件，走遍了從咸境北道到濟州島、多島海、鬱陵島等朝鮮全境。這才使我們得以通過他留下的照片，了解到朝鮮民族百年前的全貌。

當然，也有韓國學者認為，這些「朝鮮人的形象」也被用於日本對朝鮮的殖民統治，但其資料的珍貴性是很難用這樣一句話來概括的。

鳥居龍藏這種徹底的「步行主義」式的實地考察，是以從1900年開始的4次臺灣實地考察為基礎進行的。當時，有關臺灣的資料幾乎處於空白狀態，而臺灣偏遠地區，從很久以前開始，就有「獵頭」的恐怖習俗。所以在決定將臺灣割讓給日本以後，李鴻章還就此提醒日本方面，「臺灣的山裡多有生番居住，日本的統治並非易事。」

在臺灣進行的實地考察接近於是一種探險活動。在考察過程中，鳥居龍藏第一次使用了照相機，拍攝的照片中有不少他和當地原住民的合照。鳥居龍藏立志於獻身人類學研究，而他對人類和其他民族的熱愛，構成了這一學術態度的基礎。當時他拍攝的800多幅照片推翻了當時的學說，而且至今也都成為一種珍貴的資料。

經過這種艱難的考察之後，鳥居龍藏又踏上了考察中國西南地區——雲南少數民族的征程。鳥居龍藏民族志式的調查研究，是對未經前人開發地區的考察，因此具有濃厚的探險意味。他的考察範圍涵蓋了民俗、傳承、考古學等各個領域。

從小學二年級便中途退學的起點出發，1898年，鳥居龍藏竟然成為東京大學助教，並於1905年晉升為講師。到了1921年，鳥居龍藏還獲得了文學博士學位，並成為東京大學副教授。但是，鳥居龍藏於1942年辭掉了東京大學教授職務，並歷任上智大學、國學院大學教授。從1939年開始，鳥居龍藏應聘中國燕京大學客座教授，繼續展開學術活動，並於1951年回國。他之所以辭去東京大學教授一職，是因為他厭倦了學閥控制下大學內令人窒息的學術氛圍。

　　1924年，他創建了「鳥居龍藏人類學研究所」，研究所成員全都由他的家人組成，妻子未希子牽頭，帶著他們的孩子協助他繼續展開研究活動。全家人一起前往海外進行調查並非是一件易事。但鳥居龍藏經常對外宣稱，妻子和孩子們在幫助他與當地人溝通方面，給了他很多幫助。妻子未希子負責記錄當地的口頭傳說或童謠，並私下展開了民俗學調查，而孩子們則幫助他拍照或寫生。

　　這個獨一無二的家庭式研究所毫不亞於大學研究機構，他們收集和發表了大量調查記錄，以及珍貴的影像資料，對世界的人類學研究和民俗學研究，做出了極大的貢獻。作為他們畢生的事業，鳥居龍藏率領自己的妻子和3個孩子，深入蒙古東部地區進行了為期3年的實地調查。這也是人類學史上前所未有之舉。

　　鳥居龍藏作為一個東亞民族志調查及人類學研究領域的開拓者，在近代學術界佔有重要的地位。鳥居龍藏博士的著作《鳥居龍藏全集》（全12卷）於1975至1977年由朝日新聞社出版。1990年以來，日本、臺灣、中國大陸等國家和地區，展開了重新發現鳥居龍藏研究的工作。這項工作證實，即使經過了100年，他的豐功偉績在今天也不會褪色。

16. 大學者內藤湖南與中國

　　在談及近代中日文化關係史過程中，內藤湖南是一個絕不應被忽視的人物。我們先來了解一下內藤湖南其人，以及他對中國的研究。內藤湖南是日本近代中國學界首屈一指的人物，這是毫無疑問的。即使是在世界範圍內，稱其為20世紀第一位中國學學者，也絕非言過其實。

　　內藤湖南的同事、京都大學中國哲學與文化研究大家狩野直喜曾說，「內藤湖南就是一部四庫全書的化身，他是一個博覽強記、透徹明

晰的人。他不僅是一個史學家，而且在經學、詞章、書畫鑒賞等領域也都有很深的造詣，是一個全才全能式的知識份子。」從筆者收藏的內藤湖南書法作品中，可以看出他的機智、博學，以及頗有中國傳統文人氣質的書法風格。

他的二兒子曾回憶說：「只要是中國的，他就都喜歡。」可見這是一位無限熱愛中國文化的日本人。對這樣的大學者筆者充滿敬仰之心，也對日本能產生這樣的人物而驚歎不已。

1866年7月，內藤湖南出生於秋田。隨著年齡的增長，內藤湖南依次經歷了明治、大正及昭和時代。他本名為虎次郎，而「湖南」之名，緣於他成長的地方十和田湖。小時候，內藤湖南在儒學家祖父的影響下，開始學習漢字。40歲以前，內藤湖南一直在東京、臺灣、大阪等地從事新聞記者工作，在從事新聞工作期間，他以「中國通」而名聲遠揚。1907年，從41歲開始，內藤湖南出任京都大學教授。由於他創建的京都中國學派，美國的哈佛大學都在流傳這樣一句話：「要想研究當時的中國，就得去京都大學。」可見其在中國學研究領域的中心地位。

內藤湖南建構起規模龐大的包括了各領域的中國學學術體系，如，中國考古文獻、考古實物的收集與考證、中國歷史時期的劃分、中國文化發展史流向的論證、對中國近代史重大事件的分析評論、中國史學史、美術史、目錄學史、敦煌學、滿蒙史……內藤湖南在諸多領域都有著很深的造詣，而他也是一位熱衷於收藏古董、書畫的藏家，更是一位古董鑒賞家。

內藤湖南最為著名，且至今對後世產生重大影響的研究成果是：唐宋變革論和近代中國是從宋朝開始的學說以及文化中心移動學說。

唐宋變革論和「近世宋代說」是內藤湖南創立於1922年的學說，即使經過了百年歷史，他的學說也沒有失去生命力。他認為，中國在唐宋時期，已經朝著近代（近世）發展，從而脫離了中世紀。另外，他也指

出，從宋朝到清朝的100年，是君主獨裁政治時代。中國的古代歷史時期劃分為上古、中世紀、近世這三個時期，以及其中兩個過渡時期。這說明中國歷史時期的劃分，基本上也沿用了他的學說。

內藤湖南提出唐宋近世說，說明他已經把中國視為具有悠久歷史的、在文化上「早熟」的文明大國。內藤湖南從文明史角度劃分中國的歷史時期的學術觀點，對後來的學術界起到了指南作用。

他根據自己的研究，做出了這樣的預言：像唐宋近世中國的早熟文明將趨於衰退。基於這一趨勢，他主張中國應該從君主獨裁制，轉為共和制國家。這樣的預見，表現出他卓越的洞察力。

內藤湖南的「文化中心移動說」強調，雖然中國曾經是文化中心及文化的集散地，但這種中心地位並非一成不變，它將隨著時代的變化而變化。他提示，宋朝以後，中國形成「北方政治，南方文化」這兩大勢力區域，因此中國的文化中心將向其他地區轉移。

他之所以能提出獨一無二的學說，原因就在於他對中國透徹的了解，以及在對此進行分析的基礎上得出相應的結論。他曾公開發表言論稱，「我自己是站在中國人的立場上發表意見的。」基於這種認識，在辛亥革命時期，內藤湖南也對中國抱有極大的希望。他在《支那論》、《新支那論》等文章中，為了建設新中國提出了很多的方案。

當時，很多日本論客認為，在中日關係問題上首先應該考慮日本的利益。但內藤湖南與他們截然相反，他指出在中日關係論中，應強調從文化上彼此和諧，共同發展。

因為他熱愛中國文化，始終為中國問題而苦惱，長期以來和文廷式、羅振玉、王國維以及胡適都保持著密切的交往。他也曾與嚴復、張元濟、張百熙、沈增植、鄭孝胥等人交往，彼此交換文物並互贈自己的著作。

1911年，內藤湖南將羅振玉、王國維兩位中國文化巨匠邀請到京都

大學，進行學術交流活動。當時，羅振玉帶到日本的甲骨文、金石文實物和拓本，給日本的中國學研究者帶來知識的刺激，並成為中日近代文化交流史上的一段佳話。

內藤湖南所屬的京都大學，彙集了中國哲學研究領域的狩野直喜教授，以及史學界很多頗具影響力的學者。他們聚集在一起，超越哲學、史學、文學領域，開拓了彼此融合的京都中國學學派這一學術世界。內藤湖南指出，京都中國學學派與現有東京大學漢學、史學研究的學風是相區別的。他們採用了近代學術方法，在沒有忘卻傳統觀念的基礎上從傳統中發現近代，開創了一種近代學術風格。

筆者在1990年代於京都大學讀研究所期間，也親身體驗到了這種與眾不同的學風。

1926年，內藤湖南從京都大學退休，然後在東京附近的加茂町隱居，並將自己的宅邸稱為恭仁山莊。恭仁山莊的交通十分不便，但前來拜訪他的學者、政治家、社會名流卻絡繹不絕。在這些訪客的名單上，還有郭沫若、馬伯樂的名字。

1930年代初，日本軍部加快了侵略中國的步伐。那時，內藤湖南對軍事侵略中國提出了反對意見，並主張應該通過經濟手段進出中國，幫助中國實現近代化。

當然，內藤湖南作為一個歷史人物，雖然在內心裡懷著對中國文化的熱愛，但同時這種愛憐也有其隸屬於日本對中國戰略的一面。

1934年4月，內藤湖南接受了滿洲國總理鄭孝胥的訪問。兩個月後，一直希望中國能實現共和制的內藤湖南，沒能親眼看到新中國的誕生，便與世長辭了，享年68歲。

17. 對中國近代教育做出巨大貢獻的大學者服部宇之吉

　　服部宇之吉（1867-1939）是比內藤湖南小一歲的日本大學者。他雖然不是一位被今天的中國所熟悉的人物，但卻是一位對中國近代教育事業做出過卓越貢獻的典型日本人。作為一個中國哲學研究學者，他對中日韓三國的教育事業都曾產生過巨大影響。

　　服部宇之吉是日本近代巨匠級的學者。東京大學教授、中國北京大學前身——京師大學堂主任教習、漢城京城帝國大學校長、對支（中國）文化事業調查委員會委員……從這些頭銜中，我們不難看出服部宇之吉在中日韓三國的教育、文化領域所走過的道路。

　　日本學者阿剖吉雄曾這樣高度評價服部宇之吉：「服部先生敬仰孔子，他的品行彷彿就是從《論語》中提煉出來的。他總是把孔子視為模範，以激勵自己的言行。」

　　弟子們這樣回憶道：服部宇之吉平時總是帶著一副金邊眼鏡，臉上也顯出一副嚴謹的態度，但他的手指上永遠套著一枚結婚金戒，而他的領帶上也總是夾著一枚鑲有寶石的領帶夾，看上去真是帥極了。

　　實際上，從他晚年的西裝照上看，他那鷹鉤鼻上依然架著一副金邊眼鏡，臉上現出一個知識份子睿智的神態，渾身散發著給人以美感的紳士風度。就是這麼一位具有紳士風度的學者，他的身後排列了一長串的著作。如《清國通稿》、《東洋倫理綱要》、《儒教與現代思潮》、《孔子教大義》等。

　　他既是一位嚴謹的學者，同時也是一位在教育、行政事業方面表現出靈活性的中庸之人。1890年，東京帝國大學文科畢業以後，服部宇之吉出任東京高等師範大學教授，後就任東京帝國大學文科大學助教。1899年，服部宇之吉到大清國留學，但由於戊戌變法和義和團之亂，留學不到一年他便回國了。1900年，北京的日本大使館被義和團

包圍，從6月開始，日本大使館被圍困了8個月。此後，服部宇之吉將當時的親身體驗整理出來，寫成了《北京圍城日記》。

在義和團之亂以及八國聯軍入侵北京之際，服部宇之吉還曾作為日語、英語翻譯，參加清政府與美國之間的外交談判。

1900年，服部宇之吉離開中國，前往德國留學。1902年夏，服部宇之吉被日本文部省召回，並於當年8月被再次派往大清，成為京師大學堂師範官正教習（**主任教授**）。對此，他曾這樣自我解嘲：「在中國沒成為學生，反倒成為先生。」

在被派往中國之前，服部宇之吉被破格提擢升為東京大學正教授，而且被授予文學博士學位。因戊戌變法改革而成立的京師大學堂（**即今天的北京大學前身**）在重建過程中，清政府為了吸取日本的教育經驗，引進日本先進的教育系統，決定邀請服部宇之吉前來就任。

這樣一來，在當時的京師大學堂師範官當中，就有多達13位日本教員。服部宇之吉直接參與師範、仕學兩個教育課程及規則的制定，並且參與了教室、實驗室、宿舍的建設，以及圖書館的圖書選購等各項具體工作。

無政府主義知識份子景梅九曾這樣回憶道：他曾經聽過服部宇之吉的心理學、邏輯學講座，講的都是西方的內容。

為了中國的新式教育，他開始傾注自己的心力。能在東洋文化的母體——中國執教，這使他感到莫大的榮幸。

當時的日本師範官教習都是乘坐紅馬車上下班的。而紅馬車是三品以上清朝官吏才能使用的交通工具，因此服部宇之吉主張，日本的教習理應乘坐這種馬車才能與身分相匹配。

熱愛中國的服部宇之吉在1906年招聘期滿之際，再次留任清政府新設的學部（**相當於現在的教育部**）諮詢官，並一直工作了3年才回到日本。回國以後，服部宇之吉被聘為東京帝國大學教授，負責教授中國哲

學、中國文學講座課程。彷彿是為了實踐「孔子的教徒」這種理想，他編著了大量有關孔子儒教的著作。

在義和團運動風起雲湧之際，服部宇之吉曾擔任中國文化事業調查委員會委員一職。其間，他設立了東方文化學院，並擔任理事長一職，後來擔任東方文化學院東京研究所（現在的東京大學東洋文化研究所）所長職務。他一邊指出義和團排他主義思想的危險性，一邊向日本政府警告：日本作為同樣的東洋國家，應該「善導」清政府的外交與政策。

服部宇之吉的夫人是他的導師島田的女兒，她同時也是一位詩人。1902年，她在隨著丈夫滯留北京期間，通過吳汝綸侄女的介紹，開始與秋瑾交往。服部宇之吉夫人後來回憶說，秋瑾頻繁拜訪她並向她學習英語和日語。後來，本打算前往美國的秋瑾，也在服部宇之吉夫人的勸導下，最終選擇了留學日本。此後，秋瑾在東京加入了同盟會，成為一個女革命家。

1905年，服部宇之吉開創中國女性教育事業，在北京建立了予教女學堂，聘請的教員全都是駐京日本教習的夫人。在他的影響下，一年以後，北京陸續出現了十多所女子學校。

1909年，在服部宇之吉即將回國之際，清政府為了表彰他的功績，向他授予了「文科進士」稱號，並授予他「寶星二等勳章」。這是外國教習所能接受的最高級的榮譽。服部宇之吉對中國的教育事業所做出的貢獻，足可為其樹碑立傳以資紀念了。

18.「生百名政治家，不如生一文學家」

「生百名政治家，不如生一文學家。」這是清末民國時期中國的國學大師王國維（1877-1927）說過的一句話。

　　王國維堅信，一個有才能的知識份子，對社會和國家的貢獻，勝過百名政治家。1911年，王國維在清政府學部（相當於現在的教育部）擔任普通的官職。辛亥革命爆發以後，他攜帶大量著述資料，隨他的親家羅振玉一起亡命東京。

　　作為一名漢族知識份子，他對滿清政府懷著極深的留戀和崇敬。他一直以滿清王朝遺臣自居，可見他對清王朝的忠誠。1927年6月2日，50歲的王國維在昆明湖投水自盡。駐日華裔作家陳舜臣對他的自盡這樣感歎：「他不是為了一個王朝，而是為了一個沒落的時代而殉死。」

　　王國維字伯隅，又字靜安，號觀堂，又號永觀，又號人間。1877年12月3日，王國維出生於浙江省嘉興市海寧鹽官鎮。1894年，在18歲那年，王國維參加科舉考試，但在鄉試中落第。他喜歡自由自在的研究，而不是受縛於過去的八股文，因此在當時可以說是一個「出格」的人物。科舉失意以後，王國維沉迷於新學問的研究。

　　由於缺少前往北京的路資，他只得來到與家鄉鄰近的上海。因為上海有外國租界和很多外國人，所以他認為在那裡可以接觸到更多新的知識。1897年，王國維第二次參加鄉試，再次落第。從此，他乾脆斷絕了通過科舉考試走上仕途的想法。康有為的公車上書事件發生後的第二年，王國維來到上海，在朋友的介紹下在《時務報》就職。

　　當時，在上海學術界頗為活躍的羅振玉建立了「農學會」，並通過翻譯外國書籍傳播新知識。這一時期，羅振玉創建了東文學社，學校創建之初，便聘請了日本著名學者藤田豐八、田崗佐代治為教官。通過羅振宇的關係，王國維在這所學校的總務科找到了一份工作，王國維得以在免交學費的情況下在學校學習。

　　從此開始，羅振玉和王國維之間便結下不解之緣，最後成為一對親家。通過時任哲學教授的田崗佐代治，王國維深深陶醉於康德、叔本華的哲學思想。從這個意義上講，田崗佐代治可以稱得上是深深影響了王

國維學術思想的日本導師。

1901年，王國維在羅振玉的資助下赴日留學。25歲便結婚成家的王國維，開始在英語、物理學校（現東京理科大學）就讀。但由於健康狀態不佳，王國維於第二年便結束留學生活回到國內。

王國維將日語和英語這兩大武器，運用於他的國學研究當中。1904年，王國維在《教育世界》雜誌上發表了隨筆《紅樓夢評論》，這篇文章，多表現出叔本華的文風。

當時，正值20世紀初，也是中國反清政治活動風起雲湧時期，無數熱血青年和知識份子都投身於政治革命運動之中。當時身處在革命運動浪潮激蕩的東京，王國維依然埋頭學術活動。那時，王國維非常忌諱文學和哲學被政治利用，他認為「文學和哲學是神聖的」。在他看來，政治是物質性的而文學則是精神性的，這是他當時的唯心論觀點。

從這個意義上講，王國維可謂是一個時代的怪人，也是一個局外人式的奇才。他提出「物質性是短暫的，而精神性是永恆的」。他相信自己的學問將有益於國家，而且對此堅信不疑。

如果說魯迅是一位介入現實、政治的文學家，那麼王國維則是一位回避現實，遁入內心世界、國學世界的知識份子。

1916年，結束了在日本的流亡生活回到國內以後，王國維在復古主義者羅振玉的影響下進一步轉向內在世界，更傾向於關注過去而非現實。當時已經是民國6年，可王國維依然是一個留著辮子的清朝遺臣。

1917年，王國維已經是名震中外的國學大師，受聘成為英國人哈登夫人經營的倉聖明智大學教授，並於1923年受廢帝溥儀的邀請，成為「朝廷」學者，出入紫禁城。對於國粹思想濃厚的王國維而言，已經滅亡的清朝就是他的國家。

1925年，在胡適的推薦下，王國維被聘為清華大學研究院導師。最初，王國維對此予以拒絕，但胡適動員了溥儀對其進行說服他才應允。

在清華大學，王國維負責講授尚書、禮儀、說文、古史新證等課程，被稱為清華「四大國學家」之一。

1927年夏，在投湖自盡之前，王國維在遺書上寫下這樣一句話：「五十之年，只欠一死。經此事變，義無再辱。」在這裡，「辱」應該指的是清朝的滅亡。他的自殺有各種原因，但陳舜臣先生認為「他仍是為了沒落的、正在消亡的舊世界殉死」的。王國維可以說是一位拒絕接受時代變化的國學大師。

他的同事、國學大師陳寅恪在《王觀堂先生輓詞》的序言中寫道：「凡一種文化值衰落之時，為此文化所化之人，必感苦痛，其表現此文化之程量愈宏，則其所受之苦痛亦愈甚。」 1928年6月2日，王國維逝世一周年，在清華大學樹立了《海寧王靜安先生紀念碑》，陳寅恪先生撰文稱：「惟此獨立之精神，自由之思想，歷千萬祀，與天壤而同久，共三光而永光。」

王國維留下的國學著作有《靜安文集》、《永觀堂海內外雜文》（2卷）、《觀堂集林》（24卷）、《王國維全集》等。他是一位卓越的古文字、古器物、考古志學者，也是一位哲學家、詩人、文藝理論家，更是一位國學大師。王國維的名字，將永遠留在中國近代精神史上，成為一座里程碑。

19. 韓國獨立運動之父──安昌浩

被大文豪李光洙評價為「大韓民族獨立運動之父」的安昌浩（1878-1938），是一位啟蒙活動家、民族獨立運動家。

安昌浩不僅在韓國聲名顯赫，即使是在日本同樣把他視為可以與福澤諭吉比肩的人物，並高度評價他致力於「獨立自尊、培養國力」的功

068 100 年前的中日韓 ❷

績。我們大都很了解「親日派」的姓名乃至人物形象，但卻很少了解獨立運動家。從大韓帝國時期一直到殖民地時期，安昌浩在韓國的愛國啟蒙運動中做出了卓越的貢獻，韓國的近代史絕不應忽視這個人物。

1878年，安昌浩出生於朝鮮平安南道。1894年，安昌浩進入美國傳教士經營的救世學堂，成為一名基督徒。後來，他在徐載弼主導的獨立協會任所長會員，頻繁往返於漢城和平壤之間。

獨立協會解散以後，安昌浩在故鄉創建漸進學校。而這所學校相當於是朝鮮人創辦的一所具有「施肥」性質的學校，男女同校是其特色之一。1902年，安昌浩與妻子一起遠渡重洋來到美國，作為一個「奇特的老學生」進入美國小學。此後，安昌浩於1905年在美國成立了以「相扶相助」及恢復祖國國權為目的的公立協會。

1907年，安昌浩不顧朝鮮正處於亡國的危險，隻身一人回到國內，加入大韓自強會。同時與梁起鐸、李東寧等人一起組織秘密社團「新民會」，並以該社團中心人物身分展開活動。

與當時佔據社會主流地位的「激進革命」理論與方針不同的是，安昌浩提出了「培養國力」的戰略方針。他的主張當然會被激進派視為是一種「愚蠢而遙遠」的策略，因此紛紛批評和非難他的理論。但是，安昌浩繼續堅持自己的主張，並一再強調「沒有力量的革命是不可能的。正因為我們沒有足夠的力量，所以才失去了獨立的機會。」

伊藤博文和安昌浩曾經見過一面。伊藤博文很贊同安昌浩的政治主張，因此主動邀請他見面。雖然至今尚未發現有關他們二人會談內容的文字記載，但據安昌浩後來講，伊藤博文認為，正如他自己成功地使日本走上近代國家道路一樣，朝鮮也應首先實現近代化，然後再促使清政府也走上同一條道路。如此，東亞三國一併進入近代化國家行列，結成聯盟關係，以抗衡西方列強的侵略。而為了實現這一目的，朝鮮、清政府也應具備與日本擰成一股繩的力量。

　　對此，安昌浩做出了如下回答：「我贊同三國鼎立將成為東洋和平的基礎這一觀念。同時也對您像熱愛自己的國家一樣熱愛、援助韓國的好意深表感謝。但您是否知道幫助韓國最好的一個辦法？」伊藤博文反問：「什麼方法呢？」於是安昌浩回答：「正如成功地改革日本是日本人所為，韓國也應由韓國人進行改革。」

　　安昌浩拒絕了伊藤博文統監主動提供的協助。安昌浩痛感「現在的韓國還沒有一個人具有可以與伊藤博文擰成一股繩的資格」。於是，安昌浩於1907年組織了秘密團體「新民會」。

　　安昌浩的獨立運動和教育事業是同時推進的。其間，他成立了韓國第一家民間株式會社——馬山洞瓷器株式會社。他大聲疾呼：「復活祖國不僅僅是政治方面的事情，同時也是經濟方面的事情。」他認為，為了培養國力，振興工業是一個不可或缺的環節。

　　1910年，伊藤博文被擊斃，隨後寺內就任第一任朝鮮總督。朝鮮的紳士及官僚邀請安昌浩「組織安昌浩內閣，向日本提供協助」，但安昌浩斷然予以拒絕。當時，安昌浩這樣懇切地號召他們：「對我們這些愛國之士而言，道路只有一條。即，含著淚水培養國力，為將來的獨立做準備。正因為我們的力量不及，才導致朝鮮亡國。」

　　安昌浩帶著這種「實力救國」的信念，踏上了亡命海外的道路。1910年8月末，安昌浩在中國青島聽聞日韓併合的消息以後，曾長歎：「祖國滅亡這件事不能全怪李完用一個人，把亡國的責任推卸給李完用或日本，這都是不成立的。每一個朝鮮人都有責任，只有我們每個人都覺悟到必須恢復國力的重要性時，光復祖國的大門才可能向我們敞開。」

　　當時，李東輝的「即戰即決論」比安昌浩的「培養實力論」更有市場，於是安昌浩只得來到美國，然後在美國組織了「大韓人國民會」及「興士團」，致力於培養國力事業。

1919年，受美國總統伍德羅・威爾遜（Woodrow Wilson）「民族自決」主義理論的鼓舞，韓國境內的獨立運動高漲起來，隨後爆發了「三一獨立運動」。

4月10日，大韓民國臨時政府在上海成立。安昌浩在以李承晚為國家元首的臨時政府擔任內務總長職務。但由於路線方針的對立，以及地域派別和黨派之爭的原因，臨時政府的政權極不穩定。

安昌浩被排斥到臨時政府主流圈外，於是，安昌浩在1921年辭去了臨時政府閣僚職務。此後，安昌浩在滿洲建立了自己的理想村，作為朝鮮獨立運動的根據地，但也並不盡如人意。1931年4月19日，由於尹奉吉義士在上海遇難，安昌浩被問責，最後被逮捕入獄，並服了4年徒刑。出獄以後，安昌浩重新投入民族運動。他提出「自我革新，民族革新」的口號，並向廣大同胞大肆宣傳。朝鮮同胞問他：「我們為什麼沒有我們自己的偉人？」安昌浩這樣回答：「並不是我們沒有偉人，而是我們沒有為了成為一個偉人而努力。」

安昌浩呼籲，「只有一身獨立，才能贏得一國獨立。」由於繼續展開民族獨立運動，安昌浩於1937年再次被朝鮮總督府逮捕入獄。審訊官問他：「你就沒想過停止你那獨立運動嗎？」對此，安昌浩大義凜然地回答：「當然沒想過。我一生的衣食住行全都是為了我們民族，只要一息尚存，我就會為了我們的民族而戰。」1938年3月10日，安昌浩還沒來得及看到祖國的光復，便溘然長逝，時年60歲。命運多舛的安昌浩，是一位值得紀念的朝鮮民族偉大愛國志士。

20. 周作人的悲哀

一提到周作人（1885-1967），很多人立刻就會想起他是魯迅的弟

弟、「漢奸文人」，除此之外，幾乎就沒有別的印象了。對於某一個歷史人物，我們經常是用一種充滿意識形態色彩的眼光去觀察他、評價他。因此有關這個人物有血有肉的形象，很難被我們更多地了解到。

在近代史上，有很多歷史人物的真實面貌，就是這樣在不知不覺中被我們塗抹掉的，以至於展現在我們面前的全然是一種被歪曲、抹黑的形象。周作人可謂是在近代精神史上遭到最嚴重歪曲和蔑視的悲哀文人。

周作人作為辛亥革命以後中國新文化運動的旗手之一，由於在戰爭時期主張對日協作，而在解放以後幾乎從社會舞台上銷聲匿跡。在中國近代精神史上，魯迅（周樹人）和周作人這兄弟二人比任何一位文化人都值得一敘。而且，像這對兄弟一樣形成強烈反差的人也實在是罕見。相對於魯迅的「民族魂」、革命文學家的形象，周作人則是一個反民族的「變節者」、「漢奸文人」的代表人物。

但周作人並非是能夠如此簡單地被貼上標籤的文人。從1980年代開始，中國重新掀起周作人熱，並在學術界、文學界形成重新評價周作人氣象。筆者在重讀周作人的過程中發現，他和魯迅完全不是同一種類型的文人。

1911年，周作人結束了在日本的留學生活，回到國內，在家鄉紹興執教。1912年，周作人成為浙江省教育司的科長。到了1917年9月，周作人就任北京大學中文系教授。在就職於北京大學的20多年時間，是他的黃金時期。

周作人又名啟明，以其筆名知堂名聞遐邇。1905年，周作人在水師學堂畢業以後，以官費留學生資格到日本留學。在日期間，周作人與其兄魯迅一起熱衷於外國文學作品翻譯事業，第一次向中國介紹了「童話」。1908年，周作人與他寄宿家庭的女兒羽太信子結婚。

周作人提倡人道主義和人類的個性解放，他在標榜反封建思想的同時，在文壇上初露鋒芒，發表了很多優秀散文作品。

周作人的隨筆至今還在中國和日本擁有廣大的讀者群。那麼，其魅力究竟何在？關於這一點，錢理群先生曾經指出，周作人散文存在著一種只能意會難以言傳的「情」（調）、「氣味」，或者「境界」，這正是周作人散文的藝術生命所在。

在重讀周作人的過程中筆者認識到，近代以來，像他那樣博覽強記、且不隨波逐流的文人並不多見。

周作人生性恬淡，一向淡泊名利，並把安靜讀書作為自己最大的樂趣。周作人的弟子、著名小說家、原北京大學教授廢名（1901-1967）回憶說，知堂先生是一個唯物論者，是一個躬行君子。他認為，「在歷史上，還沒有像周先生那樣氣質的人。」廢名指出，周作人是一個「對自身寬容，也對自己以外的其他人寬容」的人，是一個具有「缺乏威嚴的謙虛」的人，一個具有「中庸」品性的人。

周作人把自己的書齋命名為「苦雨齋」。從中我們可以聯想到，他端著一杯清茶，談論著人生苦樂的儒教先賢的生活情趣。

中國人民大學教授、北京魯迅博物館館長孫郁先生是周氏兄弟研究專家，也是筆者的多年好友。孫郁先生曾這樣評價周作人，「老實說，周作人供給我們的享受確實不及魯迅，但他的智慧的表達方式、不動聲色的情感流露，都使我發現了中華文化的某種缺失。周作人的價值正在這裡。」

這裡所說的價值，正是他自「五四運動」以來，以他特有的新散文，給中國文學注入了新的活力。孫郁先生指出，周作人的散文「遠離道統，近於心靈，很類似於詩詞、小令，或者古人意緒之支脈，或以西域思想指陳人間，以性靈為本，緩緩流來。」

20世紀的文體，與「革命」過於密切地結合在一起。但周作人卻選擇了與革命旗手之一的魯迅不同的道路。即，學問的道路，也就是孫郁先生所說的「遠離道統，近於心靈」的道路。

正因如此，近代文章大家溫源寧（1899-1984）曾這樣指出：「周作人喜好長談的是那些細小的事物，那些寫一些『沒有人提起，沒有人記得的瑣事』，從而，會使得我們對那一切可能世界裡最不可能的事物也都關心起來。像伊利亞體那樣有不自覺的因而頗具魅力的唯我哲學和閒散情調。」「在他非常富有人性的園圃裡，白菜會比玫瑰更加美麗動人。讀他的散文會使我們相信，蒼蠅要比有關於『天道、預見、自由意志和注定的命運——命運注定、自由意志、絕對預見』之類的思想更有意思。」

在閱讀周作人散文的時候，筆者感受到，唯有他的散文才算得上是遠離了政治理念，而上升到人生本質層面。從他的散文中，我們可以看到一個博學文人的雅趣與清高。

近代文人、知識份子當中，把群眾視為「愚民」而加以輕蔑，並自詡為高高在上的啟蒙者、先知，大都緊隨政治、理念、潮流而動。與此不同的是，周作人更傾向於從一種民俗的、兒童的視角切入，關注基層文化。

周作人與魯迅分道揚鑣，實際上也是周作人與魯迅截然不同的文學觀、價值觀的決裂。1937年，周作人在時任北京大學校長張夢麟的指示下，留在北京大學保護學校和圖書設施。1945年，周作人被國民黨當局判定為漢奸，但他對此並不認同。他之所以沒有離開北京大學，是為了在戰爭時期保護北大。在戰爭時期，為戰爭高聲吶喊是一件容易的事情，但呼籲和平卻並非易事。周作人在戰亂期間有效保護了北京大學文化遺產的功績，理應重新評估。

1967年5月7日，周作人在北京逝世，享年82歲，在死因不明的情況下，相關部門倉促地進行了火化。此外，他的骨灰盒也被弄丟。他的後半生充滿了悲哀。不僅如此，即使是在死去以後，這種悲慘遭遇還沒有結束。周作人的一生留下了大量作品，主要有《自己的園地》、《雨

天的書》、《瓜豆集》、《知堂文集》，和翻譯作品《伊索寓言》、
《狂言選》、《希臘神話》等。從某種意義上看，周作人個人的悲哀，
也象徵著中國近代史的悲哀。

21. 近代中國的教育之父──蔡元培

蔡元培（1868-1940）在44歲那年（1912）被中國臨時政府任命為
教育總監。但是，由於和袁世凱不和，蔡元培於當年7月辭掉工作，前
往德國留學。過了一年，蔡元培回國與孫中山、黃興等人一道討伐袁世
凱。在討袁失敗以後，蔡元培流亡法國，於1915年重新回到國內。

1917年1月，蔡元培就任北京大學校長，開始提倡學術自由、相容
並包，實行教授治學的制度。在蔡元培的主持下，北大彙集了辜鴻銘、
王國維、胡適、陳獨秀、周樹人等一大批叱吒風雲的大學者和知識份
子，並聘請他們為教授。蔡元培把這些思想、性格、主張各異的人聚集
在一起，建立起中國最高級別的學府。由於和周樹人兄弟是同鄉，蔡元
培也聘請了周作人。周樹人當時被聘為北大兼職講師。

蔡元培融合了中國傳統教育思想和西方自由主義精神，形成他獨特
的教育思想和教育方針。

1902年，蔡元培出任「中國教育會」會長一職，並於1905年加入
同盟會，負責上海同盟會的日常工作，與秋瑾等人展開革命活動。但蔡
元培的主要功績，還是在於他把北京大學打造成了一所自由學府。這在
中國的教育史、學術界上是無人能及的。

他認為，北京大學應該成為中國的文化中心，為中國樹立百年大
計。按照他的設想，北京大學在「五四」前後，一直都是中國新文化運
動中心。

與蔡元培關係甚篤的朋友們回憶說，他溫和、中庸，胸襟廣闊，很有度量，可以把各種具有極端主張的人物同時攬在自己的懷抱中，是一位能將各種人團結在一起的領導者。他品性寬厚，幾乎從來不會拒絕他人。

著名哲學家馮友蘭（1895-1990）先生在他的著作《蔡元培校長》中說，蔡元培於1913年給馮友蘭立了三條原則：①不做官；②不納妾；③不打麻將。

由於蔡元培品性寬厚，在教育界，能像他那樣身為大學校長而能和學生保持良好關係的人並不多見，因此受到了廣大師生的尊敬和愛戴。

他的性格幾近完美，總是能憑藉人格魅力，在短時間內俘獲學者和師生們的心。他的身上兼具老莊氣息，對中國近代教育事業產生了深遠的影響。

周作人回憶說，蔡元培的主張是適時性的、有效的。蔡元培不僅包容復古守舊的辜鴻銘、劉師培等人，而且同時也能包容陳獨秀、李大釗等革命家。毛澤東、鄧中夏等人也曾在北京大學工作。毛澤東在北京大學圖書館打工的經歷，一直被中國人傳為佳話。

1910年代中期，陳獨秀、李大釗、胡適、周作人、錢玄同等人以《新青年》雜誌為陣地，在上海開啟了新文化與運動。由於這批新文化運動一一被蔡元培納入北京大學麾下，北京大學很快就成為新文化運動中心。於是，北京的大學生也開始積極投入到了這場聲勢浩大的文化運動之中。

從這種意義上講，說新文化運動或「五四運動」是在蔡元培的催化作用下生成的也毫不為過。蔡元培最值得強調的一點，便是他的「近代中國教育之父」這樣一種身分和作用。

1912年，在就任民國第一任教育總長（教育部部長）期間，蔡元培從個人角度出發，將自己的工作重心從「革命」轉向了「教育」。由他領導的教育部，在當年1月19日便頒布了《普通教育暫定方法》。他試

圖恢復由於革命運動而處於停滯狀態的學校教育。教育部在他的率領下，展現出針對清政府學制的改革態勢。

改革的主要內容有，把學堂改為學校、一律廢止小學教科書中的讀經課、小學校男女同校、根據共和國的教育宗旨編寫教材等。2月份，作為民國教育綱領，教育部頒布了《對於教育方針之意見》。他針對清末「忠君」、「尊孔」的教育宗旨，提出了「軍國民教育、實利主義教育、公民道德教育、美感教育、世界觀教育」，「五育」並重的教育方針，這也是民國教育的基本方針。民國教育方針在中國近代第一個實現了的資產階級教育宗旨。這一綱領被《東方雜誌》、《教育雜誌》轉載，發揮了巨大的作用。

此後，蔡元培致力於工人道德教育、世界觀教育，將培養共和國國民精神作為自己的教育目標。由此開始，教育的中心，逐漸擺脫「政治」，回歸教育自身的發展軌道。

他開始確立與「政治」保持一定距離，鞏固「教育」力量的信念。據說，蔡元培並不完全贊同學生議論政治，或投身政治運動。

蔡元培留下了《中國倫理學史》、《哲學大綱》等著作。1940年3月，蔡元培因患胃潰瘍，在香港養和醫院逝世。3月24日，各界舉行了追悼會。蔣介石也在重慶參加了蔡元培先生追悼大會。4月14日，在延安召開的蔡元培先生追悼大會上，毛澤東為其題詞：「學界泰斗，人世楷模。」讚頌他的豐功偉績。

能同時被國共兩黨領袖如此尊敬的人物，在近代實屬罕見。可以說，蔡元培是一位具有大海一樣廣闊胸懷的近代教育之父。

22. 被忘卻的卓越地質學家——丁文江

一提到地質學家，中國人馬上會聯想到李四光。但實際上，除了李四光以外，中國近代還有一位傑出的地質學家。他就是丁文江（1887-1936）。

以中國學研究成果蜚聲中外的美國哈佛大學燕京研究所，一直在出版系列的東亞研究叢書（East Asian Series）。這套著名的系列叢書當中，出版於1970年的第42本書，便是有關民國時期著名地質學家丁文江的專著。能被如此著名的系列叢書納入出版計畫，可見其並非一個等閒人物。

丁文江也是百年前民國時期的一位教育家、政治活動家。在近代中國學者當中，丁文江是第一位專門研究明朝末期科學巨著《天工開物》的人。丁文江為《天工開物》注釋，而且給予了高度評價。此外，丁文江也撰寫了宋應星的傳記。丁文江參與編輯的《中國分省新圖》至今還在發揮巨大的影響力。

對於這位偉大的科學家，在中國除非是專業人士，否則便甚少了解。這是一件令人遺憾的事。丁文江1887年出生於江蘇泰興一個書香世家。1902年秋（15歲），丁文江以官費留學生身分東渡日本留學。

當時的東京，雲集了大量投身於革命運動中的青年學生。丁文江也和他人一樣，認真閱讀了改良派領袖梁啟超的著作。如果一直在這條道路上發展下去，丁文江也可能成為一個革命家。

然而，由於受到當時流亡蘇格蘭的吳稚暉邀請，丁文江前往英國，進入格拉斯哥大學攻讀動物學及地質學。在英國的7年期間，他全身心投入到歐洲近代科學領域，研究相關科學知識，最後獲得雙學士學位。

1911年辛亥革命爆發，丁文江回到中國。途中，丁文江在印度下船，乘坐列車進入雲南省。在對雲南省的地質、地理情況進行了一番考

察以後，丁文江通過陸路回到故鄉。當時，雲南是一片未經任何人調查過的處女地，而且礦物資源非常豐富。

此後，丁文江重新進入雲南、貴州，展開他的科學考察活動。從一開始，他便從學術角度對這一地區產生了濃厚的興趣。1914年，在實地考察過程中，丁文江接觸到了宋應星的著作。這一時期，他對明末徐霞客的科學研究給予了高度的評價。他認為，徐霞客是一位真正科學的地理學家，並從孤身探訪長江等主要河流的徐霞客身上，發現了類似於文藝復興時期的精神。

於是，丁文江於1928年出版了《徐霞客遊記》校訂本。丁文江回國時期，正是中華民國剛剛成立初期。因此，為了開發國內資源，國家於1916年在北京設立了地質調查研究所。

因他在地質研究工作的成果，丁文江連續六年出任地質研究所所長職務。地質研究所當時彙集了出身東京大學的張鴻釗、曾留學比利時的翁文灝等優秀的地質學家。

在擔任研究所所長期間，丁文江頻繁外出調查，同時也致力於培養地質學家的教育事業。在民國時期，政府部門重視生物學或地質學研究，遠甚於物理學等科學。據說在民國時期，能達到西方先進的近代科學水準的只有地質學。當然，這與當時來到中國的外國學者的幫助是分不開的，但之所以能獲得如此成就，更多的是靠以丁文江為中心的中國科學家的努力實現的。丁文江的周圍彙聚了一大批有力的協作者。其中，翁文灝後來成為行政院長，是一位具有政治素養的科學家。

另外，和丁文江一起在格拉斯哥大學攻讀地質學的李四光也是研究所成員之一。作為新中國代表性的地質學家，李四光在1973年逝世前一直都是中央委員會委員。

丁文江領導的地質研究所所在地北京，在當時也是新文化運動的中心。科學與民族，這兩個內容成為當時新文化運動精神的指導思想。

1919年的「五四運動」以後，國民黨或共產主義者展開的各種運動風起雲湧，但丁文江並沒有投入這種政治運動浪潮。1921年，丁文江一度擔任北票煤礦總經理，後來辭任，並與胡適一起創辦《努力》雜誌，發表政治評論。1926年，丁文江在當時正在控制著上海的軍閥孫傳芳的邀請下，擔任「淞滬商埠總辦」，即上海市市長一職。

1928年，國民黨的北伐戰爭結束，隨後南京臨時政府成立，於是丁文江被邀請到北京，繼續展開他的地質學研究活動。1929年，丁文江踏上了為期10個月之久的西南地區考察之旅。

他走遍了大半個廣西，而對於廣西中部及北部，如南丹、河池、馬平、遷江諸縣的調查尤為詳細。他除勘查了南丹、河池的錫礦及遷江一帶煤田外，特別注重地層系統及地質構造之研究，掌握了大量有關地質學、地理學、古生物學的資料。回到北京以後，丁文江很快受邀出任北京大學教授，同時整理出五份研究報告。《中國分省新圖》便是在這一時期出版的。他講課時風趣幽默的言談，使原本枯燥乏味的科學問題變成引人入勝的內容，受到了廣大學生的歡迎。1931年，胡適等人創辦《獨立評論》時，丁文江和李四光一起成為編委成員。此時，日本已經侵佔了東北，可以說中國到處都是危機四伏。他主張，中國應該暫時避免與日本全面作戰，而應堅持到軍力足夠強大的那一天。

1934年，丁文江成為中央研究院總秘書長，並在1935年被研究院派往湖南，去調查那裡的礦產資源。在實地考察現場，丁文江發病，陷入昏迷狀態。後來由於醫生的誤診，他的肋骨受到傷害，並因為這次負傷，於1936年1月5日逝世。丁文江一生對中國地質學的發展做出了卓越的貢獻，他的英年早逝，令人不勝惋惜。

23. 狂熱的政治論客——戴季陶

戴季陶（1890-1949）是孫中山的秘書和翻譯，一直到孫中山逝世，他始終陪伴在孫中山身邊，戴季陶是中國近代著名的專欄作家、政治家、論客、知日派國民黨官僚、佛教徒等，他是一位將各種身分聚於一身的近代知名人士。

駐日華裔作家、文明批評家陳舜臣先生曾經指出：戴季陶的人格魅力遠遠超出了他的政治魅力。筆者關注的是戴季陶早年受到的日本人和日本文化的影響，但也為其狂熱的政論家、知識份子形象所感動。

1890年11月，戴季陶出生於四川成都北部的廣漢縣，戴季陶名傳賢，字季陶，筆名天仇。從幼年開始，戴季陶便具有落拓不羈的性格。在13歲那年，戴季陶受日本教習服部操、小西三七等人影響，擔任了小西三七的日語翻譯，可見其當時的日語水準之高。當時，由於向學堂都監提出抗議，戴季陶失去了官費留學日本的機會。但在哥哥的資助下，戴季陶於1905年踏上留學日本的道路。從1905年到1909年間，戴季陶在東京度過了他的留學生活，他在日本大學專攻的是法學專業。

1908年，戴季陶組織中國留學生，結成「同學會」並親自擔任會長職務。他是一個狂熱份子，卻不是一個頭腦冷靜的組織者。這可以說是他作為一名政治家的最大缺陷。

1909年，戴季陶歸國以後成為《上海日報》、《天鐸報》的專欄作家及總編，並使用天仇這一筆名發表文章。他參加同盟會是在辛亥革命爆發的1911年，也就是說，他是在革命成功以後第一次參加革命團體的。當時戴季陶在上海負責《民權報》的經營，而他與孫中山相遇，則是在1912年。作為孫中山的一名親信，戴季陶極其崇拜孫中山，並將其視為自己的精神導師。用陳舜臣先生的話說，他和孫中山之間有著幾乎可以稱得上是「過命」的親密關係。在孫中山去世以後，戴季陶也多

次披露孫中山的多重人格。

孫中山逝世於1925年，那年戴季陶35歲。戴季陶撰寫了《孫文主義的哲學基礎》等文章，從一個右派立場上點明了孫中山的思想。

1912年，孫中山辭去了臨時大總統職務，不得不選擇將其移交給北方實力派袁世凱的妥協政策。當時，孫中山派遣蔡元培、宋教仁等8位代表前往北京，邀請袁世凱來南京就任大總統。而戴季陶也是這8位代表之一。

此後，孫中山就任全國鐵路督辦，於是戴季陶又被他聘請為機要秘書。機要秘書並非僅是一個秘書，而是孫中山的幕僚之一，因此可以說是能夠參與孫中山機密決策的重要角色。1913年，孫中山兩次訪問日本，而戴季陶兩次都一起前往，並一直到1915年，都陪同他在日本度過流亡生活。由於精通日語的戴季陶伴隨其身邊，孫中山的流亡生活至少是沒有障礙的。

1917年，張勳上演了一齣復辟大戲。這雖說是復辟大清的一場白日夢，但張勳卻向日本提出了協助請求。於是，孫中山派戴季陶去了解日本要員對這一事件的看法。戴季陶運用他毫不遜色於日本人的日語水準，奉命與當時的日本陸軍、海軍年輕將官田中義一、秋山真之等人接觸。秋山真之告訴戴季陶，張勳的復辟將以三日天下而告終。後來的事實證明，張勳的復辟活動果然成為一場短命的鬧劇。戴季陶也因此對秋山真之刮目相看。

作為孫中山的使者，戴季陶完成了孫中山交辦之事，隨後陪同孫中山前往廣州，就任廣州元帥府秘書長一職。這時正是「五四運動」時期（1919）。30歲時，戴季陶跟隨孫中山來到上海，參與創建中國國民黨。他在上海與1919年離開北京大學的陳獨秀接觸，並參與中國共產黨的前身——社會主義青年團的創立。雖說戴季陶曾傾向於左傾，但在晚年卻變成一個反共份子。

1919年8月，戴季陶參與孫中山創辦的《建設》雜誌相關業務。同時，於1920年經營上海證券交易所。但由於缺乏實業家氣質，第二年他便破產了。因此在相當一段時間裡，戴季陶備受神經衰弱症折磨。他甚至在1922年從行駛在長江上的一艘客輪上投江自盡，所幸被人救起。國共合作時期，戴季陶被任命為黃埔軍校政治部主任，但他卻對國共合作懷有不滿，拒絕赴任。因此，年輕的周恩來才成為實際上的政治部主任。

1924年，在國民黨第一次代表大會上，戴季陶當選為中央執行委員會委員，出任宣傳部長要職。這是因為國民政府充分肯定他作為一個專欄作家的政治才華。11月，戴季陶伴隨孫中山北上。期間，孫中山在神戶發表了他重要的「大亞洲主義」演講。而戴季陶，以他嫻熟的翻譯水準，讓無數日本人為之瘋狂。

1925年3月，孫中山逝世以後，戴季陶迅速轉變立場。西山會議第二年，戴季陶就任廣東大學（今中山大學）校長職務。1928年，39歲的戴季成為中央考試院院長。雖說這個職位與行政院長同級，但沒什麼實權。

1928年，戴季陶出版了近代中國人寫作的日本文化論名著《日本論》。這本書被認為是自民國以來中國人寫作的日本論當中最具影響力的著作。至今為止，日本學術界仍然對這本著作給予高度評價。作為一名「知日派」中國人，他至今還被日本人列為與郭沫若、周作人相同的文化巨匠，而受到日本人的崇敬。

抗日戰爭以後，戴季陶辭去當了20年的考試院院長職務，被任命為國史館館長，從此開始遠離政界一線。後來他為佛教所傾倒，開始著手修建洛陽白馬寺，留下了印度巡禮等業績。據猜測，中國複雜的政界鬥爭，是促使他離開政治舞台，傾心佛教的原因。1949年2月11日，在中華人民共和國即將成立之際，戴季陶在廣州逝世，時年59歲。正如劇

烈動盪的中國近代史一樣，戴季陶的一生也充滿了顛沛流離。

24. 孫中山和南方熊楠的友誼

近代中國革命之父孫中山和日本人之間深厚的友誼，也與他的命運息息相關。孫中山和日本之間命運相連，從某種意義上，可以理解為近代中國和日本緊密聯繫在一起的宿命。

筆者在這裡要向大家介紹的南方熊楠（1867-1941），作為日本著名的植物學家、民俗學家，是一位可以熟練運用19國語言進行交流的天才。他曾在大英博物館東洋調查部從事研究工作，回到日本以後，在植物採集過程中，發現了70種菌種，也對日本的民俗學做出了巨大貢獻。

南方熊楠是怎樣與孫中山結下深厚友誼的呢？從東京大學預科班主動退學以後，南方熊楠隻身來到美國，浪跡四處，並於1892年9月移居到英國。1893年，南方熊楠向英國最權威的自然科學雜誌《自然》投去了自己撰寫的論文《遠東星座》。《自然》雜誌刊發了這篇論文，並授予南方熊楠最優秀獎。從此他從一個放浪形骸的書生，一躍而成為國際知名學者。此後，南方熊楠在時任大英博物館圖書部部長的道格拉斯幫助下，在東洋部工作，並著手編著《大英博物館日本、中國書籍目錄》。1897年3月16日，在道格拉斯的介紹下，南方熊楠結識了正在英國流亡的孫中山。當時，孫中山推翻清王朝的起義失敗以後，經過日本、美國，輾轉來到英國暫避。

清政府駐英公使館早已查明了孫中山的行跡，因此孫中山剛剛登陸便遭到逮捕，他將被押回國內，接受清政府處置。這時，展開營救活動的正是道格拉斯和他的導師。由於他們的斡旋，孫中山被釋放出獄。孫中山前往拜謝之際，道格拉斯介紹他與南方熊楠相識。

南方熊楠是一位愛國者，出於這種原因，他對同樣的愛國主義者孫中山自然產生了親近感。在交談過程中，南方熊楠對孫中山的愛國主義思想產生強烈共鳴，而孫中山也對南方熊楠的博學以及他內在的俠氣所感動，並將其視為生命中的知己。

「您所希望的是什麼呢？」當孫中山這樣問起南方熊楠之際，他當即回答說：「把西方人趕出東洋各國。」他全然不顧自己當時還置身在英國倫敦而坦蕩地說出自己的想法，這種磊落的作風深深吸引了孫中山。孫中山後來表白說，把西方侵略者趕出東洋，以及推翻滿清政府，從這種意義上講，他們二人是意氣相投的。從此開始，兩個人幾乎天天見面，彼此交換對東亞未來的看法。

那時，南方熊楠寄宿在倫敦郊外一個馬廄的樓上。所以，樓下總是飄來馬糞的惡臭。但即使是在這種惡劣的環境下，他們二人依然熱烈地討論彼此的夢想，對刺鼻的馬糞味渾然不覺。

兩個人也偶爾到外面吃飯。那時，南方熊楠每當和日本實權人物見面，都會把孫中山介紹給他們，並囑託他們為了革命向孫中山提供援助。

可是，據說每次在外面吃飯，幾乎都是孫中山買單，因為孫中山非常理解南方熊楠僅靠大英博物館微薄工資的艱難。南方熊楠對此很過意不去，在他看來，孫中山正處於亡命途中，資金情況根本談不上富裕。於是，南方熊楠幾次帶著孫中山造訪正停靠在英國的日本軍艦，找正在那裡服役的好朋友招待他們。

兩個義氣相投的東方人之間的友誼與日俱增。孫中山把當時自己攜帶的著作《紅十字會構想第一法》和其他書籍贈送給南方熊楠。南方熊楠在扉頁上發現了這樣一些文字：「恭呈南方熊楠先生雅正。中原逐鹿士 孫文拜言」

但是兩個人長達3個月之久的交往不得不暫時告一段落。因為正滯留於橫濱的革命同志陳少白給孫中山發來了一封電報，要求其速來日本。

　　3年後的1900年9月，南方熊楠也結束了長達15年的海外生活，回到了久別的祖國。南方熊楠從神戶登陸，並直接回到了家鄉和歌山。但是，故鄉並不歡迎早已舉世聞名的南方熊楠。繼承了家業的弟弟和其他家人，對南方熊楠都表現出意外的冷淡。南方熊楠意識到這一點，只在家裡住了一晚，便移居到了圓珠院。

　　大約過了3個多月，倫敦時期的好友、專欄作家福本日商給他發來了一封信。信中說，孫中山為了逃避清政府的追捕，正寄身於神戶。南方熊楠興奮不已，立刻給孫中山寫了一封信，希望能和他見上一面。很快，孫中山給他回了信，希望南方熊楠能到東京與他一敘。

　　南方熊楠恨不能立刻飛到東京與孫中山見面。但是，當時南方熊楠的手裡沒有任何積蓄，因此不可能前往東京。於是，在第二年的2月，孫中山親自趕來與南方熊楠相聚。這是他們兩人4年後的重逢。

　　臨別時，南方熊楠送孫中山到車站。孫中山將自己防暑用的帽子送給南方熊楠作為紀念。孫中山還向他的朋友（後來成為日本總理大臣）犬養毅寫了一封推薦信，希望生活窘迫的南方熊楠能被重用。

　　此後，兩人再也未能相見。但是，他們之間的深厚友誼絲毫沒有變化。後來，孫中山在夏威夷亡命期間，替南方熊楠探訪火山地帶，為他發去了珍貴的菌類標本。南方熊楠收到郵件以後，自豪地宣稱，「這才是我學術資料中的寶貝」，並將其視為他和孫中山兩人之間友誼的見證，終生加以珍藏。

　　據說，1925年，南方熊楠聽聞孫中山死於肝癌的消息，一整天獨自待在自己的書齋裡不吃不喝，沉浸在巨大悲痛之中。

25. 慈禧太后也曾計畫進行改革

在中國近代史上，對慈禧太后的評價多是負面的。慈禧太后喜歡自我表現，同時貪圖奢侈的生活。作為實際上的「女皇」，慈禧太后君臨於清朝政府之上，然而研究表明她的政治智慧卻是十分低下的。

確實，出現在近代史記述或相關影片中的慈禧太后，為了自己的權力和統治，嫉妒一切礙手礙腳的人，並極盡所有慘無人道的手段除掉這些障礙。而她的私生活，幾乎達到了腐敗奢侈的極度。

但是，就是這樣一個慈禧太后，在她的內心深處，還隱藏著另一副面孔。晚年的慈禧太后，以一種慘無人道的政治手段，鎮壓了康有為、光緒皇帝等主導的戊戌變法。但與此同時，她也曾因受到西方文明的影響而試圖進行改革。

在慈禧太后看來，光緒皇帝的變法無異於是想要折辱自己強烈的自尊心和體面。這種做法顯然是不能被她接受的。但是，慈禧太后並不討厭西方文明，因此在戊戌變法以後，尤其是在義和團起義運動以後，她也曾計畫進行西方式的改革。

在此期間，慈禧太后的意識形態發生了很大變化，以至於被時人挪揄為「迷戀西方文明」。這種迷戀首先表現在她的梳粧檯上：她丟掉了清朝時期傳統的化妝品，轉而在她的梳粧檯上擺滿西方的美白粉、英國香皂和雪花膏、法國香水等。在得到尼古拉二世的照片以前，慈禧太后一直都很討厭照相。但在此之後，她卻開始迷戀起照相，並為後人留下了40多張照片。此外，慈禧太后也命令畫家為她的照片上色。她裝扮成慈悲的觀音菩薩的幾張照片，充分展示出她自我陶醉的神態。

慈禧太后喜歡在自己每個人生重要階段，都舉辦炫耀自己權力的盛會，但這只是在向世人展示她在政治上的欠缺。在慈禧太后50大壽那年，清法戰爭爆發；花甲那年，由於中日甲午戰爭的爆發，慈禧太后出

盡了洋相；古稀之年，則爆發了日俄戰爭。因慈禧太后70歲的壽誕，清政府花費了大量白銀，以至於國庫幾近虧空。

即便如此，慈禧太后也暗自希望進行改革，力挽狂瀾，以阻止清廷百年基業的坍塌。嘗盡了義和團起義運動苦楚以後，慈禧太后一邊流著淚，一邊說道：「沒想到我竟然變成了皇帝的笑料。」她本想利用義和團的勢力來抗衡西方列強，結果她的如意算盤前功盡棄。

但這並不只是說，慈禧太后在政治上是無能的。對於權力異乎尋常的追求，在形成她政治敏感性和冷靜思維方面，發揮了重要作用。她認為，如果自己不親自採取政治改革措施，將無法獲得國民的信賴，以及外國人的尊敬。

雖然慈禧太后在思想或意識形態上相對薄弱，但她卻是一個喜愛讀書的女人。她尤其關注英國維多利亞女王，因此大量閱讀了有關她的翻譯作品。當時被軟禁的光緒皇帝，每天要學一個小時的英語。聰明的光緒皇帝沒過多久，就可以用英語寫日記了。受此刺激，慈禧太后也開始學習英語，但勉強學了兩個小時就放棄了。

陶醉於西方文化的慈禧太后，從政策方面開始轉向「改革開放」，並以光緒皇帝的名義，開始實施新政。新政的內容，正是幾年前被自己扼殺的「戊戌變法」思想。但慈禧太后自己把這次實施的「新政」稱為「變法新政」。

1901年，慈禧太后發表聲明，要求朝廷大臣、各省都督和外國使節向朝廷提出建議，以使清政府的政治體制、行政、教育、生活、軍事、財政體系更趨合理。

中國近代學者只是側重於她的腐敗奢侈生活，而沒有對慈禧太后的「新政改革」給予肯定的評價。但是，1905年，延續了千百年的科舉制度遭到廢止，這是具有極其重要意義的歷史事件。清政府廢止了只注重詩、八股方面才能的科舉制度，轉而確立了重視現實政策論的人才啟

用制度。

不僅如此，慈禧太后於1905年派遣五位大臣前往歐美和日本，正式地去進行實地考察。這雖然比日本明治維新政府晚了30年，但畢竟可以看出慈禧太后也曾渴望吸收西方文明。

1906年，慈禧西太后一手掌管的清政府承諾將制定憲法。當時海外留學生主導的「反滿興漢」運動此起彼伏，在這種社會背景下，慈禧太后意識到在自己死去以後，若想清政府仍能延續下去，就必須採取不同於傳統的統治方式。她認識到清政府採用近代的、合法的統治方式的必要性。於是，在1908年，清政府承諾將在9年後頒布憲法，並建立議會制度。他們所說的憲法剛要，其實不過是照搬了大日本帝國憲法而已。

儘管如此，在進入民國以後，隨著共和國的成立，慈禧太后曾經計畫的憲法等方面的改革並沒有遭到否決，而是在一定程度上得到了繼承和發展。所以，對慈禧太后的評價也不應都是負面的，至少在這一點上，我們是應該予以肯定的。

1908年11月14日，光緒皇帝駕崩以後，還沒過24小時，慈禧太后便於15日下午未時停止了呼吸。3年之後，清政府被辛亥革命推翻。

26. 朝鮮鐵路的始祖朴琪宗

朴琪宗（1839-1907）是在朝鮮近代鐵路事業中做出卓越貢獻的先驅。

雖然朴琪宗被稱為「民族鐵路始祖」，但在朝鮮近代史上，人們對他功績的評價卻並不很高。這是一個令人遺憾的現實。朴琪宗的一生留下了太多的謎語，因此也很難去一一查尋他的歷史足跡。人們認為，這也是大家不大關注朴琪宗的功績的原因之一。

朴琪宗身為朝鮮鐵路事業的先驅者，卻沒能親自為朝鮮鋪設一條鐵

路，便結束了他的一生。而且在他去世以後，朝鮮人也無法依靠自己的力量進行鐵路建設。在這種情況下，朝鮮便淪為日本的殖民地。無論對朴琪宗本人或是朝鮮而言，這都是一個悲哀的結局。

1839年，朴琪宗出生於釜山一個貧困的家庭，因此在年少時未能接受正規的教育。從很小開始，朴琪宗便混跡於和對馬宗氏展開貿易往來的商貿組織，頻繁與日本人接觸，因此掌握了熟練的貿易業務和日語。

朴琪宗發揮自己的商業才能，在青年時期就已經積蓄了可觀的財產。到了38歲那年，朴琪宗正式踏入政界。1876年，朝鮮政府任命金綺秀為正使，第一次向日本派出了「修信使」。修信使一行共82人，朴琪宗便是其中四位翻譯之一。1880年，他再次以金興集率領的修信使翻譯身分出訪日本。這兩次出訪日本，為他日後獻身近代教育事業和鐵路建設，奠定了基礎。

此後，朴琪宗多次被政府部門任命為地方官吏，以及漢城的「王國警備官」，但主要還是擔任翻譯官或員警官之類職務。但是，朴琪宗對仕途的意識非常淡漠，於是從漢城返回故鄉，為了在釜山建立了新式教育機構東奔西走。他此時的目的在於向朝鮮人傳授日語和新技術。

1895年，朴琪宗的開成學校在釜山成立。他傾其所有，購買了三千多平方公尺土地，並在上面建起了六棟校舍。1896年，開成學校正式開學。他聘請曾在日本陸軍預備學校教過學的人，擔任了第一任校長職務。而這所學校的名字，也是直接使用了東京的開成學校（東京大學前身）校名。

1904年，開成學校分校相繼出現，為釜山地區的教育事業做出了卓越的貢獻。隨著學校經營規模的擴大，朴琪宗開始正式著手在朝鮮鋪設鐵路。這也是他悲劇命運的開始。

1898年，中國發生了戊戌變法運動。朴琪宗把尹其永、尹加善聘為發起人，申請創立朝鮮歷史上第一家鐵路公司「釜下鐵路會社」，並於

6月3日獲得了許可。釜下鐵路指的是釜山港和下端港之間全長6公里的鐵路段，是一種輕軌鐵路。

當時圍繞著朝鮮半島，西方列強和日本帝國主義之間展開了激烈較量。由於這種國際形勢等複雜的現實環境，朝鮮民族自己的鐵路建設，從一開始就遇到了重重困難。在下端鐵路以後，朴琪宗於1899年，又創立了大韓鐵路會社，為獲得「京義線」（漢城與新義州之間線路）和「京元線」（漢城與元山之間線路）的開發權，邁開了第一步。

但這項事業計畫也不盡如人意。日本為了掠奪朝鮮鐵路開發權，已經先於他們採取了措施。1894年，由於中日甲午戰爭，需要盡速開發「京釜線」（漢城至釜山之間線路）和「京仁線」（漢城至仁川之間線路），以滿足軍事需要。於是，日本與朝鮮政府簽訂了開發這兩條線路的協定。但由於日本在戰爭中獲得了勝利，軍用鐵路並沒有鋪設。

後來，美國人和法國人於1896年獲得了「京仁線」、「京義線」、「京元線」鐵路的開發權。而日本於1896年7月舉行了京釜鐵路株式會社成立大會，並把將來壟斷朝鮮鐵路作為目標。1897年，美國人摩爾斯由於資金鏈出現問題，把京仁線鐵路鋪設權賣給了日本人。日本人在成功地把俄羅斯的勢力排擠出朝鮮半島以後，與朝鮮政府簽訂了京釜鐵路合約。此後，法國喪失了鐵路鋪設權，於是，朴琪宗的大韓鐵路會社於1899年7月獲得了京義線鐵路開發權。如此一來，朴琪宗一躍登上了鐵路建設的大舞台。

當時，朴琪宗繼下端鐵路以後，已經開始著手建設京元線支線，因此出現了資金困難。所以鐵路建設工程並沒有實際進展。朝鮮政府部門意識到朴琪宗存在的問題，於1899年9月將京義線、京元線兩條線路的開發權收歸國有。如此一來，朴琪宗不得不撤出這兩條線。不僅如此，下端鐵路工程也遭遇了挫折。

在接二連三遭遇挫折的情況下，朴琪宗對鐵路事業的熱情並沒有減

少。他開始關注京釜線的連接路線。1902年，朴琪宗成立了「嶺湖支線鐵路會社」，提前準備連結京釜線和馬山的鐵路建設工程。12月，他與日本第一銀行簽訂了貸款協定，同意鐵路建設及運行，都由日本方面負責。

朴琪宗的鐵路夢在沒有結出任何果實的情況下，草草落下帷幕。在朝鮮近代史上，除了朴琪宗以外，著名知識份子尹吉濬等人也於1904年成立了「湖南鐵路會社」，獲得了公州市至木浦之間鐵路的開發權。

由於官民雙方的資金問題、缺乏經驗等原因，朝鮮人想要通過自己的力量建設鐵路的夢想最終破產。朴琪宗作為鐵路建設先驅者而廣為人知，但並沒有在鐵路建設上留下任何實際成績，這不能不說是一件令人遺憾的事情。

朴琪宗甚至把兒子派到日本去留學，進入鐵路學校學習相關知識，努力想要實現自己的鐵路夢。但或許是由於生不逢時的原因，朴琪宗每次的努力最終都化為了泡影。

1907年，68歲的朴琪宗終於結束了他失落的一生。臨終前，他留下了這樣的警告：朝鮮將遭到日本的暗算。結果，僅過了3年，朝鮮便於1910年完全淪為日本的殖民地。朴琪宗說得沒錯，朝鮮的悲劇也導致了朝鮮鐵路的悲劇。

27. 安重根和日本

綜合分析安重根自己所著的自傳《安應七歷史》，以及其他相關傳記資料和日本人的證言，從中可以發現在安重根的成長背景中，「日本」這一因素佔據著很大的比重。

日本因素在100多年前朝鮮的近代化及殖民統治過程中，產生了深

遠的影響，這一點確實是不容否認的。安重根並不是從一開始就無條件
地排斥、憎惡日本的。而且安重根家人的反日傾向也不明顯，這一點從
著名安重根研究專家崔書勉（國際安重根研究院長）先生的相關談話中
得到進一步證實：「回過頭來認真思考，安重根似乎喜歡日本。其父早
年本打算到日本留學，但因甲申政變（1884）之故未能成行。從中不
難看出其父對日本新文化的濃厚興趣。」（《安重根》，藝術的殿堂，
2009年）

　　崔書勉院長談到的相關內容，也出現在安重根的自傳《安應七歷
史》中。「1884年（甲申）左右，父親在京城（漢城）滯留期間，朴
泳孝先生對國家形勢深感憂慮；他認為時局動亂、國家處於危險之中。
因此為了能對政府部門進行改革，促使國民覺醒，推選了70名青年才
俊，準備送他們到國外（日本）留學。而父親也在推選名單之中。可令
人悲傷的是，政府部門的奸臣誣陷朴泳孝，試圖以叛逆罪逮捕他，於是
朴泳孝隻身逃往日本。他的同志們和那些學生，有的被政府部門殺害，
有的則被發配到邊遠地區。

　　我的父親倖免於難逃過一劫，返回故鄉。父親告訴祖父說：『國家
日漸沒落，考取功名已經不是一條出路了。所以我認為還是回到故鄉，
寄身鄉野、白天種種地、晚上釣釣魚，自由自在生活更為妥當。』於
是，父親和祖父變賣了家產，備上一輛馬車，率領多達7、80名族人，
遷往信川郡清溪洞山中。那裡地形險峻，山川秀美，而且還有水田，可
以說是一個別有洞天的地方。」

　　這是安重根對他在6、7歲時家裡發生的變故的一段回憶。他的父親
安泰勳不是一個反日派。我們從中不難看出，他反而是深受親日政治領
袖朴泳孝影響的人物。他本是喜歡日本的，而且甚至決定到日本留學。
只是由於朴泳孝遭奸臣誣陷才受到牽連，不得不蟄居山中。我們看不出
安泰勳曾有過反日活動。

在日俄戰爭（1904-1905）爆發當時，安重根由衷感到高興，並為之歡呼雀躍，這可能是受到了父親的影響。韓國現在的教科書上通常把日俄戰爭視為「日本為了確保對中國的控制和朝鮮半島的統治權，而發起的侵略戰爭。」但安重根當時的態度與此恰恰相反，他為日本獲得的勝利而山呼萬歲。

成年以後，安重根對日本率先在東亞成為近代強國一事，抱有極大的期待。事實上，不僅是安重根一人，當時對朝鮮政府腐敗無能深感失望的精英階層，都對日本的近代化充滿期待，因此有很多朝鮮人都選擇了日本式的近代化道路。

現在，譴責親日派的輿論活動在韓國依然盛行。這也從反面證明從百年前的那個歷史時期，到1945年光復為止，韓國有眾多傾向於選擇日本式近代化道路的「親日派」。日俄戰爭以後，在日本的影響下，愛國啟蒙運動和義兵運動在朝鮮形成兩大潮流。但愛國啟蒙運動並非是一種無力的反日抵抗運動，它通過相對溫和的啟蒙運動，重點培養朝鮮的實力。對這些啟蒙家而言，武力抵抗無異於「以卵擊石」，因此他們不可能不反對這種貿然舉動。

在該書《韓國的愛國啟蒙運動和日本的共存關係》一章中，我們已經了解到，這一時期，在伊藤博文溫和的保護政策下，韓國的精英階層通過採取日本式的文明教育措施，啟蒙韓國的愛國主義和民族主義，培養韓國獨立所需的實力。這種共識在當時形成社會主流。所以著名的西方觀察家格里高利‧亨德森（Gregory Henderson）在他的《朝鮮的政治社會》一書中指出，自開埠以來，立志於對朝鮮朝－韓國進行改革的人，主要採取了與日本結盟的方針。

安重根在其《東洋和評論》中這樣說道：「日俄戰爭應該稱為黃、白兩個人種之間展開的競爭。對日本的敵視心理一直延續到戰爭爆發前夕，但在戰爭爆發以後，朝鮮的這種社會心理消失，反而轉變為一種

『愛種黨』（熱愛黃色人種的勢力）。而這也是人之常情，是有道理的。數百年來，暴行虐施的白色人種先鋒隊，便在戰鼓聲中慘遭大敗。日俄戰爭創造了千古罕見的豐功偉業，是值得萬民紀念的功績。所以，韓清兩國有識之士，無所忌憚，無不為之歡欣鼓舞，彷彿自己獲得了這場勝利。」

從此，安重根開始投身於愛國啟蒙運動，以培養韓國的實力。當時，安重根年方26歲。他在自傳中這樣闡明自己對時局的看法：「從與日本的力量對比上看，現在舉兵起義，反對伊藤博文，將付出無謂死亡的代價。」此後，安昌浩也對他的主張表示贊同，並著手創建學校，致力於培養人才。從中可以看出，安重根對日本的好感，多於對西方的好感。

28. 日本最早的女留學生

作為公費留學生，這五位日本少女是日本政府最初派往美國的女留學生。她們都是貴族和官員家屬，年紀介於9歲至16歲之間。津田梅子（9歲）、山川舍松（12歲）等五位日本少女，也是亞洲第一批留學生。她們將迎來怎樣的命運呢？

在這5位女留學生中，有兩人中途因病退學，未能完成學業。其餘3人，則在美國生活了10年以上，終於學成歸國，成為日本近代史乃至亞洲近代文化史上聲名顯赫的人物。

當時年紀分別為9歲和12歲的津田梅子、山川舍松二人，後來成為具有代表性的人物。津田梅子寄宿在美國的「日本判務士官」密朗先生位於喬治城的家裡。在密郎一家精心照料下，津田梅子雖然時時感受到日本和美國這兩國貴族意識之間的衝突，卻也逐漸適應了美國的學習生

活，成長為一個具有國際意識的人物。

在校期間，她們接受正規的西方科學的教養課教育，假期則到美國各地及加拿大旅行，以開拓視野。在美國人看來，這幾個來自日本的少女，要比美國同齡人成熟，而且知識面更為廣泛。津田梅子後來接受洗禮，成為一名基督徒。山川舍松身材頎長，性格活潑開朗，是一個引人矚目的美少女。回到日本以後，日本人甚至把她們當作西方人對待，由此可見她們身上的西方文化特徵有多明顯。

1881年，她們接到回國命令。選擇音樂短期課程的繁子接到命令後立刻啟程回國。但津田梅子還未完成亞瑟學院的學業，於是她和山川舍松提出申請，要求延遲一年回國。在得到日本政府部門的同意後，她們終於在美國完成了學業。在畢業典禮上，山川舍松發表了題為《英國對日本的外交政策》的演講。

1882年，山川舍松和津田梅子回到日本。而繁子在她們兩人回國以後，很快就和一個名叫瓜生的海軍隊長結婚了。剛回到日本的時候，她們未能按原計劃參與社會活動，因此很是失望。津田梅子曾說：「從美國留學回來以後，看到日本在男女之間存在的巨大差別很是吃驚。」以此來表達她對日本傳統社會男性絕對權力的不滿。

當然，日本政府部門不可能就這樣浪費這3個人才。日本政府充分發揮她們的才能，使其活躍於日本文明開化象徵的公共場所——鹿鳴館。山川舍松在回國後的第2年，與當時的日本陸軍卿大山岩結為夫妻。他們結婚20天以後，鹿鳴館舉辦開館典禮。在當天舉辦的舞會上，山川舍松成為萬眾矚目的耀眼明星，向世人展示她的才藝和美貌。

她們不僅活躍在社交場所，同時也活躍於在貴婦階層舉辦的慈善義賣活動，並將所有收入捐獻給醫院。她們還負責創辦了「看護婦人會」（護士協會）、愛國護士培養協會、愛國婦人會等，積極展開各項社會活動。山川舍松也積極配合「華族女學校」，成功聘請曾在美國共同生

活10年的愛麗斯出任該校英語教師。

當年，森有禮出任日本文部大臣，開始從政策上致力於女子教育。山川舍松被聘為最著名的東京高等女子學校鋼琴教師。後來，山川舍松在東京音樂學校，以教授身分工作了20多年，獻身於日本女子音樂教育事業。

在這3位女留學生當中，津田梅子成為最耀眼的社會名人。津田梅子在回國以後，先後擔任海岸女子學校、「華族女學校」、「豐田女塾」、女子高等師範學校等教育機關執教，甚至還曾擔任伊藤博文家的家庭教師。

1883年，津田梅子在外務卿井上馨家裡召開的宴會上與伊藤博文重逢，並與他建立良好關係。由於這層關係，津田梅子在1885年出任剛從學習院女子學部獨立出來的「華族女學校」英語教師。

津田梅子在這所學校執教3年，但她很不適應日本上流社會的習氣。在此期間，津田梅子數次拒絕向她求婚的男子，而且終生堅持獨身生活。

1887年，津田梅子在美國朋友的推薦下，再次以免費條件，到美國留學，學習生物學。津田梅子在日本近代文化史上的貢獻，主要是在教育和社會活動領域。1892年歸國以後，津田梅子就任明治女子學院等校講師。1900年以後，隨著《私立女學校令》等國家政策的出台，津田梅子辭去了官職。辭職之初，津田梅子租借了一所民宅，創建「女子英語塾」。開學之初，前來就讀的學生人數僅為10人。她對著這10個女學生用英語說道：「我自小便遠渡重洋，到美國接受美式教育。但現在，我卻生活在日本。這是我的命運。我希望能為日本的女子教育事業而獻身……」

津田梅子的「女子英語塾」提出的口號為「自由、獨立、進步」。後來，新渡戶稻造等日本知名人士也曾被聘為該校教員。於是，這所學

校得到了長足的發展。1903年「女子英語塾」獲得日本教育部門的承認，變成社團法人。從此，這所學校變得更加著名。

1929年，津田梅子在64歲時結束了她的一生。1948年，津田梅子創建的「津田英語女塾」正式改稱為「津田塾大學」，至今成為日本屈指可數的著名私立大學。津田梅子就像她的名字一樣，成為東亞文化史上傲然盛開的一朵梅花。

29. 近代中國思想文化史上的巨人──胡適

在中國近代思想文化史上，胡適的貢獻和影響是無人能及的。從知名度上講，魯迅或許可以與胡適不相伯仲，但實際上，從國際層面上講，20世紀文化、思想的高峰還應是胡適創造的。

在中國解放以前，胡適便遷居到了臺灣（也曾在美國生活）。現在，胡適的知名度在大陸不及魯迅，但胡適才是真正超越了魯迅的文化巨人。胡適在中國近代史中佔據的歷史地位，可以通過中國大陸知識份子的評語來了解：「他把中國文化從原來封閉的傳統中，引向了近代世界。」作為中國文化的近代化和學術近代化的開山鼻祖，他的第一大貢獻，應該是白話文。雖說在清末時期，也有白話文小說，但提倡以白話文為主，進行學術與思想活動的，正是胡適本人。他的貢獻在於，通過推廣和普及白話文，消除了傳統士大夫階層和大眾之間的隔閡，並將傳統和大眾文化聯繫在一起。

在學術領域，尤其是在傳統中國國學研究領域，他實現了創新。1919年出版的《中國哲學思想大綱》正是他以近代學術表達方式，闡述傳統國學的代表之作。

在學術界，胡適成為實現了近代革命的典範。由於他的努力，中國

的學術從前近代實現了向近代的轉變。（陳奎德《關於胡適》）按照蔡元培的話說，胡適是一位開風氣之先河的人物。在中國近代思想界，胡適和梁啟超一起，成為新天地的開闢者。

1891年，胡適出生於安徽省一個官吏家庭，是家中的獨生子。1910年，他把自己的學名洪騂改為胡適，並被選拔為官派留學生前往美國留學，先後在康乃爾大學、哥倫比亞大學學習。在哥倫比亞大學求學期間，胡適拜在實用主義哲學家杜威門下學習哲學。1917年1月，胡適在陳獨秀主編的《新青年》雜誌上發表了他的論文《文學改良芻議》，一躍而成為中國文學革命的旗手。

胡適為什麼能在「五四」期間發揮他巨大的影響力呢？對此，中國大陸學者指出，主要原因還是具備了天時、地利、人和等多方面條件。從天時上看，當時民國初各種創期思想開拓了新的空間，因此他指明的方向受到廣泛重視；從地利上看，胡適對東西方文化都具有相當深厚的了解，通過留學，他很早就接觸、領悟了西方先進思想；而在人和層面上，由於胡適為人溫和，有很多的朋友，而且能對敵採取寬容態度，所以具備了能成為一個胸襟廣闊的偉人的條件。

曾在北京大學勤工儉學的毛澤東，也受到了胡適的影像。1936年7月，毛澤東在延安與美國記者埃德加·斯諾交談過程中曾這樣說道：「我在師範學校學習的時候，就開始讀這個雜誌了。我非常欽佩胡適和陳獨秀的文章。他們代替了已經被我拋棄的梁啟超和康有為，一時成了我的楷模。」（斯諾《西行漫記》）

「五四」運動時期以及在此以後，在中國思想、文化界發揮巨大作用的人有胡適、陳獨秀、魯迅3人。陳獨秀和魯迅受到了日本的影響，而胡適則受到了西方的影響。受到日本影響的陳獨秀和魯迅二人比較傾向於政治性和理念性；但受到西方影像的胡適則傾向於學術性和思想性。

在回顧對中國思想和文化產生影響的人物過程中，我們可以發現，

胡適總是以深入淺出的方式來表達自己成熟的思想。如果把胡適和魯迅單獨拿出來加以比較，那麼胡適在思想層面上產生的作用遠遠超過了魯迅，而且他的思想更健康也更具建設性。

魯迅更多的是批判、否定的，而且更傾向於瓦解中國社會的黑暗面。而且到了晚年，魯迅的思想在意識形態層面上更左傾，表現出一種過激的形態。魯迅偏重於關注深刻的社會問題，並接受了共產主義思想的影響。因此對此後中國思想界產生的影響，也分為正反兩面。尤其是在晚年，魯迅更是陷入了個人的「罵人」文學之中。

胡適所宣導的中國民主和科學、自由主義思想不僅是在當時，即便是在已經進入21世紀的今天，他的貢獻也仍然無人企及。魯迅思想中的批判精神雖好，但缺乏建設性，因此難以將其視為健全的、主流的思想。有些學者指出，文化大革命時期的破壞現象，正是以魯迅進行的破壞的延續。但胡適的思想卻是一種形成文明的融合、和諧的思想，而他的自由主義基本價值觀中的人權、法制、民主等，也是人類共存共生的基本價值觀。

筆者雖然把胡適和魯迅都視為知識份子的榜樣，但從各個層面上講更崇敬胡適，其原因也正在這裡。

1950年代，中國大陸出於政治需要，把胡適批為「反動文人」、「蔣介石的走狗」等，但胡適本人卻是當著蔣介石的面，指責和批評他的獨裁政治。也正因如此，胡適激怒了蔣介石。在標榜自由民主的雜誌《自由中國》（1949年11月創刊）創刊期間及發展期間，胡適仍是這家雜誌的發行人兼精神領袖。作為獨立的自由知識份子，胡適沒有在政治威權面前低頭。

胡適輾轉於北京大學、臺灣中央研究院、美國大使、普林斯頓大學、夏威夷大學等東西方各領域，歷任教授、博士、大使、研究員等職，並在哲學、文學、思想、歷史學、紅樓夢研究、戲劇、詩歌等領

域，成為第一個敢於「吃螃蟹的人」（一個人必須勇於冒險、嘗試，才能比其他人更先嘗到真正的美味）。他以自己的博覽強記為基礎，給後人留下了大量的著作。其著作主要有《中國哲學史大綱》、《先秦名學史》、《白話文學史》、《中國中古思想史》（未完成）、《胡適全集》、《嘗試集》等。

著名人文學者何炳棣教授認為，胡適一生以博雅寬宏、處世「中庸」著聞於世，他深深自覺是當代學術、文化界的「第一人」。1962年2月，胡適因心臟病發作於臺灣逝世，享年71歲。蔣介石稱其為「新文化中舊道德的模範，舊倫理中新思想的導師。」

30. 將東西方文化融於一身的林語堂

如果排除將東西方文化融於一身的林語堂（1895-1976），就無法談論近代中國文化史。在西方國家，林語堂以自己的小說和其他名篇名聞遐邇。

「兩腳踏中西文化，一心評宇宙文章。」這是林語堂為了勉勵自我而作的一幅對聯。而這幅對聯也如實地反映了他的一生。

《吾國與吾民》一書的出版，使林語堂「融合了東西方文化的大文豪」地位進一步得到鞏固。這本書旨在以小說《大地》聞名於世的美國作家、諾貝爾文學獎獲獎者賽珍珠的鼓勵下，於1933年至1934年間創作完成的。這本書後來也以《中國人》的書名在中國出版發行。這本書可以被視為是他向世界宣傳中國文化、中國國民性的代表作。林語堂的也因這本書而在西方國家獲得了很高的聲譽。西方人通過這本用英語寫作的書，開始認識中國人筆下的中國人。

此後，林語堂率領全家移居美國，用英語創作了8部長篇小說。其

中，《京華煙雲》成為暢銷書，在美國文壇上引發了轟動。

林語堂以其用英文創作的眾多中國題材小說，引起西方國家讀者的廣泛關注。他在西方國家獲得了魯迅所未能獲得的知名度，這也使他的大文豪地位得到進一步的鞏固。魯迅也承認，林語堂的散文高自己一籌。林語堂發揮自己語言學家的天才，直接用英語進行創作，並因此達到了他小說藝術的高峰。他自稱，用英語創作小說才能寫得更好。趙毅衡在《林語堂與諾貝爾獎》一書中這樣說道：「林語堂的中文散文，絕對不會寫成英文延綿環連；他的英文傳記，小說，也絕對不可能用中國人讚歎的簡約並置。」能夠使用中英兩種語言自由進行創作的人，除了林語堂以外別無二人。

除了用中英兩種文字進行創作的作家，林語堂還是一個學者、語言學家。不僅如此，他還擁有溫和的思想和廣泛的興趣愛好、繁雜的生活教養，是一個做到了雅俗共賞的暢銷書作家。他並沒有像胡適那樣理智於理論探索，或系統論述自己的自由主義思想體系，也沒有像魯迅那樣對社會、文化發起猛烈的批判。在他的作品中，充滿著一種生活的豐富性和閒適的情趣，以及生機盎然的自由精神。

林語堂在20世紀東西方文化交流史上做出了重大的貢獻。他把西方文化傳播到中國，回過頭來再把中華文化傳播到西方國家；作為一位文化國際主義者，林語堂的影響和貢獻將在世界精神史上永放光芒。

林語堂出生於1895年出生於福建，很小的時候，林語堂便接受了基督教的洗禮，並在教會學校接受西方式的教育。1912年，林語堂進入教會系統在上海創辦的聖約翰大學，畢業以後在北京清華大學任教。1919年，林語堂到美國哈佛大學留學，於1922年獲得文學碩士學位。當年，林語堂又在德國大學專攻語言學，並於1923年獲得博士學位，回國後就任北京大學、北京女子師範大學英文系主任。

在北京期間，林語堂和胡適建立了友好關係，也和魯迅、周作人兄

弟關係密切。1924年，林語堂在創辦《語絲》雜誌的時候，也邀請魯迅、周作人參與，並在文化史上留下了自己的足跡。

1926年，林語堂就任廈門大學文學院院長一職，並聘請魯迅為教授。但是沒過多久，魯迅便辭職前往上海。1927年，林語堂也曾擔任外交部秘書職務。1932年，林語堂主編半月刊《論語》，1934年主編《人間世》雜誌；而到了1935年，林語堂著手創辦了《宇宙風》雜誌。

「幽默」就是林語堂創造出來的中文單詞。他提倡多創作一些「以自我為中心的具有閒適格調」的小品文。由於大力提倡幽默文學，他甚至被人們稱為「幽默大師」。

林語堂以生活的智慧、素養為基礎創作的作品有《生活的藝術》、《老子的智慧》等；生活教養哲學及小說作品有《京華煙雲》、《風聲鶴唳》、《蘇東坡傳》等。除此而外，林語堂也為我們留下了《中國新聞輿論史》等著作。

1944年，林語堂在重慶任教，後來重新出國，在新加坡創建南洋大學，並擔任校長職務；1952年，林語堂遠渡重洋到了美國，創辦了《天風》雜誌；1966年定居臺灣；1967年，林語堂受聘就任香港中文大學研究教授，並在1975年成為國際筆會副會長。林語堂於1976年在香港逝世。享壽81歲。

在回顧20世紀東西方交流史過程中發現，像林語堂這樣穿梭於東西方國家，以中英文進行創作的作家、文人實在是不多見的。把東方文化介紹、傳播到西方，再把西方文化傳播到東方國家──這種雙重語言創作，對於今天這個國際化時代的眾多作家而言，也都具有重要啟示意義。他提倡閒適與幽默的散文小品，擺脫了中國文人一直以來與政治緊密聯繫在一起的狀況，向中國文壇吹入了一股幽默的、非意識形態的清新空氣。這一點我們應該給予高度評價的。

林語堂自稱是一個幽默、諷刺、自由的局外人，他博學的趣味主

義、自由主義的溫和精神，尤其是一種珍貴的精神遺產。將東西方文化
融於一身的林語堂，其存在意義，即使是在今天也沒有絲毫褪色。

31. 百年不遇的文化大師陳寅恪

　　陳寅恪是一位頗具傳說色彩的大學者，他是中國近代文化史、學術
史上的大師級人物。據說，當時很多人都把客家人出身的陳寅恪的恪讀
作ㄑㄩㄝ。

　　筆者曾就如何介紹陳寅恪這位中國近代百年不遇的文化巨匠一事頗
為躊躇。因為越是深入了解他的人格和學術成就，就越對他產生一種高
山仰止的感覺。筆者擔心，稍不留意就有可能把握不好這位偉人的形象
和他的學術成就。

　　從任何一個角度上講，都只能把陳寅恪稱為一個學術巨匠，孤傲、獨
立、自由的知識份子的楷模。通過他的生涯，我們可以了解到，他是一個
物欲和名利欲橫流的社會中真正的學者，自由獨立的文化人的典範。

　　陳寅恪（1890-1969）出生於湖南長沙，其父陳三立是一位著名學
者、詩人。他的祖父陳寶箴也是一位官至湖南巡撫的社會名流。

　　陳寅恪自幼熟讀四書五經。1902年，他隨兄衡恪東渡日本，入日本
巢鴨弘文學院。1905年因足疾輟學回國，後就讀上海復旦公學。1910
年，陳寅恪自費留學，先後到德國柏林大學、瑞士蘇黎世大學、法國巴
黎高等政治學校就讀。第一次世界大戰爆發後，陳寅恪於1914年回國。

　　1918年冬，陳寅恪得到江西官費的資助，再度出國遊學，先在美國
哈佛大學隨蘭曼教授學梵文和巴利文。1921年，又轉往德國柏林大學
隨路德施教授攻讀東方古文字學，同時向繆勤學習中亞古文字，向黑尼
士學習蒙古語。在留學期間，他勤奮學習、積蓄各方面的知識，而且掌

握了八種語言。利用這一語言優勢，陳寅恪奠定了史學及國學基礎。他精通國史，廣泛涉獵西方文化，並因其卓越的學識和非凡見解受到國內外學者的關注。

1925年，陳寅恪回國，並被清華大學新創設的國學研究所聘為導師。除他以外，該研究所聘請了當時最有名望的學者王國維、梁啟超、趙元任等人為導師，人稱「清華四大國學大師」。

陳寅恪的傳奇故事實在太多。陳寅恪的學術研究領域非常廣泛，包括宗教、歷史、語言、人類學、考證、書志學等，並在各學術領域都留下了獨一無二的著作。

他在自己的學術生涯中，向世人展示的是自己的學術水準，而不是形式上的職稱、學位等。他令人嘆服的，也正是置世俗觀念於不顧，埋頭專研的學術態度及學術活動本身。在超過13年之久的國外留學生活過程中，陳寅恪始終把自己的重點放在掌握真才實學上，而不是為了獲得一張畢業證或學位。所以，陳寅恪一生從未獲得任何學位，也從不追求虛幻的名聲。他曾這樣坦率地說，考上博士生很容易，但如果在兩三年時間內執著於一個領域，就沒有學習其他領域的時間了。除了人文科學以外，陳寅恪也專研物理學、數學等自然科學；在中國，陳寅恪是第一個讀過馬克思《資本論》的人。

陳寅恪一生沒有學位，但卻因博學而受到梁啟超、王國維、吳宓、馮友蘭等中國學界大家的關注和尊重。陳寅恪有著名的「四不講」：「前人講過的，我不講；近人講過的，我不講；外國人講過的，我不講；我自己過去講過的，也不講。現在只講未曾有人講過的。」

因而，陳寅恪上課的教室，總是坐得滿滿的，一半是學生，一半是慕名而來的老師，就連朱自清、馮友蘭、吳宓那樣的名教授也一堂不漏地聽他上課，人稱他是「教授中的教授」。（《雜文報》，2007年12月20日）

　　梁啟超向人介紹陳寅恪說：「陳先生的學問勝過我。」後來梁啟超向清華大學校長曹雲祥推薦陳寅恪時說：他的著作「還比不上陳先生寥寥幾百字有價值」。胡適也曾驚歎：「寅恪治史學，當然是今日最淵博、最有識見、最能用材料的人。」

　　一位著名哲學家在談起自己早年留學美國哥倫比亞大學的經歷時，曾回憶說：「我於1920年，到美國哥倫比亞大學研究所做研究生，同學中傳言，哈佛大學的中國留學生中有一奇人陳寅恪，他性情孤僻，很少社交，所選功課大都是冷門，我心儀其人，但未見之。」

　　陳寅恪的學術研究精神和態度，在他於1929年提出的「獨立之精神，自由之思想」這一主張中充分表現出來。1959年12月，陳寅恪被聘為中國科學院歷史研究所第二所所長時，提出了兩個條件：「一、允許研究所不宗奉馬列主義，並不學習政治；二、請毛公或劉公給一允許證明書，以作擋箭牌。」所謂「毛公、劉公」，即指毛澤東與劉少奇。

　　也許是研究所方面未能滿足這樣的條件之故，陳寅恪辭去了第二所所長職務，轉而到中山大學當了一名教授。在毛澤東行施絕對政治權力的當時，能提出這樣的條件，其「獨立、自由」的學術精神實在令人感佩。

　　「以今天的眼光來看，無論如何，陳寅恪都可以不過那種清苦寡淡的生活。不說家庭的人脈，單憑他自己在遊學中建立起的學術資源，都可以迅速地進入『民國教授』的精英之列。但他依舊在執著於自己的路：問道不問貧，不積累，不聚財，不求所謂的社會成功。」（余世存《悲情陳寅恪》）

　　陳寅恪留下的學術著作有《唐代政治史述論稿》、《陳寅恪文集》、《陳寅恪學術文化隨筆》、《魏晉南北朝史講演錄》、《隋唐制度淵源略論稿》、《柳如是別傳》（全三冊）等。

　　1945年，因生活艱苦，營養不良，陳寅恪左眼失明。當年秋天，英國牛津大學約請陳寅恪赴倫敦治療眼疾，希望能痊癒，並留牛津講學。

於是由成都搭機去昆明，再經印度乘水上飛機去倫敦，抵英後雖經治療也無法復原。遂於1946年春離英歸國。1949年，陳寅恪就任中山大學教授，並於1969年10月7日清晨5時半，在中山大學自宅逝世，終年80歲。陳寅恪終生願望是能夠親自執筆《中國通史》。但由於文化大革命的影響，他的願望未能實現。據說，悲傷至極的陳寅恪臨終前，只是在無言地落淚。

32. 熱愛朝鮮美術的日本人柳宗悅

在翻閱近代韓日交流史過程中我們會發現，有些日本人的言行與日本帝國主義的侵略和統治截然相反，他們無限熱愛朝鮮和朝鮮文化，並為了保護朝鮮文化而付出了巨大努力。

柳宗悅（1889-1961）就是其中最具代表性的人物。柳宗悅在校期間專攻的是宗教哲學，但後來卻因無限熱愛朝鮮美術、民間藝術而被世人廣為傳頌。

作為重新發現朝鮮民間藝術品中潛在之美的日本知識份子，由於他的工作和努力，甚至誕生了「民藝」這樣的單詞。他對朝鮮的民間工藝懷著無限熱愛，並為了發展和保護這「具備了自然、健康之美」的民間藝術，發起了「民藝運動」。

朝鮮人創造了樸素、優美的民間藝術。柳宗悅為此深深感動，並對朝鮮民族充滿了同情。後來，柳宗悅曾這樣坦陳：「回想起來，我對朝鮮民族產生無法抑制的愛戀，應該就是從這些藝術品給我帶來的衝動開始的。藝術之美永遠是超越國境的。」

早在1909年，柳宗悅就在日本的商業街上看到過朝鮮的白瓷罐，並立刻為之著迷。1910年，柳宗悅和志賀直哉等著名作家一起創辦雜誌

《白樺》期間，從當時日本著名的雕刻家淺川伯教那裡獲贈了一隻朝鮮白瓷罐，並為它的精巧與瑩潤深深感動。

1911年，柳宗悅初次踏上朝鮮土地。在淺川伯教的嚮導下，柳宗悅訪問了慶州佛國寺附近的石窟岩，領略到朝鮮石窟藝術的魅力。

以朝鮮美術為主，他對朝鮮民族的關注日益加深。1919年，以「三一獨立運動」為契機，他開始對朝鮮人產生了深深的同情。為此，他撰寫了《想念朝鮮人》一文，對試圖通過壓迫和武力對朝鮮實施同化教育的日本提出批評，流露出對朝鮮人民的無限熱愛。

1920年，柳宗悅和仍然活躍在樂壇的妻子一起第二次訪問朝鮮。在這次訪問期間，柳宗悅通過淺川伯教，接觸到了青花朱砂蓮紋罐，進一步加深了他對朝鮮的熱愛。

回到國內以後，柳宗悅在《改造》雜誌上發表了一篇朝鮮紀行文章，初次透露創建朝鮮民族美術館的設想。1921年，他又在《百花》雜誌上發表了題為《關於設立朝鮮民族美術館》的文章。他計畫在京城（漢城）設立朝鮮民族美術館，並把散佚在民間的美術作品收集起來，統一珍藏在美術館裡，以向世人宣傳這一極富藝術魅力的美術形式。他認為，只有通過這種形式接近朝鮮，才是最有效的、最妥當的方法。

此後，柳宗悅和淺川伯教兄弟一起，為了創建美術館而東奔西走，頻繁走訪朝鮮各地。隨後，他們在東京舉辦了宣傳李朝時期的陶瓷、木器的工藝品展覽。

在此後的1922年5月，柳宗悅出版了《朝鮮美術》一書，闡明了高麗古墳壁畫的特徵及其價值。另外，他和淺川伯教兄弟以及日本的美術家一起，在日本舉辦了數次冠名為「朝鮮美術館」的活動。通過這種展覽會、專題演講等活動，提高了日本對朝鮮藝術的認識。1924年，朝鮮美術館在漢城的景福宮對面正式開館，並在當年春秋兩季，舉辦了各種展覽活動。

柳宗悅以讚美朝鮮藝術品的方式，來安慰朝鮮人。他在自己的文章中表明，他將以這種方式，形成朝鮮人的一種力量。他的文章雖然充滿真情實意。在日本帝國主義的殖民統治日益嚴酷的當時，能如此公開地表露自己的心聲，對朝鮮民族給予深深的同情，應該說還是需要相當的勇氣的。

他把朝鮮之美定義為「悲哀之美」。一直以來，朝鮮都持續受到了其他國家的威脅，因此在言及朝鮮歷史的時候，柳宗悅這樣總結道：「祈求愛的朝鮮之美，是一種線條之美。」當然，解放以後，有很多韓國知識份子對他的「悲哀之美」的定義提出了批判，並極力予以否認。但柳宗悅的朝鮮美學觀點中，自有其獨特的見解。與中國的「形」、日本的「色」相比，朝鮮的「線」便具有了一種比較文化意義。應該說，這種美學論至今還是有效的。

作為一個守護了朝鮮光化門的日本人，柳宗悅至今仍活在朝鮮人的心中。光化門是朝鮮太祖四年建立的景福宮南大門，由3個拱門組成。至今為止，它依然保持著原有的朝鮮傳統建築風貌。

1922年，為了建設朝鮮總督府辦公大廳，日本方面準備拆掉光化門。柳宗悅聽聞這一消息，不禁大吃一驚。於是帶著悲痛的心情寫下一篇題為《為了即將失去的朝鮮建築物》的文章，並將其發表在《改造》雜誌第9期上。

「光化門啊，光化門……」文章以這樣的抒情語句開始。在文中，柳宗悅懇切呼籲日本政府，應該拯救這片土地上那些處於消失危險之中的建築物。在批判政治對文化的侵害現象的同時，柳宗悅號召政府大力保護光化門。據說，當時的朝鮮知識份子和文人還曾把「光化門啊」這個開頭語句換成「朝鮮啊……」來朗讀。柳宗悅的文章產生了極大的迴響，於是日本政府決定保留光化門，並將總督府搬到了景福宮東側的建春門一側。

但光化門還是在朝鮮戰爭期間消失了。後來，韓國政府在原址上復原了原來的建築。而柳宗悅創建的朝鮮民族美術館，也被中央國立美術館接管。1962年，柳宗悅逝世，享壽72歲。韓國政府為了紀念為朝鮮做出巨大貢獻的柳宗悅，於1984年向其追授了寶冠文化勳章。

33. 變成朝鮮一把泥土的日本人──淺川巧

在和柳宗悅一樣無限熱愛朝鮮的日本人當中，還有一個人物不應被遺忘。他就是我們即將要提到的淺川巧（1891-1931）。

至今為止，韓國人還把淺川巧稱為「變成朝鮮一把泥土的日本人」。在首爾市郊外忘憂里洞丘陵上的公共墓地，有一座形似朝鮮時期白鳥罐模樣的墓碑。在這座墓碑旁，豎立著刻有「變成朝鮮一把泥土的日本人」字樣的功德碑。淺川巧就葬在這裡。

1891年，淺川巧出生於日本山梨縣農村。淺川巧和年長比他七歲的哥哥淺川伯教（1884-1964），是朝鮮陶瓷研究領域最為著名的人物。淺川伯教非常熱愛朝鮮陶瓷，並於1913年率領家人來到朝鮮。剛來到朝鮮的時候，淺川伯教在京城（漢城）的公立小學任教。但淺川伯教對政治不感興趣，反而深深迷戀起朝鮮陶瓷來。於是，他開始著手研究朝鮮陶瓷。淺川伯教先後探訪了朝鮮700多處古窯遺址，並據此寫出論文《李朝古窯址一覽表》。

在哥哥淺川伯教的影響下，淺川巧也被朝鮮陶瓷之美深深迷醉。於是在1914年，淺川巧前往朝鮮，並在一年前成立的朝鮮總督府農商工部產林科林業實驗場就職。這個林業試驗場位於現在的首爾市西大門阿峴洞一帶。

淺川巧針對朝鮮植樹造林業展開了詳細認真的研究，並提出了多種

具有獨創性的方法。在禿山植樹法、苗木培養法等領域，淺川巧都做出了獨特的貢獻。與他關係親密的柳宗悅曾說，禿山植樹法就是淺川巧的哲學：「最終使森林回歸自然，除此而外別無他法。我至今還記得已經達到這種境界的淺川巧。」

在朝鮮的日子裡，淺川兄弟平時喜歡穿著朝鮮民族服裝，也喜歡吃朝鮮食物，而且也和朝鮮人親密交往。淺川巧很快學會了一口流利的朝鮮語，以至於看上去和朝鮮人別無二致。不僅如此，淺川巧對周圍的朝鮮朋友及其家人也都恭敬謙和。

淺川巧曾經這樣說道：「我已經向上帝發過誓，絕不會把錢積蓄起來。」這是因為，淺川巧把可用來積蓄的工資都拿出來，作為獎學金供給了朝鮮學生。不僅如此，淺川巧從來都不主動提及自己的這些善行，而且交代自己的妻子和孩子們，「不要對外炫耀我們向朝鮮學生提供獎學金這件事。」

柳宗悅本來是淺川伯教的好友，後來，也跟淺川巧建立了深厚友誼。淺川巧熱愛朝鮮和朝鮮人，他這種人生態度也引起柳宗悅的共鳴，從此對他產生了敬意。

淺川巧在熱愛朝鮮民藝、陶瓷、美術過程中，寫下了相關研究作品。他先後出版了《朝鮮的膳》（1929）、《朝鮮陶器名考》（1931）等著作。

在淺川巧短暫的40年人生中，所取得的最大成就就是「創建並營運了朝鮮美術館」（柳宗悅）。他之所以創建朝鮮美術館，是和他的哥哥淺川伯教的交友關係分不開的。有人認為，淺川巧對朝鮮美術的理解是以1919年「三一獨立運動」為契機開始形成的。但更為直接的原因，應該是1920年12月他對柳宗悅的拜訪。當時，淺川巧向其詳細請教了很多有關朝鮮藝術的問題。

此後，柳宗悅撰寫了《關於朝鮮民族美術館》一文，並將其發表在

《白樺》雜誌第一期上。在柳宗悅和淺川巧的共同努力下，「為了正在消失的民族藝術能夠持續發展，為了這些藝術的復興」而創建的美術館終於誕生了。

1931年，淺川巧為了朝鮮的綠化，四處進行演講。在為工作奔忙過程中，淺川巧於3月15日患上了急性肺炎。4月2日，淺川巧終於結束了他短暫的人生。據說，聽到淺川巧逝世的消息以後，朝鮮群眾紛紛趕來，在他的遺體旁失聲慟哭。4月4日，他的告別儀式也是按照朝鮮習俗進行的。

「我死後希望能成為朝鮮的一把泥土。請你們按照朝鮮的傳統習俗安葬我。」這就是淺川巧最後的遺言。據說當天很多朝鮮人自發地趕來為其抬棺。

「淺川巧與世長辭。這是我們無法挽回的損失。我不知道是否還有人像他一樣熱愛朝鮮、理解朝鮮。我從來沒見過像他一樣誠實且道德高尚之人，他思維清晰澄澈，目光柔和溫暖。而超越這一切，深深吸引我的，則是他誠實的靈魂。」這是柳宗悅在淺川巧的追悼會上朗讀的悼文。

1982年，日本出版了《變成朝鮮一把泥土的日本人──淺川巧》一書；2001年，在淺川巧的故鄉，成立了淺川兄弟資料館。

首爾郊外忘憂里洞的淺川巧紀念碑初建於1984年，後來於1986年重建時，政府部門在墓碑上刻上了這樣的文字：「熱愛韓國的山川和民藝的日本人，他永遠活在韓國人的心中。他已經變成韓國的一把泥土。」

34.「韓國孤兒的父親」── 曾田嘉伊智

作為一個日本人，曾田嘉伊智（1867-1962）是第一個獲得韓國政

府頒發的文化勳章的人。而且還是在日韓沒有建立外交關係的1962年獲此殊榮的。就當時的政治形式上看，日本對韓國來說還是一個「敵國」，因此向敵國——日本人頒發文化勳章，這可以說是史無前例的。

在百年前的日本殖民統治時期，曾田嘉伊智便被人們尊稱為「朝鮮孤兒之父」。在近代韓日關係史上，曾田嘉伊智可以說是一個具有傳奇色彩的人物。他熱愛韓國和韓國人，而且把自己的一生都奉獻給了韓國這片土地。但很遺憾，在韓日兩國，他的名字並不廣為人知。

筆者在2010年訪問韓國的時候發現，在首爾市楊花津外國傳教士墓地公園內，曾田嘉伊智是唯一一個日本人的名字。從1905年到1945年，曾田嘉伊智在朝鮮生活了40年。1961年，曾田嘉伊智再次回到韓國，並於次年離世。享年96歲。事實上，曾田嘉伊智希望在韓國結束自己的一生。他如願以償，死去以後被埋在朝鮮大地上，成為「朝鮮子嗣」中的一員。

在明治維新運動開始以前的1867年10月，曾田嘉伊智出生於朝鮮人聚居的反幕府運動中心山口縣。曾田嘉伊智從小開始學習漢學，並於21歲那年離開家鄉，開始了他的海外生活。25歲時，曾田嘉伊智到香港學習英語。在28歲那年，為了前往因中日甲午戰爭而淪為日本殖民地的臺灣，曾田嘉伊智首先在一家德國人經營的企業擔任翻譯工作，同時學習德語，並開始接觸大量德國書籍。

此後，曾田嘉伊智在中國成為一名海軍士兵。在此期間，他與中國革命之父孫中山相遇，並投身於革命運動。1899年，在31歲那年，他開始在臺灣的流浪生活。有一天，曾田嘉伊智爛醉如泥，醉倒在街上，而當時向他施以援手的，正是一位朝鮮人。

1905年6月，曾田嘉伊智前往自己救命恩人的國家——朝鮮。他很快在現在的首爾YMCA（Young Men's Christian Association）找到了一份固定的英、日語教師工作，並開始與朝鮮獨立運動家李商在、李承

晚、俞星濬等人接觸。

後來，他成為基督徒，並與小他10歲的日本女人上野滝相識，結為夫妻。上野滝18歲來到朝鮮，並以一個教師身分，在梨花女子學校和淑明女子學校教授英語。由於上野滝的悉心關照，曾田嘉伊智改掉了酗酒的壞習慣，最終戒掉酒癮，成為一個基督徒，並積極投身於朝鮮覺醒運動、傳道運動。

在李商在等人的影響下，曾田嘉伊智成為日本人主管的京城教會傳教士，並從1910年開始經歷日本在朝鮮實行的殘酷的「武斷統治」。曾田嘉伊智幫助獨立運動家，致力於營救被日本殖民統治著關押的朝鮮政治領袖。1919年，在「三一獨立運動」中，他不顧個人安危，展開營救運動。當時，在33名民族代表中，包括了9名漢城YMCA領導者，其中就有曾田嘉伊智視為自己導師的李商在。

曾田嘉伊智豈能袖手旁觀？於是他便親自向當時的總督府最高裁判所長官渡邊提出釋放要求，同時猛烈攻擊和批判日本政府非正義的暴行。

不了解曾田嘉伊智真實意圖的朝鮮人大罵他是一個「狡猾的傢伙」、「日本間諜」。但他毫不為之所動。另一方面，總督府則把曾田嘉伊智視為一個「背叛者」、「朝鮮的走狗」。在來自雙方的謾罵和攻擊下，曾田嘉伊智仍然毫不動搖，堅持自己的信念。

此後，曾田嘉伊智於1921年成為鎌倉保育院京城分院院長。鎌倉保育院也是現在的永樂保育院的前身。1926年曾田嘉伊智的夫人上野滝也辭去了梨花女子大學和數名女子大學教師工作，到保育院擔任保姆工作。夫妻二人同心協力，致力於幫助那些朝鮮孤兒慈善事業。到1945年為止，曾田嘉伊智共關照了1000名朝鮮孤兒。在此期間，他排除了經濟恐慌、社會輿論的壓力，毫不動搖地獻身於培養朝鮮孤兒的慈善事業。

那時，朝鮮人把曾田嘉伊智稱為「上帝爺爺」、「孤兒之父」，並將他的夫人上野滝稱為「上帝奶奶」。在曾田嘉伊智堅信，「日本人和

朝鮮人都是同樣的人。」並將培養孤兒的事業，視為自己一生至高無上的信念。1945年，日本戰敗以後，韓國政府把所有居住在朝鮮的日本人都遣送回國，但唯獨授予曾田嘉伊智夫妻二人永久居留權。1947年，曾田嘉伊智在80高齡之際，為了向日本宣傳「世界和平與福音」，回到了日本。此後，他留在韓國的夫人於1950年在朝鮮戰爭期間離世。

在居住在日本期間，曾田嘉伊智始終想念著韓國，並致信李承晚總統，希望能獲准回到韓國生活。1960年1月1日，《朝日新聞》刊登了一篇題為《韓國李承晚總統的老朋友曾田嘉伊智渴望回到韓國》的報導文章。

1961年5月6日，曾田嘉伊智終於獲得韓國政府的許可，到達金浦機場。永樂保育院的50名孩子們高喊著「爺爺萬歲！」歡迎他的到來。在反日情緒高漲的當時，這真可謂是一道充滿人間真情的風景。

1962年3月28日，96歲高齡的曾田嘉伊智與世長辭。4月2日，在漢城市民會館為其舉行了隆重的葬禮。韓國的文化、宗教、教育、經濟等19各相關部門，共同主辦了這次葬禮。在陰雨連綿的漢城市區，有2000多韓國市民趕來為曾田嘉伊智送行。

曾田嘉伊智被葬在楊花津外國人公墓裡。墓誌銘由韓國著名作家朱耀翰執筆。4月4日，相關部門舉行了揭碑儀式。墓碑正面刻有「孤兒之父曾田嘉伊智先生之墓」等字樣。

曾田嘉伊智，或許他才是真正意義上近現代韓日關係的象徵。他提倡的「和平、人類之愛」精神，也是21世紀我們面對的一大重要課題。

35. 朝鮮王朝末代太子妃——李方子

李方子（1901-1989）是朝鮮王朝最後一位皇太子李垠的王妃。作

為日本王族梨本宮家的長女，她成為日本殖民統治「政略結婚」（兩個家族出於政治、經濟等目的結成聯姻）的犧牲品。

在近代百年歷史中，李方子可以被看成是一個象徵著韓日關係的人物。她曲折的人生，也具有很多的啟示意義。筆者對朝鮮末代皇太子李垠（曾在10歲那年跟隨伊藤博文東渡日本）懷有濃厚的興趣，同時也對為了李垠獻出自己青春的李方子懷有敬意。

因為即使是在自己的丈夫去世以後，李方子仍然以一個韓國人的身分留在韓國，並因此而感受到自身的價值。她在為韓國做出巨大貢獻的同時，也在各方面給韓國帶來了新的影響。

李方子的本名為梨本宮方子。她曾經是一個日本皇族成員。有很多關於李方子一生的著述，除了本人的著作以外，還有《朝鮮王朝末代皇太妃》、《日韓皇室秘聞——李方子》等。此外，2006年冬日本富士電視台播放的《在天空掛出彩虹的王妃》，也是以李方子的一生為主要線索的長篇歷史劇。

從李方子的年譜上可以看出，她在16歲時，通過報紙了解到自己將要和朝鮮皇太子李垠結婚的婚約。那一年正是日韓併合後的第6年。1916年8月3日，李方子從父母那裡得到正式通知。她的母親後來回憶說，當時她只是平靜地回答：「我知道了。儘管這是一個艱難的使命，但我會竭盡全力的。」就這樣，李方子成為「日鮮融合」這一國家意識的犧牲品。這個年僅16歲的少女，後來這樣表明自己的心跡：「雖然從觀念上對這種國家理念有所了解，但並不清楚其具體的內容。然而朝鮮終於還是成了我的祖國。」

1920年4月，李方子與朝鮮皇太子李垠在日本正式成親，並於次年8月生下了長子李晉。在李晉年滿一周之際，李方子攜子訪問朝鮮，其間李晉突然在宮中夭折。有人認為李晉死於投毒暗殺。據說，李垠在朝鮮補辦的婚禮儀式上，或外出期間，也曾有人設計暗殺他。

　　1945年8月15日，這是朝鮮的光復日。朝鮮王朝第27代皇帝純宗已經駕崩，而可以繼承朝鮮王朝的便只有皇太子李垠了。雖然李垠也計畫秘密潛回朝鮮，但由於朝鮮半島的形式還不太明朗，他未能按計劃回國。從10歲開始，李垠便遠渡重洋來到日本，並在那裡生活了40年之久。然而，李承晚政府對李垠表現冷淡。

　　日本戰敗以後，由於駐日盟軍總司令頒發的命令，日本皇族、望族喪失了部分身分和地位。而李垠作為朝鮮的末代皇太子，無論是在自己的祖國還是日本，都失去了皇族的地位。他只能在日本虛度年華，在無盡的孤獨中掙扎。1959年，李垠因患腦中風癱瘓。此後，朴正熙擔任韓國總統期間，韓國政府於1961年決定向朝鮮皇室遺族支付生活費，並負責支付李垠的療養費。

　　1963年，李垠和李方子終於回到他們朝思暮想的祖國。韓國國民熱烈歡迎他們的歸來，但那時，李垠由於患有腦軟化症，已經喪失了意識。他是躺在擔架上回到自己的祖國的。在病床上堅持了幾年以後，70歲的李垠於1970年5月病逝。

　　雖說李垠和李方子是由於「政略結婚」結為夫妻的，但他們夫妻二人卻琴瑟和鳴，十分融洽。在李垠臥病在床之際，李方子尤其給予了無微不至的關照。

　　李垠一直在密切關注祖國的人才培養和慈善事業。李方子繼承了李垠的遺志，從回國開始便在韓國展開了相關活動。

　　李方子在晚年獻身於韓國的福利事業，因此她的名字也開始被更多的韓國人所熟知。年逾花甲的李方子，投身於關照那些不幸孩子的慈善事業，以此來展示她特有的價值。

　　早在居住日本時期，李方子便從1960年代開始，在神戶展開了自己的慈善事業。而到了韓國以後，她馬上成立了「慈行會」，並於1972年創立了「慈惠學校」，專門負責培養那些患有精神障礙的孩子們。此

外，1966年，李方子把患有身體殘疾的孩子們召集起來，向他們傳授木刻、編織等手工技能。在她的多方努力下，無數殘疾兒童掌握了更多生活、工作技能。「慈行會」後來改名為明暉園，而「明暉」正是李垠的雅號。

李方子對韓國做出的貢獻可以歸納為如下三點：

①在1960年，李方子便開始了沒有任何人涉足的殘疾人福利事業；

②作為日本皇族成員，在韓國全身心投入慈善事業，這對改善日本女性在韓國人當中的印象，以及化解日韓兩個民族之間的冤仇起到了積極作用；

③王妃殿下親自從事慈善事業，也使韓國上流社會認識到了慈善事業的意義所在。當時，以朴正熙總統夫人為首的一大批韓國高層官僚、政界、財界大亨的夫人，都曾參加李方子主辦的義賣會。（《基督教新聞》）

一些熟悉李方子的人回憶說，「她實際上是率先做了本該由政府來做的事情，這個功績是不可磨滅的。」「她的人格非常純粹，用和平的『和』字來形容她的人格是最為恰當的。」1989年4月30日，李方子在漢城去世。為了紀念她在慈善事業領域做出的貢獻，韓國政府向其頒發了韓國國民勳章——無窮花勳章。

36. 重新評價袁世凱

袁世凱可謂是近代史中的一塊「燙手山芋」。民國以來的中國歷史學界，或者是社會領域，對於袁世凱的評價幾乎全都是負面的。筆者在決定談論袁世凱之際，也曾猶豫多時——因為到目前為止，還沒有形成對他複雜多面性的公正評價。

但無論是否有人貶低他，但袁世凱畢竟還是袁世凱。在中國近代史乃至東洋近代史上，袁世凱顯然是一個舉足輕重的人物。因此，我們在梳理從清末到辛亥革命這段歷史之際，如果將袁世凱排除在外，就不可能找到公正公允的答案。在翻閱最近出版的有關袁世凱評傳之類的書籍時，筆者發現他的另一種面貌。袁世凱是一個性情爽快、單純明瞭的人，看上去總覺得是一個可愛的小兄弟。這也是筆者開始喜歡上這個人物的原因所在。

重新評價和認識袁世凱，也是重新評價和認識我們自身的歷史。那麼，他到底是一個什麼樣的人物呢？

袁世凱（1859-1916），字慰亭（又作慰廷），號容庵、洗心亭主人。作為河南項城人，他是中國近代史上著名的政治家、軍事家，北洋軍閥領袖。很多人常把他看成是一個不學無術的人。當然，與曾國藩、張之洞等人相比，或許可以把他說成是個不學無術的人，但卻絕不是一個像張作霖那樣的文盲。從筆者收藏的袁世凱手跡上看，他的筆跡可以稱得上是書法妙品；而且他的古典涵養，也遠遠超出了一般人。

他超越了自己科舉未能中舉的缺陷，一度成為中國近代最高統治者。這樣一個歷史巨人，被稱為「亂世奸雄」、「怪傑」也是情有可原的。1884年，袁世凱指揮清軍擊退日軍，維繫清廷在朝鮮的宗主權。也正因如此，他得到了李鴻章的重視。

1882年，清政府為了鎮壓壬午軍亂，派吳長慶領兵3000出征朝鮮。當時，袁世凱以相當於隨軍參謀的身分隨吳長慶進入朝鮮。後來，袁世凱以幫辦朝鮮軍務身分駐紮朝鮮，協助朝鮮訓練新軍，開始向總督一樣干涉朝鮮內務。1884年，鎮壓由金玉均主導的甲申政變的，也正是袁世凱率領的清軍。以朝鮮為踏板，袁世凱積累了自己的政治資本，並於1894年歸國。在獲得李鴻章的信任以後，晉升為新軍監督。

著名近代史學家唐德剛先生在其著作《滿清七十年》第五卷《袁世

凱、孫文和辛亥革命》中指出：袁世凱是「最正式的大總統」。「辛亥革命武裝起義一周年之際，袁世凱通過中華民國國會決議，正式當選為第一任正式大總統。其合法性，以及被選過程，與華盛頓當年所經歷的法律程序幾乎一致。」

在中國，人們至今還認為「袁世凱盜取了革命果實」，並據此拒絕承認袁世凱成為大總統的合法性。迄今為止，袁世凱遭後人詬病的主要罪狀有如下三條：

①1898年，清末戊戌變法時，向慈禧太后告密；②1915年與日本簽署《二十一條》；③1915年稱帝。

唐德剛或其他海外中國知識份子最近考證認為，當時，軟弱無力的光緒皇帝及其親信發動的政變，是絕對不可能取得成功的事情，而袁世凱不得不草率地參與了這種沒有可能性的事情當中。把變法失敗的罪責全部轉嫁給袁世凱，並將其視為「千古罪人」的做法，顯然是春秋時期的手法，是一種扭曲賢人的做法。

關於《二十一條》，唐德剛先生分析認為，1914年，日本人為了在中國落腳，趁著第一次世界大戰之機，向中國提出簽署《二十一條》的要求。身為大總統的袁世凱在強大的日本帝國面前，既無法百依百順地全盤接受，也無法斷然拒絕，處於進退兩難的境地。於是他採取拖延談判時間的措施，命令外交官顧維鈞把日本強詞奪理的嘴臉公之於世。於是，在國際聲援之下，成功喚起全國人民的抗日情緒，從而順理成章地提出對日作戰的主張。唐德剛先生指出，「事實上，袁世凱並沒有全盤接受《二十一條》。」

唐德剛等人評論稱，袁世凱稱帝，導致「一失足成千古恨」，並進一步強調「袁世凱在稱帝過程中，心情始終處於矛盾之中，而不是純粹的欺瞞行為。」

目前，中國學界普遍認為，從各種角度上看，袁世凱都是中國近代

的主流人物，因此主張應該重新評價他的負面影響的呼聲日益高漲。越是歷史上的反面人物，往往越需要認真分析推敲。

袁世凱創建了中國近代員警隊伍，呼籲廢止科舉制度，並建立了鐵路和近代學校系統。袁世凱的這些功績是不容抹殺的。

袁世凱是一個具有極其複雜性格的人。從很早開始，他便擁有遠大的政治理想，並為了實現這一理想而慘澹經營多年；他官運亨通，與他的修養和辛勤的努力是分不開的。

不幸的是，到了晚年，袁世凱稱帝的舉動，使他一生積累的功績毀於一旦。所以，至今為止，袁世凱依然被人們視為千古罪人，並遭到全民唾罵。

從個人品行和性格上看，袁世凱是一個果斷勇猛的人。他不僅慧眼識英雄，而且也懂得任人唯賢的道理，而且不貪戀錢財。同時，袁世凱也是一個意志頑強的人。另一方面，袁世凱也具有超群的權謀才能，他聰明狡猾，能像變色龍一樣適應風雲變幻的時代形勢。

袁世凱的優點很多，相應的缺點也很突出，是一個矛盾的複合體。有人說，袁世凱「少年有才氣，中年有英氣，晚年暮氣重重。」

中國駐日華裔作家、歷史批評家陳舜臣先生這樣揶揄袁世凱：「他對即將發生的事情嗅覺靈敏，卻無法嗅到長遠的將來。」從某種意義上講，袁世凱的悲劇，也是近代變革時期中國人的悲劇。

總之，重新評價、認識袁世凱，是生活於現在的我們一個切實需要的課題。

37. 對朝鮮民俗學研究做出貢獻的秋葉隆

日本殖民統治時期，也有很多日本學者從學術角度出發，對朝鮮的

人類學、民俗學、文學、語言學等領域進行研究。

　　大體上看，韓國各界更多地研究和談論的是日本殖民統治的殘酷性，以及它所帶來的迫害。但日本學者在這一過程中，也積累了很多有關朝鮮研究的成果。關於這一部分，韓國各界卻從不主動提及，或者只是將其視為日本殖民統治的一個環節，有意無意地予以忽視。這是一個令人遺憾的現實。

　　在朝鮮民俗學領域，筆者尤其想提到一個日本學者。因為除了像鳥居龍藏以外，還有很多像秋葉隆、春山智順等名聞遐邇的大學者。

　　在殖民地朝鮮，系統地研究民俗學，並領導民俗學界向前發展的人，就是秋葉隆（1888-1954）。秋葉隆始終如一地積累下來的民俗學研究體系，成為後來的韓國社會人類學，及民俗學領域的堅實基礎，而且至今還在這一領域對韓國的學術研究發揮著巨大影響。

　　如果拋開秋葉隆，近代朝鮮民俗學就根本無法展開。1921年，秋葉隆畢業於日本東京帝國大學文學系社會學專業。他的畢業論文為《巫俗研究》。由此可見他早年就已經開始關注東北亞及朝鮮民俗。在大學期間，秋葉隆掌握了人類學者以當時最尖端的學問。1924年，秋葉隆被聘為剛成立不久的京城帝國大學（現在的首爾大學）預科班講師。與此同時，他被派往歐洲著名大學。在倫敦大學，秋葉隆接受了國際著名人類學家布朗尼斯勞‧馬凌諾斯基（Bronislaw Malinowski，1884-1942）的指導，學習人類學理論知識。

　　1926年，秋葉隆在京城帝國大學法學系就職。此後，直到1945年，秋葉隆在長達20年時間裡，始終從事著朝鮮社會和民俗研究工作。1945年日本戰敗以後，秋葉隆回到日本，到九州帝國大學就職。後來於1949年就任愛知大學文學系主任。直到1954年去世，秋葉隆始終戰鬥在學術研究第一線。

　　秋葉隆本人曾回憶說，受朝鮮總督府委託展開朝鮮風俗研究的日本

學者的影響，以及崔南善、李能和等朝鮮研究者的研究活動，都曾給他帶來學術上的刺激。

當時，朝鮮總督府作為殖民統治的一個環節，大力展開了文化研究事業。因此，在滿洲、朝鮮等地，對風俗、民俗的研究活動十分活躍。

秋葉隆創建了一種新的學術方法，致力於朝鮮民俗學研究事業。秋葉隆尋訪了朝鮮全境，並通過這種人類學意義上的實地考察，收集和整理了第一手資料。朝鮮當時的民俗學家孫晉泰、宋錫夏等人，也參與了他的人類學調查活動。後來成長為著名文化人類學家的泉靖一也曾與他同行。

秋葉隆主要是以家族和婚姻為線索，著手朝鮮民俗文化研究的。作為這項研究成果，他著有《關於朝鮮婚姻風俗的研究》、《朝鮮的婚姻形態》等。不僅如此，秋葉隆還發表了多篇有關朝鮮巫術、民間信仰、同族部落的研究論文。在這些論文中，秋葉隆沒有拘泥於個別問題，而是著眼於朝鮮社會整體存在的普遍現象，試圖把握該領域的整體風貌。

以《關於滿洲和朝鮮薩滿教》、《朝鮮巫家的母系傾向》為主，秋葉隆逐漸建起他的巫文化研究體系。此外，秋葉隆與當時的京城帝國大學宗教學教授赤松智城共同編著了《朝鮮巫俗研究》上下卷。秋葉隆個人也在這一領域，出版了《朝鮮巫俗參考圖錄》。1941年，他向東京帝國大學提交的博士論文《朝鮮巫俗的實地研究》，後來也得以公開出版。有人評價這部著作為秋葉隆在巫俗研究領域的集大成者。

我們之所以認為秋葉隆的研究具有重要的意義，是因為它們不僅具有重要的資料價值，同時也在理解朝鮮民俗社會整體面貌方面，揭示了一種「二重結構」模型。崔吉成等人類學家認為，可以這樣理解秋葉隆的「二重結構」：在朝鮮社會中，男性和女性形成二重結構；在儒教中，男性＝貴族是相對應的；在巫俗中，女性＝常民（平民百姓）構成對應關係……這一組組二重結構在相互完善過程中，形成了朝鮮社會。

這種二重結構表明，朝鮮並沒有囫圇吞棗似地全盤吸納了中國的文明，而是再現中國文化過程中保存了自己固有的民族文化。在這一點上，秋葉隆的研究提供了重要的命題。

朝鮮雖然吸納了中國文明，但其形式並不是全盤吸收，而是在保持固有傳統的過程中，逐漸發展成為今天的朝鮮民族文化的。

韓國的學者認為，秋葉隆揭示的二重結構模型，對現代韓國社會結構分析仍然是有效的。現在，基督教徒在韓國佔總人口的三分之一。但這並不是說，韓國是簡單地吸收了西歐的基督教。因為韓國仍然保留了儒教傳統價值和固有的價值傳統。韓國的基督教徒也是把儒教的價值觀視為自己的社會行為規範的，因此，儒教對於基督教來說也不僅是簡單的對立關係。

秋葉隆於1954年出版了自己的著作《朝鮮民俗志》。在書中，秋葉隆把朝鮮民俗社會和日本、沖繩等東亞地區進行了比較，並試圖從中把握朝鮮民俗整體面貌。

秋葉隆的主要著作有《滿蒙的民族與宗教》、《朝鮮巫俗的實地研究》、《朝鮮巫俗參考圖錄》、《朝鮮民俗志》等。這些著作至今仍是韓國民俗學、人類學研究領域無比珍貴的資料。

38. 民國時期中國知識份子的精神生態

筆者在這裡提出的「精神生態」這一概念，指的是支撐著知識份子的生存與精神活動的社會、人物環境。此外，政府部門針對知識份子採取的待遇、寬容度、言論自由度等具體條件，也應包括在這一概念當中。

對於一個國家的某個時代而言，知識份子的生態條件，有時也是衡量那個時代的自由度、發展度以及穩定程度的標準。筆者在閱讀近代史

過程中，意外地發現，百年前中國近代知識份子的生態環境是良好的。

在閱讀民國時期無數的著作、資料過程中發現，知識份子大都擁有高潔的情操，高尚的節操，同時也都具有幽默的情懷。他們基本上都具有淳樸的性情和爛漫的思想，而他們的學養也是極為深厚的。

借用林輝的一句話說，「他們有時如孩童般天真，而且對於世事，亦常有驚世駭俗的作為。顯而易見，他們可以如此恣意妄為正是得益於民國政府的寬容。民國時期，無論是北洋政府還是蔣介石治下的南京、重慶國民政府，不僅禮遇知識份子，使其成為高收入階層，而且對於那些冒犯自己的知識份子也盡量包容。」

我們通常喜歡把從袁世凱開始的北洋軍閥統治時期視為「黑暗時代」，但當時的歷史事實表明，1911年辛亥革命以後，即使是在軍閥統治時期，人文環境還是相當良好的。

當然，由於當時軍閥之間的戰爭，導致了眾多的混亂，但除了土匪出身的張作霖以外，所有的軍閥都是尊重民國共和體的。他們雖然擅自發號施令，任意妄為，但卻沒有過分干預言論自由、思想自由和教育領域。

他們當然也遵守了民國憲法、法律制度，也很是用心對待公共輿論。比如說，當時的總理段祺瑞主張新聞自由，即便是在後來下野以後，也沒有干涉新聞媒體。

1914年，袁世凱與民國著名的國學大師章太炎之間的一段逸聞趣事，至今還廣為流傳。當時，章太炎因不滿袁世凱的獨裁統治，遂前往總統府叫罵，並砸了總統府的家具。袁世凱只是將其軟禁在龍泉寺，並每月提供五百大洋作為生活費用，同時親自手書下了8條保護準則，其中包括：「飲食起居用款多少不計」，「毀物罵人，聽其自便，毀後再購，罵則聽之」。

正因為政府部門如此禮遇知識份子，知識份子才能充分利用他們的自由精神得以生存。北京大學著名的現代文學研究學者錢理群教授認

為，民國時期的知識份子、教育工作者，在良好的人文環境條件下，肩負起社會、國家、民族及人類的使命，並將自己的理想寄託在這一使命中，勇敢實踐。按照錢理群先生的話說，「民國時期的授課不拘泥於某種格調或框架，而是自由進行的。以此來宣示教員的精神性和無拘無束的生命存在方式、生命形態。」「所以，他們付與學生的不僅僅是知識，而且也是一種生命的浸染和薰陶。這種授課方式，充滿了勃勃的生機，並通過師生之間、學生之間的交流，實現了彼此生命的融合與昇華。這種生命化的教育形式背後，潛藏著生命的使命意識。」

對學問的使命感，針對知識份子而言同樣也和生命一樣重要。當時有這樣一段傳奇故事。有一次，跑警報的時候，著名學者劉文典看到沈從文，大聲罵道：「我跑是為了保存國粹，為學生講《莊子》；學生跑是為了保存文化火種，可你這個該死的，跟著跑什麼跑啊！」

從這裡，我們可以窺見到劉文典的狷狂本色。這種狷狂，實際上也是把自己從事的學術研究（莊子研究）視為「天下第一」，並自認為自己的學術地位才是至高無上的。這種「捨我其誰」的狷狂也正來自於是他對學問的使命感、責任感。這個典故至少告訴我們，當時知識份子的學術意識還是相當端正的。

當時的著名學者陳寅恪、王國維高舉起「獨立精神、自由思想」的旗幟；哲學家馮友蘭等先生更為後人示範了維護一所大學「力爭學術自由，反抗思想統制」的光榮傳統。

葉公超先生先是當了一陣子大學教授，後來投身於政治事業。但由於無法扔掉「知識份子的傲氣」，不得不重新回到學校執教，並感歎說：「還是當一個文人最為自由。」

從整體上考察民國時代，我們可以得知，民國政府對於具有自由主義思想的知識份子的人格、信仰還是比較寬容的。也正因如此，每當政府部門執行正確的路線時，這些知識份子才會大力支持協作；反過來

在政府部門執行錯誤的路線之際，他們也會勇敢地站出來，對此加以批判。知識份子擁有這樣的自由權利，是因為當時的政策、人文環境、精神狀態都比較寬鬆。也就是說，民國時期的人文環境還是相當寬容的。

39. 民國才媛第一人——呂碧城

在民國近代文化史、新聞史、教育史上，著名才媛呂碧城是一個不能不提的人物。

呂碧城（1883-1943）是「近三百年來最後一位女詞人、社會活動家、資本家，而且也是近代中國新聞史上第一位女主編，是中國近代第一位女權運動宣導者，是近代中國女子教育的先驅者。」她是民國時期風華絕代的第一才女。

1883年，呂碧城出生在一個書香門第，父親呂鳳岐，字瑞田，光緒三年（1877）丁丑科進士。呂碧城是家中長女。據說他父親的藏書多達30000卷，因此呂碧城早年便浸染了書香。

在9歲那年，呂碧城便與同鄉的汪姓紳士家結成了「娃娃親」。在她13歲那年父親突然離世，呂家一門4女，並無男子。族人便以其無後繼承財產為名，巧取豪奪，霸佔呂家財產。

在遭遇這種悲慘命運之際，呂碧城並沒有屈服，而是使出渾身解數，努力打開新的局面。她寫信給父親生前好友和弟子，請求援助，最終，她終於把母親從苦難中解救出來。母親帶著呂碧城等4個女兒，投奔娘家。與呂碧城9歲時便議定婚約的汪氏，見呂家變故也連忙退婚。

1898年，在經歷戊戌變法過程中，呂碧城接受了維新思想的薰陶，於是開始厭倦封建的閨中生活，並在20歲時離家出走。身無分文、舉目無親的呂碧城，在往天津的火車上，結識了佛照樓旅館的老闆娘，到

達天津後，暫住其家中。但由於沒有經濟來源，生活一時陷入困境，呂碧城只好寫信向《大公報》報館的方夫人求援，這封信恰被《大公報》總經理英斂之看到。英斂之一看信，即為呂碧城的文采所傾倒，連連稱許。不僅如此，愛才心切的英斂之還親去拜訪，問明情由，對呂的膽識甚是讚賞，並當即約定聘請她為《大公報》見習編輯。從此，呂碧城就走上了獨立自主的人生之路。中國近代第一位女編輯就此誕生。

呂碧城的文采受到報社同事和前輩們一致的讚賞。據說，呂碧城的文章條理清晰，而且文采飛揚。

呂碧城連續發表了多篇有關婦女解放和婦女教育的文章。《論提倡女學之宗旨》、《敬告中國女同胞》等文章在社會上引了起巨大轟動。

從她的筆尖下流露出來的，是她的膽識與真誠，她快刀斬亂麻式的文風，也足以引起當時婦女們的羨慕。

從1904年到1908年，呂碧城藉助《大公報》，積極為她的興女權、宣導婦女解放運動而發表大量的文章和詩詞，也因此結識了大批當時的婦女運動領袖人物。在此期間，呂碧城確立了創建新式女子學校的目標。

英斂之深知呂碧城的理想和抱負，於是介紹嚴復給她認識。嚴復對呂碧城也早有所聞，在充分肯定她的同時，將其收為弟子。嚴復極力向袁世凱推薦呂碧城，促使袁世凱幫助她創建女子學校。結果，1904年11月，北洋女子公學正式成立，而呂碧城也擔任了該校總教習（教務總長）。2年後，「北洋女子公學」改名「北洋女子師範學堂」，年僅23歲的呂碧城任監督（相當於今天的校長），為中國女性任此高級職務的第一人。她把中國的傳統美德與西方的民主、自由思想結合起來，把中國的傳統學術與西方的自然科學知識結合起來，使北洋女子公學成為中國現代女性文明的發源地之一。她希望她所培養的學生將來也能致力於教育和培養下一代，為一個文明社會的到來盡各自的力量。周恩來的夫

人鄧穎超也曾經在這裡親聆呂碧城授課。

兼具美貌與見識的呂碧城作為民國才媛第一人，經常出入當時的北京和天津社交場所。與她交往的社會名士中，不乏才子和高官，但她在婚姻一事上，早期被棄的陰影一直困擾著她。當友人問及她的婚姻，她回答說：「生平可稱許之男子不多。梁啟超已有家室，而汪精衛又過於年輕（事實上是同歲）；汪榮寶雖然不錯，但已經結婚……」

《大公報》總編英斂之也十分欣賞和愛慕呂碧城，但同樣也已經成家立業。導師嚴復也十分關心她的婚姻大事，並一再勸她盡早成家為上。但是，她自恃清高，始終覺得身邊無可匹配之人，最終獨身終老。

1912年民國成立以後，她擔任了袁世凱總統的公關機要秘書職務。由於後來袁世凱稱帝，呂碧城辭去職務，開始從事貿易事業，成為當時最富有的女性。1918年，呂碧城終止了貿易事業，到美國哥倫比亞大學留學，學成後回國，並於1926年再次出國，在美國、歐洲等地度過了6年時光。

民國第一才女呂碧城於1930年皈依宗教，成為一名居士，法名曼智。1943年初，呂碧城61歲那年於香港孤獨去世。

40. 岡倉天心說：「亞洲是一體的」

福澤諭吉的肖像被印在一萬日圓紙幣上，他是日本著名的思想家、啟蒙家、文明批評家。但有一個人對亞洲的觀點，與他形成鮮明對照。這個人就是岡倉天心（1863-1913）。

福澤諭吉主張日本「脫亞入歐」，而岡倉天心則提出了「亞洲是一體的」這樣一個口號。百年前，日本乃至整個東亞的智者都在思考西方文明和傳統文化之間的關係。「脫亞論」和「亞洲一體輪」思想，實際

上也提出了一種預言式的挑戰。

是從感情出發接受西方文化，還是把亞洲聯合起來形成一個共同體？關於這個問題，中日韓三國也都有人在思考，但極少有人像福澤諭吉和岡倉天心那樣，從一種理性的、原理性的觀點出發提出自己的主張。從本質上講，這二者之間看似對立，但實際上不過是亞洲人認識和應對西方世界這枚硬幣的正反面。

我們先來了解一下岡倉天心這個人物。岡倉天心出生於1862年，比福澤諭吉小28歲；其父為橫濱的「藩士」（江戶時代從屬、侍奉各藩的武士）。岡倉天心8歲那年母親離世，他不得不與兄弟們分開，到長淵寺生活。

岡倉天心在外國人創辦的英語學校學習了英語，並師從長淵寺玄導和尚學習漢學，因此從小就培養了廣闊的國際視野。此後，在東京外國語學校繼續學習了一段時間以後，岡倉天心進入東京帝國大學學習政治學、理財學，最終畢業於東京大學文學部，獲得文學學士學位。他的畢業論文也從「國家論」改為「美術論」。

國家論和美術論，這兩種基本觀點成為他的一貫立場，貫穿了他日後的著述活動。畢業以後，他成為外國導師的日本美術研究助手及翻譯，並開始從事確立日本美術教育制度、古代美術作品的保護制度的工作。隨後以美術、藝術創作的指導者、美術史研究者、思想家、文明批評家的身分活躍在各界。

從1890年開始，岡倉天心在3年時間裡歷任新創建的東京美術學校（現東京藝術大學）教務總長校長等職，向學生們講授「日本美術史」課程。他以日本美術學校的創始人而著稱。他開創了近代日本美學研究領域，並以嫻熟的英語寫作美術史著作。作為一個美術評論家、美術教育家，他對日本近代美術概念做出了巨大貢獻。

1904年，岡倉天心受聘為美國波士頓美術館的中國、日本美術部研

究員，並於1910年晉升為該部門最高行政長官。在此期間，岡倉天心
到中國和印度旅行，開始從國際視角上思考亞洲。

當時，很多人從極端的西方文明主義出發，忽視日本及亞洲文化傳
統，岡倉天心對此深表憂慮。在對日本文化遺產保護政策的制定做出巨
大貢獻的同時，他開始思考如何在西方文明的洪流中，保護和堅持亞洲
固有的文化傳統。

他從原理上闡述亞洲文明論的著作為《日本美術史》（1891），而
在1895年的《支那美術史》中，他仍然對亞洲文明進行了明確的闡述。

他數次訪問中國和印度，進行美術調查活動，試圖從中發現亞洲文
明原理。在中國旅行途中，他開始關注中國的多樣性，試圖把中國南方
和北方文化區別開來加以認識。他從文化地理學角度出發，分類和整理
中國大陸的多樣性，並強調中國南、北方文化的不同特徵。他試圖用和
辻哲郎在《風土》中闡明的地理風土文化圈觀念，來解讀中國。

他利用自己敏銳的洞察力做出這樣的判斷：中國大陸與西方的距
離，要比日本更為接近。這一點也與福澤諭吉的思想形成對比。他從有
別於日本的視角出發，去觀察和把握中國的多元性、多樣性，並認為亞
洲擁有無限豐富的多樣文明。

後來，他這種多樣性認識提升到了一個新的高度，即它們同屬於
亞洲。他的名作《東洋的理想》（1903，倫敦）在開篇中這樣寫道：
「亞洲是一體的。」（Asia is one）隨後他這樣闡述道：「雖然，喜馬
拉雅山脈把兩個強大的文明，即具有孔子的集體主義的中國文明與具有
佛陀的個人主義的印度文明相隔開，但是，那道雪山的屏障，卻一刻也
沒能阻隔亞洲民族那種追求『終極普遍性』的愛的擴展。這種愛，正
是所有亞洲民族共通的思想遺產，使他們創造出了世界所有重要的宗
教……」

岡倉天心將亞洲的文明抽象為「愛與和平」，認為近代西方文明與

東方的這種傳統相比，儘管物質文明高度發展，卻將人變成「機械的習性的奴隸」，認為西方的自由只存在於物質上的競爭中，而不是人性的自由。岡倉天心進一步指出，亞洲的「愛與寬容」只是暫時被西方近代價值觀所遮蔽。

在他看來，承認多樣性的亞洲，其文化價值觀、寬容性，使亞洲成為一體。按照他的話說，亞洲「理應如此」。即，擁有多樣性、彼此相互依存文化的亞洲，應該超越相互之間的孤立，融為一體。

岡倉天心說：人類「終極的、普遍的」愛的源泉就在亞洲。根據這種思想，岡倉天心後來用英文出版了他的另一部著作《東洋的覺醒》（1904，紐約）另外，他也通過《說茶》（1906）等著作，極力宣傳並非是無力的亞洲之美，並從中歸納出亞洲這種普遍性應該把亞洲融為一體，以應對西方文明的結論。百年前，他所揭示的內容，即便是在進入21世紀的今天看來，也都具有重要的參考價值。

41. 支援中國和亞洲革命的犬養毅

在中國歷史教科書中，有關支援中國革命事業的日本人的記述內容是不常見的。

所謂歷史，本來就是在我們和他者的整合空間裡展開的故事，因此在形成我們歷史的領域中，絕對無法排除與他者的關聯性。如果排除或否定與他者之間的整合性，其實也將導致我們自己本質性的主體的缺失，甚至會使我們陷入「否定主體性」的致命陷阱中。

通過與孫中山和黃興等人的密切交往，從人力物力方面向中國革命提供幫助的日本人很多。但在其中，我們還不大了解一個名叫犬養毅的日本人。犬養毅（1855-1932）是日本近代史上著名的政治家、文人、

詩人，他也曾於1931年就任日本第29任總理大臣。

犬養毅出生於日本岡山縣一個地方官吏家庭。他早年就讀於日本慶應義塾大學、二松學舍大學，畢業後從事新聞記者工作。後來在參與結黨活動中參加政治活動，並於1898年出任日本文部大臣。

犬養毅較少貪欲，具有大陸氣質（指超越了一切物質，而達到一種精神境界的追求），素以言辭犀利聞名。據說，從小開始，犬養毅的身上就充滿了叛逆精神，而且從不懂得認輸。他一生都熱愛中國傳統文化，也是一個漢詩高手。尤其值得一提的是，他還是一個著名書法家。從筆者收藏的犬養毅書法作品中，可以看出他的字體略微向右傾斜，類似於王羲之筆體的風格，顯示出他瀟灑、堅毅的品性。

除了政治領域以外，犬養毅也十分關注中國和亞洲的革命形勢，並積極施以援手。他曾經擔任神戶中華同文學校，和橫濱大東中華學校校長職務。在此期間，他與頭山滿（也是孫中山在日本的忘年交）一起，成為國際知名的大亞洲主義者。

翻閱犬養毅的傳記等資料，我們可以發現，他和孫中山一樣是一位熱血沸騰的革命家，同時也是一位把詩意和義氣視為生命的男子漢大丈夫。

在《日本宰相列傳——犬養毅》（1958）中，就支援中國革命的原因一事，犬養毅這樣解釋道：「我與中國問題發生關係已經有很長時間了，但這是為了確立1910年代初期的對中政策……」

1898年，康有為在戊戌變法運動失敗以後逃往日本，後來在橫濱創立了大東學院。當時，犬養毅出任校長一職。而在此期間，孫中山也從英國轉到日本。與康有為和梁啟超的立憲君主制不同的是，孫中山希望通過共和制推翻清政府的專制政權。犬養毅勸康有為和孫中山兩人團結起來，但他們彼此拒絕了合作。此後，由於黃興亡命日本，犬養毅便和頭山滿一起，建議孫中山和黃興團結起來。最後，孫中山和黃興二人達成合作共識。

犬養毅向孫中山提供了30萬日圓的革命起義經費。由於都是亞洲人，所以犬養毅臨時決定，把原本為菲律賓獨立運動事業準備的這筆30萬日圓巨款轉給孫中山。孫中山計畫利用這筆資金，發起惠州武裝起義。但由於日本人中村中飽私囊，武器並沒能按計劃交付孫中山。因此惠州起義以失敗告終。

性格活潑的孫中山經常到東京犬養毅家裡作客。孫中山也經常享受犬養毅夫人為他準備的熱水盆浴。有一天，孫中山見犬養毅夫人為他們上了一道好吃的菜，立刻瞪大了眼睛，用笨拙的日語讚美道：「夫人，今天可是聖餐啊！」夫人一笑置之。但犬養毅卻這樣嘲諷道：「看得出你是在什麼地方學的日語了。」

連孫中山這個名字都是犬養毅命手下浪人平山周為他代取的。因為犬養毅認為，既然要在日本居住一些時日，取一個日本式的名字自然要便利一些。

1911年，在孫中山等革命軍的邀請下，犬養毅和古島一起訪問中國。在訪問中國之前，犬養毅號召日本政府採取對中支援政策，但日本政府對此表現冷淡。於是，犬養毅派寺尾亨等國際問題和國際法問題專家前往中國，去幫助南方革命政府。

1913年，第二次革命失敗以後，孫中山再次前往日本。當時，神戶海關拒絕孫中山登陸。在犬養毅和頭山滿等人周旋下，孫中山才得以流亡日本。犬養毅建議孫中山，要想對抗袁世凱，必須與兩廣總督岑春煊聯合，但孫中山拒絕了他的建議。這時，犬養毅對他直言不諱道：「那你將失敗。」後來，孫中山邀請犬養毅出任中國革命政府顧問，但犬養毅表示「這是失禮的」，並予以拒絕。

在思想意識層面上，孫中山和犬養毅之間存在著很大差異。但犬養毅始終沒有停止對孫中山的幫助。獲得犬養毅幫助的不止是孫中山一人。除他以外，還有黃興、康有為、梁啟超、蔣介石，以及朝鮮的金玉

均、朴泳孝，越南、菲律賓、印度等亞洲獨立革命家，也都曾獲得他的幫助。1932年5月15日，犬養毅被11名20歲出頭的海軍軍官在首相府刺殺。世界戲劇大師卓別林發來唁電，稱他為「憂國首相犬養毅」。

42. 為大亞洲主義獻身的頭山滿

在近代大亞洲主義行動家、實踐家中，除了孫中山以外，還應提及日本的國際知名人物頭山滿（1855-1944）。

日本近代典型的反體制左翼思想家、知識份子中江兆民這樣評價頭山滿的一生：「頭山滿君具有大人風度。完整保留古今武士之道的人，除他以外別無二人。頭山滿君總是行動先於語言，是一位樸實而智慧的人。」（《一年有半》）

一位左翼人物如此高度評價右翼人物，其原因就在於這兩者之間在愛國主義方面是共通的，而且都具有偉人氣質。對於大力支持中國獨立革命事業的頭山滿，孫中山在他的自傳裡表示誠摯的謝意，並指出在日本政黨序列中最需要感謝的人是犬養毅，而在野人士則首推頭山滿。

被稱為孫中山左膀右臂的汪精衛說道：「犬養毅像一位嚴師，而頭山滿則像一位慈父。」確實，就像孫中山和汪精衛所說，犬養毅和頭山滿二人相映成輝。前者以智慧見長，而後者以胸襟聞名。這二者珠聯璧合，對中國和亞洲的革命事業做出了巨大貢獻。

頭山滿和犬養毅是同齡人，是日本近代大亞洲主義的提倡者，而且在明裡暗裡對中國近代革命和朝鮮革命發揮了重要影響。

頭山滿具有明顯的福岡人活潑的性格，他胸襟廣闊，在支持中國和亞洲革命事業上，從不吝嗇錢財。頭山滿號立雲，是日本民間愛國主義團體玄洋社的總指導者。他在內田良平的勸導下，成為右翼愛國團體黑

龍會顧問，是日本一位愛國主義右翼重量級人物。

他也與日本左翼民權運動家、無政府主義者中江兆民、吉野造作等人交情甚篤，而且也與政界和財界人士交往密切。有趣的是，在近代史上看起來一直處於對立狀態的右翼和左翼，卻總是相互聯繫在一起，而且在愛國主義和大亞洲主義思想方面具有近似性甚至共同性因素。

在民權道路上，頭山滿以國權論為基礎，形成了他獨特的大亞洲主義思想，並以此為自己的理念，積極援助亞洲革命家。

1884年，金玉均、朴泳孝等人在甲申政變中遭遇失敗，逃亡到日本以後，日本政府方面表現出與以往截然不同的冷淡態度。對此，福澤諭吉、頭山滿、犬養毅等人從民間立場出發，一如既往地熱情接待了他們，並給予各種援助。中江兆民、樽井藤吉等人也成立了東文學堂，在中國上海致力於培養革命人才。

金玉均在日本被軟禁於北方小島上，後來返回東京。1894年3月，宮崎滔天前來拜訪金玉均，並向他闡明，朝鮮革命需要與中國革命聯合起來。此後，1895年3月，金玉均為了實現朝鮮與中國的聯合，毅然前往上海，並被朝鮮派遣的刺客刺殺身亡。

在即將動身前往上海之際，頭山滿認為此行凶多吉少，因此極力勸阻金玉均。但金玉均已經做好了以身殉國的思想準備，於是毅然動身。金玉均遭到暗殺以後，他的屍體被運往朝鮮，並再次遭到凌遲暴行。隨即引發了朝鮮各地聲討政府暴政的示威活動。在東京本願寺，有數百人參加了金玉均追悼大會。其中就有福澤諭吉、犬養毅、頭山滿等日本政界重量級人物。

在此期間，朝鮮爆發了東學黨運動，於是日本玄洋社為了支援全琫準的東學革命，組織了天佑俠（1894年由在朝鮮的「大陸浪人」成立的日本右翼侵略主義社團，與玄洋社、黑龍會等右翼組織有千絲萬縷的聯繫。）

以頭山滿為首的玄洋社在大亞洲主義旗幟下，為了亞洲的民族獨立、革命運動而付出巨大努力。與中國革命之間的關係，在玄洋社歷史上佔據著重要比重。玄洋社麾下的宮崎滔天、北一輝等人，都曾接受頭山滿的領導。

在上一篇談及犬養毅的文章中，我們已經了解到，頭山滿和犬養毅於1911年為了援助中國革命黨而前往中國。當年10月，武昌起義爆發，也爆發了辛亥革命。

在他們之前，宮崎滔天和末永節已經抵達上海。而且大量玄洋社成員和大陸浪人已被派往北京、上海等中國各地。這意味著日本志士在暗中支持辛亥革命。當然，教科書和歷史書籍中，沒有更詳細的內容。

在本書的其他章節中，還會談到辛亥革命和日本人之間的關係。在此筆者可以負責任地說：我們還無法斷定頭山滿一定懷有侵蝕中國領土的野心。但在此以後，隨著日本軍國主義的急劇膨脹，日本開始實施侵略大陸、把滿洲變成殖民地的政策。由此推測，頭山滿實際上起到了日本大舉進犯中國的先頭部隊作用。

總之，頭山滿是贊同孫中山「反滿興漢」革命的，而且也向其提供了巨大幫助。頭山滿將其視為大亞洲主義的一個環節，因此他的行為在當時也深深感動了孫中山等革命家。筆者在這裡只是希望，我們能從大亞洲主義中吸取有益成分，並將其用於建設21世紀「東亞共同體」。

43. 朝鮮的大智者崔南善

崔南善（1890-1957）是朝鮮近代史上與李光洙珠聯璧合的新文學旗手、開拓者，也是朝鮮近代文化史上的大智者。

崔南善年長李光洙兩歲，他不僅是開拓了朝鮮近代文學的文學巨

匠，而且也是人文、歷史、實業、出版、思想等諸多領域的偉人，是一個綜合的文化巨人。俞鎮午（1906-1987，**韓國法學家，教育行政學家、政治家**）曾這樣評價崔南善：「對於同時代的人來說，他過於超前，所以他的周圍到處都是處女地。由於他的舉手投足都是新奇的，所以那個時代沒有要求他『成為某某家』，而是要求他成為『所有領域的大家』，所以他才成為文學家、思想家、學問家、實業家、專欄作家、政治家。另外，如果說他什麼家也不是，那他就是一個學無所長的人物。」

在近代朝鮮精神史上，像崔南善這樣留下先驅事績的人，也是不多見的。崔南善籍貫東州，號六堂，他和李光洙一樣，都是那個時代充滿智慧的人，而且也都為民族的發展嘔心瀝血，但在晚年卻表現出親日傾向。

崔南善的祖父是一個中藥材經營者，因此家庭還算殷實。從5歲開始，崔南善便在私塾學習漢字，到了9歲的時候，開始翻閱《春香傳》和一些中國小說。1901年，崔南善在11歲那年與玄晶運的女兒結婚，並於1904年以皇室特派留學生身分到東京府立第一中學留學。但由於他不滿崔林等高齡學生的所作所為，中途退學。後來於1906年，在16歲時進入早稻田大學高師部（高等師範系）歷史地理知識專業。

崔南善希望通過專研學問，喚起更多朝鮮人的愛國心，並奠定恢復國運的基礎。在入學3個月以後，崔南善便確定了文化實業救國的方向，拿出16萬元巨資購買了印刷設備，創立出版社新聞館。韓國第一份近代雜誌《少年》就是崔南善於1908年11月創辦的。雜誌創刊以後，崔南善刊載了自己的作品《海上致少年》。這也是韓國第一首新詩。詩中，崔南善刻畫了一個挑戰大海的韓國少年朝氣蓬勃的形象。《少年》引起了廣泛關注，每期銷量多達2000多份。李光洙也作為原創團隊一員，加盟《少年》雜誌社。隨後，崔南善陸續出版了大量教養類書籍和歷史、地理方面的書籍，也出版了大量原創和翻譯圖書，成為開化時期

朝鮮出版業的領軍人物。

崔南善也為安昌浩的「新民會」年輕人編寫了綱領性文章，並通過全國巡迴演講，向廣大中學生和人民群眾傳播歷史地理知識。他組織「朝鮮光文會」，向朝鮮社會傳播《西遊記》、《熱河日記》等作品。此外，他也率先出版了韓文詞典、語法書。

1910年，日韓併合以後，《少年》雜誌於1911年停刊。在經過了眾多挫折以後，崔南善於1914年9月創辦了文藝雜誌《青春》，並和李光洙一起開創了「文壇二人時代」。除了李光洙以外，雜誌社還彙集了玄相運、洪命熹、李相協等文壇風雲人物，作為原創團隊成員。通過《青春》這份雜誌，他們推出眾多律詩、漢詩、雜歌、新詩、短篇小說、隨筆等文學作品，對文人和國民傳播啟蒙思想。

1919年3月3日，崔南善涉嫌參與《二八獨立宣言》的起草工作，並因此被捕入獄。一年後，崔南善被判服刑2年半，並被關押到京城刑務所。1921年10月，崔南善刑滿出獄。出獄當天，無數朝鮮文人和民眾前來迎接他們心目中的「天下巨人」。1922年，崔南善很快又創辦了綜合類雜誌《同盟》，並於1923年6月完成了《時代日報》的所有準備工作。經過了一番磨難以後，崔南善退出《時代日報》，並以《東亞日報》特邀評論員身分為其撰稿，但仍然沒有停止他的輿論活動。

從1926年開始，崔南善通過《檀君論》等論文，提倡他的「不咸文化論」思想。這裡的「不咸」指的是光芒。在崔南善看來，朝鮮文化就是一種光芒的文化，在歷史上，曾經以朝鮮為中心，在包括日本、中國北方地區、蒙古地區形成「不咸文化」。

1928年10月，崔南善受邀進入日本總督府設立的朝鮮史編修會，因此受到周圍朝鮮同胞的指責。後來的事實證明，崔南善之所以加入這個編修會，是想通過自己的努力，阻止日本以自己的方式，篡改和歪曲朝鮮歷史。

李光洙曾這樣回憶道：「他煙酒不沾，不善戀愛，更沒有調戲過那些風塵女子。他從不喜歡競技運動，也未曾沉迷於圍棋、象棋、花鬥之類娛樂活動……他的20年時光，都耗費在創辦雜誌、整理古籍，以及朝鮮歷史研究上。一言以蔽之，他為朝鮮犧牲了自己。」

崔南善只有收集古籍這一個愛好。據說，他的藏書多達17萬卷，搬家的時候，用牛車整整搬運了3天。

1939年，日本帝國主義在中國長春建立了建國大學，崔南善被指定為教授，調往長春執教。朝鮮人認為，既然崔南善已經進入日本人的統治體制內部，又如何能促使日本正確認識朝鮮。顯然，朝鮮民眾無法理解他的良苦用心。1944年，崔南善回到漢城，在城北區牛耳洞安家落戶，並將自己的宅邸命名為素園。

1949年，根據反民族行為處罰法相關條例，崔南善受到懲罰。當年2月7日，崔南善被逮捕的時候，正在執筆《朝鮮歷史詞典》。在「反省文」中，崔南善為自己辯護：在必須就學問和節操做出選擇之際，他選擇了學問，所以才向親日傾斜。

崔南善體格健碩，一生不喜好煙酒，但在進入晚年以後，他卻因中風和糖尿病，而備受病痛折磨。1950年，在朝鮮戰爭期間，崔南善的大女兒慘遭北朝鮮軍隊殺害，而三兒子也下落不明。後來，崔南善也曾臨時在韓國陸軍大學講授韓國歷史，但1955年4月因病倒下。1957年10月10日，崔南善終於走完了他波瀾壯闊且又多災多難的一生。

崔南善晚年的遭遇極其悲慘，曾經風靡整個時代的大智者，在那樣的時代背景之下也束手無策。想起其人其事，不僅悲從中來。

44. 自由主義文學巨匠洪命熹

在「朝鮮三大天才」章節中，筆者曾簡單提及洪命熹。洪命熹和李光洙、崔南善並稱「朝鮮三大天才」、「創造朝鮮文學的三巨頭」、「東京留學生中的朝鮮三才士」。

洪命熹（1888-1968）的長篇小說《林巨正》廣為人知，但人們並不十分了解這本小說的作者。在筆者看來，認真了解洪命熹的人生，便能夠把握近代朝鮮的縮影。

首爾大學教授、文學評論家金允植先生指出：「洪命熹是把李光洙引向文學道路的領路人。」早在1910年前後，李光洙和洪命熹、崔南善，以及他的校友文一平等人，在留學日本期間就開始了親密的交往。

從日本留學時期開始，洪命熹就立志成為一個小說家。他推薦給李光洙的書，要麼是拜倫的詩集，要麼是夏目漱石的小說等文學作品。金允植教授認為，「在那個時期，洪命熹在文學上遠遠領先於李光洙，兩個人幾乎沒有什麼可比性。」（《李光洙的時代》）

李光洙的日記內容，也表明洪命熹對他產生的影響：「去找洪命熹聊天，當天同榻入睡。他似乎也在尋找綠洲，但他肯定不是一個能進入綠洲的人。

「好淒涼。清晨一大早起來讀《藍色小貓》、《我的一夜》等。都很有趣。五點鐘離開洪命熹家往回走，天還黑著呢。」（《李光洙日記》333頁）

在日本這個學知的大熔爐裡，洪命熹開始了他的文學夢。他嚴重的自由主義傾向，表現出一種反抗精神。

洪命熹生於忠清北道槐山郡一個名門望族家庭，其曾祖父、祖父曾分別擔任李朝判書（二品官員）、參判（二品官員），而他的父親洪範植則是一位在庚戌年國恥日自絕身亡的民族志士。洪命熹2歲那年母親

病故，因此他是在曾祖母和姑母的懷裡長大的。他很早就開始學習漢學，在7歲的時候就已經能用漢字寫詩，而且也開始翻閱《三國志》等中國小說。

1900年，年滿12歲的洪命熹與閔泳萬的女兒結婚。而閔泳萬正是日韓簽署《乙巳條約》後自絕殉國的閔泳煥的親戚。據說洪命熹夫妻二人琴瑟和鳴，關係很是融洽，並在15歲那年生下了他們的第一個兒子。18歲時，洪命熹前往日本，在日本中學留學。在1907年至1910年這3年間，洪命熹在日本接受了西方教養主義文化思想，並開始閱讀大量書籍。也正是在這一時期，他結識了李光洙、崔南善等人。

1910年，在20歲時，洪命熹結束了留學生活，突然返回國內。因為他的父親不堪亡國之辱，毅然自絕殉國。洪命熹回國以後，把父親的遺書裝在鏡框裡，掛在了自己房間的牆上。後來，洪命熹曾這樣宣稱：「我不是什麼寫出了《林巨正》的作家，不是什麼學者。我只是一個愛國者——洪範植的兒子。我一生努力堅持自己的操守，唯恐愛國者的榮譽受損，唯恐玷污這個榮譽。」

1913年洪命熹離開朝鮮，踏上亡命中國的道路。在中國，洪命熹和申采浩、鄭寅普等愛國運動家相遇，並接受他們的獨立主義思想影響。1919年，洪命熹回國以後，成為「三一獨立運動」領袖。當然，他因此蒙受牢獄之災，被日本殖民統治者在監獄關了一年。1920年獲釋出獄以後，洪命熹於1924年就任《東亞日報》編輯局長，並於1927年出任《時代日報》社長職務，活躍在輿論界。

1925年1月，洪命熹在《東亞日報》實施了韓國新聞史上最初的新春文藝制度。此後，洪命熹在徽文高等學校、烏山中學、延禧專門學校等校執教。1926年，洪命熹在朝鮮無產階級文學者同盟（KAPF: Korea Artista Proleta Federacio）機關報《文藝運動》創刊號上發表文章，宣導「新興文藝運動」。

　　1927年，洪命熹發起組織由文一平、申采浩、安在護、韓龍雲等28人組成的「新幹會」。洪命熹擔任會副會長一職。「新幹會」這三個字實際上是從「新韓會」的日語發音中得來的。他們意識到有必要把民族主義者和共產主義者聯合起來，組成一個包括各種獨立團體在內的統一組織。共產黨陣營根據共產國際的指示，也感到需要與民族主義陣營合作，組成聯合陣線。可是，新幹會內部的民族主義者和共產主義者發生了矛盾。於是，1931年初，新幹會這個抗日組織解體。

　　1928年開始，洪命熹在《朝鮮日報》上連載他著名長篇小說《林巨正》。在此後的12年間，由於各種原因，小說連載時而中斷。1940年10月，《林巨正》這部長篇歷史小說最終停止連載。在連載期間，這部小說在朝鮮社會引起了巨大迴響，被當時的評論界譽為「朝鮮第一部名作」、「朝鮮現代文學巨塔」等。

　　洪命熹援用《摸蝲蛄》、《明宗實錄》等史料，並加入野史內容，成功塑造了1559年朝鮮半島出現的俠盜「林巨正」這個人物形象。洪命熹之所以選擇歷史題材，是為了規避日本殖民統治的審查。在書中，他展開卓越的想像力，向現實社會發出挑戰。林巨正劫富濟貧，機智勇敢地與貪官污吏鬥爭的故事，也在社會各界獲得了一致好評。

　　1945年以後，洪命熹加入朝鮮文學家同盟，並被推選為中央執行委員會委員長。1947年，他著手籌建左翼民族獨立黨。在1948年參加南北聯席會議期間，洪命熹趁機投奔北朝鮮。後來，洪命熹歷任朝鮮民主主義人民共和國內閣副首相、科學院院長、最高人民會議常任委員會副委員長、祖國和平統一委員會委員長等職。1968年，洪命熹逝世，時年80歲。與李光洙悲慘的晚年相比，洪命熹的晚年可謂是幸福的。

45.「朝鮮學」的開拓者文一平

文一平（1888-1939）對於我們來說並不是一個熟悉的名字。但作為與李光洙、崔南善、洪命熹同時代的先驅者，文一平也是一位著名的文化人、知識份子和獨立運動家。

在日本留學期間，文一平和李光洙是同一年級，兩人關係十分親密。此外，文一平和洪命熹也很交好。在李光洙看來，文一平始終是一個莊子式的智者。

1910年1月2日，李光洙在日記中這樣記述他們之間的交往：「在本鄉座觀看《奧賽羅》。趁中場休息，翻閱夏目漱石的《三四郎》。拜訪文君（文一平）。他希望能與我靈犀相通，而我愉快地表示贊同。他稱我為『破壞性的男孩兒』，說我照這樣下去，定將驚世駭俗。有一次，他甚至還說，『我將因你而聞名於世。很多人都認為你目空一切，所以都不喜歡與你交往。但在我看來這是理所當然的事情。除非是一個虛偽的人，否則很難被世人接受——這是人之常情。但你不喜歡虛偽。所以他們才不喜歡你。不過我相信你。大人物通常會遭到世俗的排斥。』每次見到我，他都會稱讚我。不過，他的稱讚看上去都是由衷而發的。因為聽上去不那麼刺耳。其實，我自己一直以來也是這麼想的，但聽他這麼說，我就更有自信了。也許是由於這個原因吧，總之我很滿意他這麼說，而且我也因此獲得了勇氣。」

在李光洙的眼裡，文一平有時顯得城府很深，而且經常表現出一種紳士風度。事實上，後人也對文一平做出過這樣的評價：「文一平是一個廉潔高尚之人。」文一平1888年出生於平安北道義州市，自號湖岩。從幼年起，文一平就開始學習漢學，並於1908年畢業於明治學院中學部。此後，文一平在平壤大成學校以及漢城徽新學校執教。

如果說洪命熹和李光洙立志成為一個文學家，那麼文一平從留學

時期開始，就夢想成為一個歷史學家，因此在歷史學領域，他掌握的知識遠多於李光洙。文一平一直都很崇拜奧托・馮・俾斯麥（Otto von Bismarck）和拿破崙，而且也很敬仰日本明治時期的政治家大久保利通和伊藤博文。

1910年日韓併合以後，深切感受到亡國之痛的文一平為了拓展自己的視野、尋找救國道路，再次到日本早稻田大學高等預科留學，並於1911年進入政治學系。在政治學系就讀期間，文一平除了學習政治學和西方史學以外，還深深陶醉於日本著名小說家、知識份子坪內逍遙（1859-1935）的文學講座。

在這段時間，文一平和同在早稻田大學留學的安在鴻、金性洙等人結下深厚友誼。早稻田大學是近代日本一所著名的私立大學，與慶應大學、同志社大學一樣，提倡自由與獨立學風。文一平就是在這樣一所大學奠定了他的學術基礎。1912年，文一平結束了留學生活，為尋找救國救民的道路，來到中國上海。

當時，申采浩、申圭植、洪命熹、鄭寅普等人都已聚集在上海。文一平來到上海以後，在《大共和報》社擔任翻譯、記者工作。通過實地採訪金玉均被暗殺現場（東和洋行），文一平一步步摸索朝鮮獨立方向。後來，文一平回到朝鮮，在漢城一所中學執教。從1920年開始，文一平在《中外日報》、《朝鮮日報》上連續發表多篇文章。1933年開始，《朝鮮日報》進行體制改革以後，文一平重新加盟，並致力於發掘文化史意義上的歷史史實，同時深入研究外交史。

1948年出版的《湖岩全集》收錄了文一平有關政治外交史、文化風俗史等朝鮮歷史、文化、外交方面的文章。洪以燮在出版於1944年的《朝鮮科學史》上提到兩位提升了韓國學術水準的人物，而這兩人就是文一平和鄭寅普。

在日本的殖民統治環境下，宣揚「朝鮮心」的愛國學者，正是文一

平、洪命熹、安再浩、鄭寅普等人。文一平通過發掘和整理朝鮮後期的實學，並從朝鮮實學學術角度出發，對其予以高度評價。

當時，朝鮮實學也被學術界稱為「朝鮮學」。而對朝鮮學的發展起到關鍵作用的人物，也是文人兼歷史學家文一平。

林正赫教授說，文一平居住在平壤的侄子最近寫了一些有關他的隨筆文章，其中有不少有關文一平有趣的軼聞。比如說，文一平給一個民族資本家生產的橡膠鞋起了一個別致的名字：「龜甲船」，於是這款橡膠鞋很快暢銷起來。但據說，文一平對此很低調。2008年在首爾出版的《文一平──1934年殖民地時期一個知識份子的日記》，也披露了文一平鮮為人知的家庭生活。書中說，文一平為了祖國處心積慮，鞠躬盡瘁。文一平曾這樣說道：「為了能看到未來文明之花綻放，今天就應該播撒種子──人類的希望就在這裡。」

文一平給所有朝鮮人植入了一顆「朝鮮心」，在朝鮮大地上播撒了「朝鮮學」的種子。他是朝鮮歷史上又一位值得我們珍視的文化人、歷史學家和民族瑰寶。

46. 植物遺傳育種學界國際著名學者──禹長春

「種子是一個小小的宇宙。」「意識在沉睡之際，它是一粒種子；而意識開始活動時，它就變成了一個人。」這是被稱為「近代韓國農業之父」的植物學家、農業學家禹長春的宇宙觀，也是他的哲學觀。禹長春（1898-1959）從出生之初，就非同尋常。

禹長春的父親禹範善（1858-1903），是參與了1895年暗殺明成皇后事件的武官，而他的母親，則是禹範善在亡命日本期間相識的日本女子酒井。在禹長春5歲那年，父親禹範善被明成皇后的僕人孔榮根在下

關殺害了。禹長春自幼發奮讀書，在下關一所中學畢業以後，計畫考入東京帝國大學工科。朝鮮的開化派領袖朴泳孝考慮到禹長春自幼喪父，生活困難的現實情況，向他提供了學費支援。在朝鮮總督府的要求下，禹長春考取了東京帝國大學農業系，並於1919年學成畢業。「三一運動」爆發之際，禹長春依然置身事外，專心致力於自己的研究工作。

禹長春後來回憶說，他的母親總是向他強調：「你父親是一個優秀的人。你應該成為你父親國家的有用之才。」從中學時代開始，禹長春就是一個安靜的男孩，因此也不是一個引人矚目的學生。

東京帝國大學畢業以後，禹長春在日本農業省「西華原農事試驗研究所」就職，專心研究牽牛花遺傳研究。1922年，他發表了第一篇論文《關於可通過種子進行識別的牽牛花品種的特性》。

1924年，禹長春年滿26歲，他與鄰居（寡婦）家的女兒渡邊小春（22歲）結婚。據說，女方家庭最初並不贊同這門親事。但是，渡邊小春的態度十分堅決，寧願與娘家斷絕關係，也堅持要嫁給禹長春。最終，他們二人終於結為夫妻。禹長春出生時，是用日本姓名須永長春登記戶籍的。因為他出生時，就成為父親的好友、曾支援過金玉均朝鮮獨立運動的日本漢學家、實業家須永元（1868-1942）的義子。

禹長春雖然不會說朝鮮話，但他從來沒有忘記自己是一個朝鮮人的後代，並始終以一個朝鮮人自居。

1926年，禹長春調動單位，開始在鴻巢市實驗基地所屬研究室工作，著手改良蔬菜種子。1927年，僅在一年時間內，禹長春就連續發表了三篇有關牽牛花的研究論文。1930年，他的學術論文稿件因一場火災而遭焚毀。但是，他憑著自己的記憶，重新整理出完整的論文，並於1936年獲得東京帝國大學農學博士學位。他提交的博士論文的題目為《種的合成》。

1931年，禹長春第一個研究出用西方蔬菜花粉為日本雜交蔬菜授粉

的方法。針對在細胞學意義上和現有西方菜種一致的西方菜種、圓白菜、日本傳統菜種，禹長春通過遺傳基因分析，闡明了這三者之間在細胞學意義上的關係。由於發現了這種三角關係，禹長春在世界遺傳學界獲得了廣泛關注。

　　既然已經獲得了博士學位，他顯然不可能繼續滿足於原來的技師職位。於是，禹長春於1937年辭去職務，到中國青島來考察中國棉花。當年9月，禹長春就任京都契丹種苗會社支社長，開始著手有關花卉、蔬菜類育種植物激素方面的研究工作，出版了《園藝與育種》等專著。通過相關的深入研究，禹長春在日本植物、蔬菜育種的理論建設和相關科學研究與實踐領域做出了重要的貢獻。

　　1945年9月，禹長春辭掉了契丹種苗會社的工作，度過了大約4年閒雲野鶴般自由自在的生活。

　　1948年7月，大韓民國正式成立，李承晚當選韓國大總統。韓國國內發起了一場「召回禹長春博士的運動」。當時，韓國還處於政治上的混亂時期，由於大量人口開始集聚到城市，韓國出現了嚴重缺乏糧食、農業種子、肥料等現象。這一時期，韓國有80%以上的農業人口。

　　不會說韓國話的禹長春陷入苦惱之中。最終，在韓國知識份子階層和釜山東萊園藝高等學校校長金興洙的活動下，禹長春決定把妻兒留在日本，獨身一人前往韓國。當時，禹長春已經52歲。禹長春換上了一身韓服，在專門為他召開的歡迎大會上這樣說道：「至今為止，我為了母親的國家日本，付出了遠超出日本人的努力。但從現在開始，我將為我父親的祖國韓國，貢獻我的力量。我在此莊嚴承諾，我將終老這個國家。」

　　在李承晚大總統的支持下，禹長春就任韓國農業科學研究所所長職務，開始著手培育對韓國人來說最為重要的蔬菜——蘿蔔、白菜的種子。1950年，由於朝鮮戰爭爆發，整個韓國出現巨大動盪。但禹長春毫不為時局所動，制定了具體的研究計畫，繼續埋頭研究工作。1953

年，韓國農業科學研究所改稱為中央園藝技術院，禹長春當選為第一任院長。當年，禹長春的母親去世，但李承晚總統沒有批准他回日本處理喪葬事宜。因為李承晚擔心禹長春一去不回。1957年，在禹長春的努力下，韓國的蘿蔔、白菜生產實現了滿足自給需求，因此韓國百姓得以大量醃製泡菜。此後，在韓國農業領域做出卓越貢獻的人，都是禹長春博士的弟子。

1959年，在韓國農業發展事業上做出卓越貢獻的禹長春與世長辭，享年62歲。有關禹長春的業績，後來也出現在了韓國的教科書中。禹長春被譽為一個模範的愛國主義者，並受到了廣大韓國民眾的敬仰。

1959年，禹長春在病榻上獲頒大韓民國文化勳章。他接過勳章感慨萬千，激動地說：「多謝……祖國還是承認我的。」禹長春身為一個日本人，卻以一個韓國人的身分走完了自己的後半生。可以說他是一位真正的國際愛國主義者。禹長春生有六個女兒，其中四女兒是京瓷株式會社（Kyocera Corporation）的創建者稻田盛夫的夫人。韓國釜山市東萊區建有禹長春博士紀念館，而他的墳墓則位於水原市麗妓山。

47. 近代東亞的教養主義

首先讓我來解釋一下教養主義的概念。教養通常含有「通過文化享受來實現人格的形成」的意思。教養是以近代日本為首，在韓國、中國形成的規範文化。日本代表性的詞典《廣辭苑》對教養的解釋是：「通過教育而培養；教養有別於單純的學識、博學，而是指通過樹立某種文化理想，並據此掌握的個人創造性的理解能力或知識。」韓國的詞典中對教養的解釋與此相仿，但在中國，對教養的理解主要還是「通過教育而培養」。

　　事實上，教養或教養主義這個說法，更多地包含了《廣辭苑》的第二種解釋，即，通過獲得文化、知識、見聞，形成高層次的人格；是一種觀念意識。這種教養主義誕生於近代日本，而「教養」這一辭彙同樣也是誕生於日本的。

　　歷史社會學家、京都大學教授簡井清忠先生在其論文中指出，最初提出並使用「教養」一詞，對其概念加以整理歸納的是日本著名哲學家、學者和辻哲郎（1889-1906）。1918年，和辻哲郎把教養主義觀念概括為：「通過數千年來人類積累下來的精神遺產──藝術、哲學、宗教、歷史，鞏固作為一個人的素質。」

　　在明治時期，日本基本上是在「教育」的意義上使用「教養」的。也就是說，在這一時期，教養的理念是包括在當時盛行的修養主義觀念當中的。修養主義思想強調的是「提升並完成人格」，並提倡通過各種手段，「努力提升一個人的人格」。簡單說來，教養指的是：在修養主義時代，通過「學歷精英」獲得修養。

　　明治時期末期，在1890年代以後，日本由於受到西方文明的影響，國家體制進一步得到完善，「立身揚名」、出息等個人主義思想，逐漸轉變為為了國家的「富國強兵」、「天下國家」的理念。於是，以和辻哲郎為首的教養主義知識份子受到修養主義的排斥，被扣上了「教養主義者」的帽子。

　　從此開始，教養主義逐漸被日本人視為一種精英文化。日本的教養主義，當然無法與西方的教養主義分開。1893年，德國學者凱貝爾就任日本東京帝國大學講師，並培養出西田幾多郎、和辻哲郎等哲學思想家。凱貝爾把德國的「教養」文化傳播到了日本。從《凱貝爾博士小品集》（1919）中可以看出，他的教養理念已經被日本學生所接受。

　　屬於精英文化的教養主義和屬於大眾文化的修養主義就這樣在明治時期末期形成。直到1970年代為止，教養主義作都成為日本精英文化

中一種規範文化，產生了極大的作用。

日本的「學歷精英」中有很多都是中下層階級出身。對他們而言，教養主義也是他們通過努力，獲得受人尊敬地位的道路之一。眾所周知，拋開讀書，我們就無法言及「學歷精英」。曾經有一份關於讀書習慣的調查資料《過去高等學校全書》，資料表明，高等學校學生的教養主義過程，大都是通過讀書來完成的。日本傳統雜誌《改造》、《中央公論》、《KING》、《新潮》、《文藝春秋》、《古學知識》等都是2、30年代這些學生喜歡的雜誌。

在日本有一個令人驚奇的現象：到1970年代為止，很多日本學生都閱讀了大量馬克思主義書籍以提高自己的教養水準。即使是在今天的中國，通讀馬克思《資本論》的知識份子也不多見。但在日本，無論是否信奉馬克思主義的人，都曾把《資本論》作為古典教養類書籍來閱讀的。

他們當然大量閱讀了日本的文學書籍、世界文化書籍、哲學書籍、歷史書籍。因此，大量閱讀古典著作的、有教養的人，一度成為吸引異性關注的品質。所以，在日本軍國主義急劇膨脹的時期，幾乎沒有日本青年人盲從軍國主義思想，因為他們具備了深厚的教養。這種教養主義，即使是在戰爭期間，也通過那些用教養主義武裝起來的精英學生發揮了作用。1930年代，日本的軍國主義盛極一時，反而是在這一時期，教養主義作為一種舊制高中生的文化完全形成。

看不見摸不著的教養，具有如此巨大的力量。日本學生把教養主義視為一種抵抗軍國主義的武器和防波堤。在戰爭時期，教養主義文化完全成熟。在戰爭結束以後，每所大學都成立了教養學系，並得到長足的發展。

中國近代的讀書人，或知識份子精英，也都通過日本（留學）吸納了教養主義，但更多地傾向於將教養主義視為「立身揚名」、提高自己社會地位的手段。中國的文化精英總是與官場和政治聯繫在一起，其原

因也正在於此。

　　日本的教養主義貫穿於人格完成的理念，幾乎看不到它與政治和社會地位產生過聯繫的現象。現在，包含在教養主義的「教養」包括如下內容：①作為專業基礎的教養——語言學能力；②作為淵博知識的教養——無論人文社會學專業人士，還是自然科學界專業人士，都應掌握的淵博的知識；③作為通過學習各種文化知識形成高層次人格意義上的教養。具有教養的人格的形成，不是一種可以克服現在盛行的物質主義或拜金主義的宗教，但卻起到了類似於宗教的作用。筆者在這裡，希望東亞社會能夠大力提倡、復興教養主義。

48.「近代中國留學之父」容閎

　　1911年，辛亥革命爆發以後，容閎聽到武昌起義成功的消息，興奮異常。12月，他給自己的朋友謝纘泰連寫了三封信，提醒他革命黨應該警惕袁世凱，團結一致，防止引發內訌。

　　由此可以看出，容閎具有卓越的預見能力。

　　容閎（1828-1912）是中國近代史上第一位留學生，是名副其實的「中國近代留學之父」。同時，容閎也是中國近代教育事業的「接生婆」。不僅如此，他也是一位政治改革家、實業家，通過留學，在東西方文明遭遇過程中，率先意識到了近代的意義。

　　1828年11月17日，容閎出生於廣東香山縣南屏村一戶貧困的農民家庭。7歲時，容閎在澳門的一所華僑學校學習英語、自然科學，以及中國古典四書五經等。此後，容閎逐漸成長為和魏源、林則徐一樣放眼世界的社會精英。

　　1847年，容閎跟隨美國教育家勃朗（Rev. Samuel Robbins Brown）

踏上了留學美國的道路。在繁華的近代大都市紐約，容閎深深陶醉於近代文化與文學中。他通讀了狄更斯、莎士比亞等人的著作，而且也接觸了大量西方哲學家、思想家、社會學家的著作，並在這一過程中開始吸納西方近代文明。

容閎是中國第一個體驗並領悟到西方近代啟蒙思想、近代文明的人。1848年，他進入耶魯大學，並以他腦後的那根長辮和獲得的優秀成績引起眾人關注。

在耶魯大學留學期間，容閎痛切地認識到中國至今還不了解西方近代文明的封閉狀態。在他看來，中國還一味地陶醉在「世界中心」的妄念之中，他也因此而認識到留學海外的重要性。

1854年，容閎以優異的成績大學畢業，並獲得了文學學士學位。當年，容閎啟程回國。但是，對世界形勢一無所知的清政府，不可能認識到這中國第一個「海歸」的價值，當然也就沒有給予足夠的重視。於是，容閎輾轉於廣東、香港等地，從事各種職業，最後來到了上海。在上海，容閎結識了著名數學家李善蘭等社會名士，而這些人是當時僅有的少數了解西方文明的人。

李善蘭後來成為曾國藩的幕僚，與此相反，容閎則希望藉助太平天國之力，改造中國。1860年，容閎結識洪仁玕，並向其提出改革建國的策略。具體內容為：①創建近代軍隊；②創建陸軍士官學校；③創建海軍學校並組建中國海軍；④採用優秀文人組成有效的政府；⑤設立近代銀行、金融機構，並確立度量衡標準；⑥確立近代學校教育體系；⑦創建各種實業學校等。

這七項具體方案中，包含了建設近代中國資本主義的詳細內容，因此可以說，是當時非常先進的一個方案。但是，當時的中國社會，還無法真正理解和接受他的方案。他的設想還為時過早。

容閎逐漸對太平天國失望，並在曾國藩的「三顧茅廬」下，終於在

1863年入幕曾國藩，和李善蘭、華蘅芳等人一起輔佐曾國藩。與容閎見面以後，曾國藩委任他為兵工廠的負責人。於是，容閎前往美國，購回大量新式武器，並著手創建著名的江南造船廠。當時，容閎已經意識到人的素質比武器更為重要的道理；並認為提升人的素質，最好的辦法就是到先進國家留學。

1872年，在容閎的努力下，30名年僅12歲左右的中國留學生離開上海，前往美國留學。中國近代「鐵路之父」詹天佑便是這批留學生之一。但是，由於內訌等原因，留學事業遭受挫折。1881年，留學美國的學生分3批回國。而在同一時期，日本卻派出了數千名留學生到美國學習；學成回國的學生，也被分配在各領域的重要位置上。留學生政策的成敗，似乎也象徵著近代中日兩國的命運。

1890年，容閎建議請政府建立國立銀行，並將其付諸實施。就在這時，容閎再次遭到了來自周圍的阻撓，於是他的金融事業計畫也宣告破產了。後來，在戊戌變法期間，容閎轉而支持康有為、梁啟超等變法派。此後容閎仍與國內各派改革力量聯繫，漸趨支持孫中山所進行的革命活動。1909年初，容閎提出了「紅龍計畫」，即為了武裝鬥爭的順利展開，用500萬美元購買10萬支槍、1億發子彈。1910年2月，他給孫中山寫信，詳細介紹了這一計畫的具體實施方法。

他的「紅龍計畫」最終未能實現。但是，他提出的集中人力和財力，展開大規模武裝鬥爭的戰略思想，卻被黃興等人所接受。

容閎是一位至今還被中國所忽視的近代第一位知識份子，他是具備了國際眼光的覺悟了的智者。中國社會科學院近代史教授雷頤先生曾這樣指出：「（在近代史上），有很多人由於思想及自身利益等原因，未能超越自己的立場和觀點。但容閎超越了自己曾經參與的、或曾經起到重要作用的階段，毅然投身於新的歷史階段。從太平天國到洋務運動，從維新運動到推翻清王朝的革命運動，容閎都敏銳地把握了歷史的潮

流，與時代同步向前。容閎這種思想、實踐特點，在中國近代史上確實是非常稀有的。」

雷頤先生這樣高度讚賞容閎：「他象徵著中國近代知識份子的誕生。」

49. 中國近代知識份子的鼻祖——嚴復

比容閎小了差不多一代的嚴復（1854-1921），應該被視為中國近代知識份子的鼻祖。如果說容閎是第一位吸納並實踐了西方近代實用主義的人，那麼嚴復便是第一位努力向中國介紹、傳播西方文明、思想的教育家和思想家。

嚴復對中國近代的貢獻，首先在於他向中國介紹、傳播西方思想這一點。尤其值得一記的是，《天演論》（1898年正式出版）是當時思想界最具影響力的圖書之一。《天演論》是第一本向中國正式介紹進化論思想的圖書，同時也是第一本正面論述近代西方思想的圖書。

《天演論》實際上是一篇十分精彩的政論文。該書認為萬物均按「物競天擇」的自然規律變化，「物競」就是生物之間的「生存競爭」，優種戰勝劣種，強種戰勝弱種；「天擇」就是自然選擇，自然淘汰，生物是在「生存競爭」和「自然淘汰」的過程中進化演進的。聯繫甲午戰爭後國家危亡的狀況，向國人發出了與天爭勝、圖強保種的吶喊，指出再不變法將循優勝劣敗之公例而亡國亡種！《天演論》揭示的這一思想，結合介紹達爾文生物進化論及西方哲學思想，使當時處於「知識饑荒」時代的中國知識界如獲至寶，產生了振聾發聵的影響。

嚴復認為，西方和中國的思維方式的差異，是決定兩者之間產生「力學差距」的決定性因素。他也對西方果斷的活力大加讚賞，同時批

判了中國的消極和虛弱，並得出這樣的結論：西方文明是「動」的文明，而中國文明則是一種「靜」的文明。

1854年1月8日，嚴復出生於今福建省福州市倉山區蓋山鎮陽岐村一中醫世家。13歲時，嚴復進入福州船政學校就讀，接受新式教育。這所學校是在左宗棠的建議下，由沈葆楨主導創建的，是一所中國最初由海軍工廠設立的學校。當時該校設立的科目有英語、代數、幾何、物理、化學、地理、天文等。

1871年，嚴復以優異的成績在該校畢業，隨後於1876年進入英國海軍學校學習，並在次年前往英國留學。當時，英國以偉大的思想家達爾文、赫胥黎、史賓塞等人的進化論震驚世界。親身體驗歐洲社會，接觸西方思想，在嚴復形成自己獨特思想過程中產生了決定性的影響。

歸國以後，嚴復於1880年受聘擔任由李鴻章創建的天津海軍學校（北洋水師學堂）總教習（教務長）。但嚴復並沒有受到李鴻章的重用，因此也未能對海軍建設做出更加輝煌的成就。然而，與他同時留學英國的伊藤博文、東鄉平八郎等人卻都成為日本近代化進程的主要領導者，並將日本引上了一條近代化強國之路。

嚴復在北洋水師學堂當了20年之久的總教習，因此也對自己未能為國家做出更多貢獻之事深感遺憾。於是，他決定通過著述和翻譯活動，促進中國的近代化進程。他認為，自己首先應該成為一名政治評論家、文明批評家，並正式介入這一領域。

他大聲疾呼，國家的強盛首先在於提高國民的思想意識，並傾盡自己的精力，投身於譯介西方思想書籍的事業。

1897年，嚴復在天津創辦了《國聞報》，並於次年出版了自己的譯著《天演論》。此後，在15年時間裡，他翻譯、出版了大量史賓塞、孟德斯鳩等人的西方思想書籍和哲學書籍。在他的努力下，近代中國人得以大量接觸西方的進化論、社會法則、邏輯學、自由貿易、自由、人

權等領域的書籍。

在嚴復的言論活動中，發表於《直報》的議論文，幾乎包含了他所有的思想。其中較為著名的，是嚴復對八股文的批判。在嚴復看來，佔據著科舉考試制度中心地位的八股文，就是使中國深陷危機的根源所在，也是中國在知識層面上墮落的象徵。因此他主張廢止科舉制，向大眾普及西方的科學思想。嚴復在強調中國的科舉制和西方科學之間的差異的同時，強調西方科學嚴謹的邏輯性；他認為，嚴謹的邏輯乃西方科學的支柱。

另外，嚴復也指出，西方科學是以嚴格的驗證為基礎的知識，各學科之間相互有機地聯繫在一起，形成完整的體系。與此相反，中國的學問只不過是一種偶然得到的知識的積累，從嚴格意義上講，很難能稱得上是一種學術。他說，正如中國學問的虛偽性一樣，中國的傳統秩序方法，導致了中國的無知、虛弱與貧困。嚴復據此主張，應該拋棄阻礙自由思想的聖人之道。

嚴復強調，中國得以在世界上繼續生存下去的道路，在於發展愛國主義、民族主義，培養科學與自由、教育體系，鼓勵民眾獲取正當私利。

著名史學家徐中約（1923-2005）在其著作《中國近代史》中指出，近代中國之所以對嚴復刮目相看，既因為他先進的思想，同時也因為他優美的文筆。他這樣評價嚴復：「嚴復那高尚、深奧、精練及優雅的文風，深受好評，但卻妨礙了群眾的接受，其文章僅僅吸引那些少數受過教育的精英，梁啟超便是其中之一。因此，他的影響範圍極其有限，但是嚴復之不朽，在於他是中西方化交流史上的里程碑。」

50. 近代中國翻譯大家——林紓

　　林紓（1852-1924）是與嚴復珠聯璧合的中國近代西方文學翻譯大家。作為和嚴復同時代的人物，林紓側重於西方文學作品的翻譯，他與嚴復側重於譯介西方文化這一點上是有所不同的。

　　林紓並沒有像嚴復那樣留學西方的經歷，也未曾在中國擔任過什麼官職，而且更不懂外語。他是通過別人的口譯，將外國文學作品翻譯成中文的。林譯小說的譯筆有其獨自的特色和成功處。如所譯《撒克遜劫後英雄略》，頗能保有原文的情調，人物也能傳原著之神。《孝女耐兒傳》（即《老古玩店》）中，不僅原作情調未改，有時連最難表達的幽默也也都表現得淋漓盡致。

　　林紓，字琴南，號畏廬，別署冷紅生，1852年出生於福建閩縣（今福州），和嚴復可謂是正宗的同鄉。從幼年起，嚴復便酷愛讀書，早年已通讀《史記》、《毛詩》、《尚書》等古典。林紓18歲時與夫人劉瓊姿結婚，28歲考上了秀才，並在31歲時考中舉人。但他的仕途始終不順。因此，他定居在杭州，以教書為生。

　　林紓一生沒有一官半職，雖然身為平民，卻對維新思想情有獨鐘，始終關注著國家的命運。1895年，清政府在中日甲午戰爭中失敗以後，與日本簽署了《馬關條約》。林紓立刻與高鳳歧等友人聯合上書朝廷，表示抗議。

　　經過了辛亥革命以後，進入民國時代，林紓不再關心世間萬事，開始採取犬儒主義態度對待世事。即使是陳獨秀等新文化運動領袖宣導的白話運動，他也報以冷嘲熱諷。他始終對清政府懷有留戀，尤其是到了晚年，越發傾向於固守傳統。1924年，73歲的林紓逝世。

　　從青年時代開始，林紓就一直不得志，據說他因此而終生鬱鬱寡歡。徐中約認為，林紓「是一個結核病人，敏感、緊張、傷感，而且易

衝動。家人的陸續死亡——1895年母親去世，1897年妻子去世，隨後兩年裡兩個孩子也死去——使他陷於絕望和孤獨之中。」

他的朋友們為了排解他的煩惱，主動找他長談。一句外語都不懂得林紓能成為一位翻譯家，其偶然中還有一種必然的因素。當時，他的朋友魏瀚、王壽昌、高而謙經常與他相聚，其中，王壽昌是一位曾經留學法國的知識份子，也是一位晚清秀才。有一天，王壽昌向他提議兩人合作翻譯小仲馬的《巴黎茶花女遺事》一書。王壽昌是福州水師學堂的學員，後在巴黎大學學習法律。聽王壽昌簡單介紹以後，文學素養深厚的林紓立刻感覺到這部小說的魅力。於是，數日以後，他們乘船前往福州名山石膏山。林紓也就是在這條船上開始著手他的第一篇翻譯處女作。

王壽昌坐在旁邊口述，而林紓則鋪開紙張揮毫成文。這種「口譯」十分成功，為林紓以後的翻譯設定了模式。林紓的文筆十分迅捷，以致於他的譯文常和口譯同時完成。林紓也對自己的文筆相當自信，他在日後曾這樣自誇：「耳受手追，聲已筆止。」使他名聞遐邇的第一步譯著就這樣誕生了。

這部作品可謂是第一部影響了近代中國的西方小說，在全國範圍內獲得了廣泛好評。當時，小說在中國已經處於沒落階段，而林紓的翻譯小說，一舉提升了小說在廣大讀者心目中的地位。這也向中國傳統觀念提出了挑戰。

林紓的翻譯在此後逐漸拓寬範圍，涵蓋了愛情小說、社會小說、寓言故事、傳記文學、偵探小說等。林紓一生翻譯的著作共計159部，達1200多萬字。他以優雅、嚴謹的文風，消除了小說在讀者心目中的粗俗形象，將小說從文學的邊緣地帶拉回到中心位置。林紓的工作，無疑為梁啟超於1902年得出《小說為文學之最上乘》這樣的結論奠定了基礎。

林紓表達原著的感情非常成功，因而有時人們認為其譯文比原作更勝一籌。因此，作為他的後來人，「五四」時期的主要作家、文人，幾

乎都受到了他的影響。魯迅兄弟、郭沫若、沈從文等中國近現代文學大家，據說也都是林紓小說迷。

由於林紓的翻譯活動，西方文學作品被大量譯介到中國；透過「林譯小說」，廣大中國民眾才得以了解西方的風俗、社會、文學觀念、倫理觀、家族觀以及價值觀等。林紓通過自己的實踐，向世人證明，文化是可以通過翻譯進行了解的主題。

51. 中國近代史上百科全書式的人物──梁啟超

梁啟超（1873-1929）和康有為一樣，都是戊戌變法的發起者。但梁啟超在不同領域，都在中國近代史上留下了自己的足跡。在思想、新聞出版、學術、政治、政論、教育、文學等諸多領域，梁啟超都發揮了巨大的影響。可以說，他是中國近代史上一位百科全書式的人物。

梁啟超字卓如，一字任甫，號任公，又號飲冰室主人、飲冰子、哀時客、中國之新民、自由齋主人，廣東新會人士。梁啟超出生於1873年，可以說是嚴復的後一代中國知識份子。1889年，梁啟超16歲，便在廣東鄉試上中舉。次年在會試中落榜以後，梁啟超開始受學於康有為。1891年隨康有為就讀於萬木草堂，接受康有為的思想學說，並由此走上改革維新的道路。

中日甲午戰爭爆發以後，梁啟超隨同康有為投身於變法運動。1898年，梁啟超回京參加「百日維新」。7月，受光緒帝召見，奉命進呈所著《變法通議》，賞六品銜，負責辦理京師大學堂譯書局事務。

同年9月，政變發生，梁啟超逃亡日本，一度與孫中山為首的革命派有過接觸。作為一名改良派和立憲派，梁啟超也曾與孫中山等革命派展開爭論。

武昌起義爆發後，他企圖使革命派與清政府妥協。民國初年支持袁世凱，並承袁意，將民主黨與共和黨、統一黨併合，改建進步黨，與孫中山領導的國民黨爭奪政治權力。1915年底，袁世凱稱帝之心日益暴露，梁啟超反對袁氏稱帝，與蔡鍔策劃武力反袁。1918年底，梁啟超赴歐，了解到西方社會的許多問題和弊端。回國之後即宣揚西方文明已經破產，主張光大傳統文化，用東方的「固有文明」來「拯救世界」。

他始終帶著飽滿的情緒投入到輿論活動當中，尤其是他在流亡日本期間提出的輿論學說，受到後來的胡適、魯迅、陳獨秀、毛澤東等中國叱吒風雲人物的追捧，對中國革命產生了深遠的影響。

梁啟超能超越政治立場的局限，產生如此巨大的迴響，也很好地說明了清末時期在動盪的世界形勢下，他所起到的作用。當時，日本已經成為東亞學知的大熔爐，因此其中包含了西方最新的思想、意識、真知灼見和各種學說。

梁啟超的思想、言論體系是在日本學習、吸納西方文明過程中形成的。在社會進化論、盧梭的民約論、明治時期的國家思想等綜合影響下，梁啟超在西方社會進化論框架內把握世界，並試圖將中國打造成一個「國民國家」，進而培養中國的國家主體──「國民」。梁啟超的主張，成為後來的中國知識份子認識世界的共同基礎。

梁啟超很早就通過日本發達的新聞出版業，體會到了輿論媒體的重要性，並將報紙作為自己傳播思想的工具。日本明治時期的政治家犬養毅曾經對他說過：「日本在維新以來的文明普及過程中有三個方法：學校、報紙、演講。」梁啟超正是想在自己的現實活動中實踐犬養毅的思想。

梁啟超希望通過在1902年創刊於橫濱的《新民叢報》，向中國人傳播自由、民權、平等、國名、國家意識等，以此來普及歐美的文明，建立一個共和國。1895年，梁啟超年僅25歲，便已經在上海創辦了《時務報》雜誌，創造了發行量達17000份的紀錄，一度被人們稱為「雜誌

之王」。

自變法維新以來，梁啟超傳統的「傳世之文」思想，轉變為「覺世之文」思想，立志於喚醒中國民眾。北京大學夏曉虹教授認為，梁啟超的覺世之文行文流暢、立意深刻、邏輯清晰；這些標準文章刊發於報刊，獲得了絕佳的社會效果。梁啟超的文章從市場原理出發，以近代市民社會的語言，深深吸引了廣大勞動群眾。

梁啟超所希望的，也正是通過向中國人傳播國家、民族觀念，以達到啟蒙的目的。於是，梁啟超擺脫了尚古的歷史觀和思想，運用進化論思想，去把握和解釋中國歷史。他拋棄正統的歷史觀，也是由於他亡命日本以後接觸到了新的歷史學。

通過《新民叢報》，他連續發表了《新民說》、《新史學》等喻示思想發展進程的重要論文。國民、國家、愛國主義、團結等概念超越了進化概念，成為他的關鍵字。梁啟超與日本同盟會機關報《民報》展開辯論，對革命提出了反對意見。他認為，如果按照革命派的主張，通過革命手段推翻清政府，就將給西方列強提供可乘之機，使其趁機分割中國。

梁啟超的學術思想始終存在不夠完善的缺點，而且也過於頻繁發生變化。對此，梁啟超自己也曾總結說：「往往為了適應事物，而改變自己的思維方式。」

梁啟超與辛亥革命以後回國，並介入政壇，參與熊希齡內閣，後來也曾加入段祺瑞內閣。1920年，梁啟超退出政界，開始專心著述。1929年，梁啟超離世，享年56歲。

梁啟超是中國近代智者隊伍中的旗手。在他的身後，出現了眾多的追隨者。他以自己獨特的文體，開創了「新民體」。通過新聞媒體和他那極富感染力的文體，梁啟超在中國近代啟蒙時期成為一顆耀眼的星辰。日本近代智者德富蘇峰曾評價梁啟超和李光洙二人為「中朝兩國首屈一指之人。」

52. 死無葬身之地的朝鮮女先覺者──羅蕙錫

在對中日韓三國近代女性先覺者的命運進行比較的過程中,筆者發現,處於儒教絕對的倫理觀和價值觀支配之下的朝鮮女性,更具有悲劇色彩。

儒教在日本並不像在中韓兩國那樣深入人心,因此對女性先覺者的歧視程度也不很嚴重。1910年代,朝鮮的女性先覺者通過出版社登上文壇,並宣揚性的解放、自由戀愛、新女性等觀念,結果遭到了朝鮮社會的排斥。在朝鮮傳統社會看來,這些女性無異於擾亂社會秩序的牛鬼蛇神。由於她們過早覺醒,絢麗綻放的花朵,在一夜之間便盡數枯萎,彷彿遭到寒霜摧殘一般。

羅蕙錫(1896-1948)正是這樣一位女性先覺者的典型。羅蕙錫是近代韓國第一位優秀的女油畫家、作家、詩人、進步婦女運動家,是一位擁有眾多桂冠的女性先覺者。

羅蕙錫字明順,號晶月,1896年4月出生於京畿道水原郡一個名門望族。其曾祖父曾官至戶曹參判,父親羅基貞也曾任朝鮮郡守。從小開始,羅蕙錫就是一個性格開朗的女孩。據說,她擁有超凡的聰明頭腦。從羅蕙錫現存的成人時期照片中,我們可以看出她是一位充滿智慧的女性。

1910年,羅蕙錫進入漢城進明女子普通學校就讀。那時,她已經在文學與美術方面展示出與眾不同的才華。在校3年間,羅蕙錫幾乎每門功課都是99分以上,而且是以總成績第一名畢業的。畢業以後,羅蕙錫便在哥哥的勸導下,踏上了留學日本的道路。在日本,羅蕙錫進入東京女子美術學校,學習西方油畫創作。

在日本期間,羅蕙錫的戀人崔承九不幸遇難。後來,羅蕙錫結識了當時在早稻田大學攻讀哲學的李光洙,建立了密切的交往關係。雖然她明知道李光洙已經與許英肅結婚,卻仍然大膽與其戀愛,表現出一個女

性先覺者在戀愛方面的鮮明立場。

羅蕙錫也與金活蘭、朴仁德、金瑪利亞等女性精英一起，積極投入獨立運動。1920年，羅蕙錫與金雨英結婚。金雨英當時也是與崔南善、崔麟、金性洙等保持著密切交往的精英人物，也是《東亞日報》的發起人之一。

1921年，羅蕙錫在《京城日報》來青閣舉辦第一次個人畫展。這是朝鮮歷史上第一次女畫家舉辦的個人畫展，因此受到了傳媒的廣泛關注，並在社會上引起巨大迴響。

羅蕙錫不僅在繪畫領域獨領風騷，而且在文壇上也開始嶄露頭角。在一些報刊雜誌上，羅蕙錫連續發表了多篇有關自由戀愛、改善生活、新思想的文章，向朝鮮大眾傳播文明思想。筆者記憶深刻的是羅蕙錫具有代表性的詩作《玩偶之家》。這是一首充分展示了女性對自由的渴望的優秀之作。

1927年，羅蕙錫跟隨身為外交官的金雨英，開始了長達20個月之久的周遊世界旅行。他們從釜山出發，路經中國丹東、俄羅斯、柏林、巴黎、紐約、夏威夷，最終返回釜山。在1920年代，朝鮮還沒有那一位女性能像她這樣精力充沛地周遊列國。通過在世界各地的見聞，她封閉的世界開始敞開。由此，她轉變為一位徹底的現代女性。她確信女性不是弱者的象徵，並覺悟到殖民地朝鮮正是泯滅無數婦女夢想的地方。

在丈夫滯留柏林期間，羅蕙錫在巴黎結識了崔麟，並雙雙墜入情網。羅蕙錫公開向崔麟表示：「我愛你，但不會與丈夫離婚。」對此，崔麟回答說：「像你說的話。有你這句話，我已經很知足了。」

對於羅蕙錫而言，愛是一件非常自然的事情。她曾對指責自己的人這樣說道：「食色性也，這有什麼好奇怪的呢！」

但是，她在巴黎與崔麟的短暫戀情，為她的生活帶來了巨變。1931年，金雨英與她離婚，從此終生未能再見到自己的4個孩子。

在要求女性首先成為賢妻良母的現實社會中，羅蕙錫變成了遭到所有人唾棄的「魔女」。她憤憤不平，為此寫下了《離婚告白書》，並將其發表在《三千里》雜誌上。雖然她向嚴酷的現實提出了挑戰，但作為女性，在當時她還過於弱小，根本無法與整個社會抗衡。

1939年，羅蕙錫在朝鮮展館展出了200幅作品，這是她舉辦的第3次個展。雖然盛況空前，但這已經是她最後的輝煌瞬間。

1935年，羅蕙錫在《三千里》雜誌上發表文章稱：「走吧！去巴黎。不是為了尋找活路，而是為了尋找死路。將我置於死地的就是巴黎，而把我打造成一個真正女性的地方也正是巴黎。」

天才羅蕙錫在自我放逐過程中銷蝕著自己，她的才華和先覺者意識最終因時代而窒息。她逐漸顯露出精神錯亂的徵兆，有時身體開始出現麻痺症狀。貧病交加的羅蕙錫開始懷念起自己的孩子，於是她懇求金雨英，希望他能允許自己與孩子們見上一面，但是，金雨英隨即叫來員警將其轟走。半身不遂的羅蕙錫已經風燭殘年，在她的身上再也看不到往日的風采。她像一棵枯草一樣徹底枯萎了。

1948年12月10日，朔風勁吹，羅蕙錫昏倒在街上。隨後她被送到漢城市立慈濟院，但終因搶救無效而含恨離世。遭到整個時代遺棄的羅蕙錫在臨終之際，為自己的孩子留下了這樣的遺言：「請你們找到母親的墳墓，為我獻上一朵鮮花。」但據說，羅蕙錫的墳墓無跡可尋。她的悲慘命運實在是令人唏噓不已。

53. 朝鮮女性的一片綠葉──金一葉

1907年，有一位朝鮮少女創作了一首題為《弟弟之死》的詩，以其深厚的文學素養，名震朝鮮文壇。韓國詩人兼文學評論家張錫周先生曾

考證說：「《弟弟之死》比被公認為韓國近代詩起點的《海上致少年》早一年出現。」這首詩的作者，就是筆者將要在這裡介紹給大家的金一葉（1896-1971）。金一葉與羅蕙錫同歲，兩個人是相當要好的朋友，也是朝鮮為數不多的女性先覺者之一。晚年的羅蕙錫窮困潦倒，身無分文，一度還寄居在金一葉的德壽寺。

1896年，金一葉出生於朝鮮平安南道龍崗郡一個牧師家庭。金一葉本名元周，據說一葉這個名字，還是李光洙給她起的，是希望她能成為朝鮮先覺者的一片綠葉。另有一種說法認為，在即將拜滿空禪師為師，進入佛門之際，師父賜給了她這個名字。

查閱《韓國現代女詩人研究》、《韓國近代文人詞典》等資料，我們可以了解到，金一葉畢業於著名學校梨花學堂，隨後到日本留學。來到日本以後，金一葉進入日新學校，學成回國後投身於新女性運動，創辦女性雜誌《新女子》，並歷任編輯、主編等職。

當時，金一葉的創作活動非常活躍，並於1920年發表了《啟示》、《少女之死》等小說。此後又陸續發表了《愛》、《犧牲》等小說作品。進入1930年代以後，通過發表《首先打破現象》、《朝鮮新興文學中女性的業績》等評論文章，引起廣泛關注。

她和羅蕙錫一樣，都屬於朝鮮近代女性文學第一代領袖人物，以其文章著稱於世。作為朝鮮女性先覺者，金一葉高舉著自由戀愛論、新貞操論的旗幟，給處於封閉狀態的朝鮮注入了新鮮而充滿活力的思想、概念和意識，一躍而成為朝鮮近代新女性的領袖之一。但在與世界抗爭方式上，金一葉選擇了一條不同於羅蕙錫的道路。

羅蕙錫選擇了一條入世的道路，但金一葉卻選擇了出世。與進入佛門的金一葉相比，羅蕙錫的人生道路充滿了坎坷與挫折，並最終悲慘離世。

金一葉採取了逃避世俗的方式，斬斷了所有世俗的欲望，努力實現自我。當然，金一葉的一生也像風中的一片葉子一樣，並不總是安穩的。

出家以前，金一葉曾經有過兩次婚姻。和幾乎所有女性先覺者一樣，金一葉也有過廣交男友的經歷，並因此被社會輿論推上世俗的審判台。

當時，朝鮮還充滿了男尊女卑的儒教思想，所以金一葉的先覺意識處處碰壁以至於滿身創傷。於是，金一葉認定，要想繼續保持自己的獨立性，就必須回避世俗的體制。

1923年，金一葉前往德崇山修德寺，去請教滿空禪師。她懇切地請求滿空禪師能收她為徒：「師父，我已經拋棄了所有的貪念。還請您收我為徒。」但滿空禪師沒有答應。滿空禪師只告訴她回去認真思考一下再做決定，然後像一陣風一樣消失了。

5年以後（1928），金一葉已經32歲。在這一年，她終於在金剛山表訓寺的神琳庵內，拜入滿空禪師門下成為一名佛門弟子。此後，金一葉在金剛山樓鳳庵正式接受李性惠師太的剃度，削髮為尼。

斬斷了塵緣，皈依佛門以後，金一葉曾這樣表白：「我要實現自我，要在自我中創造一個嚴肅的人生。我要尋找可以自我安慰的美好理想，掌握可以使我的人格得到尊重的知識。我也要培養我的情操，使我的感情更加細膩。現在，對我而言，人生的外形已經沒有任何價值。金錢、名譽只能使人利令智昏，分文不值。所有的『片刻』，對我而言都是神聖的。哪怕是一時一刻，我都不應玷污這美好的『片刻』。這神聖的『片刻』，將為我編織嶄新的人生。」這可以被看成是她告別世俗的宣言。

這是金一葉向世俗發出的另一種形式的挑戰。「實現自我」的道路充滿曲折。1960年，擺脫了世俗糾纏的金一葉，終於在30年後打破沉默，出版了《一個修道者的回憶》，重新吸引了社會各界的關注。

1971年1月28日，金一葉圓寂，時年76歲。與她的同齡人羅蕙錫死無葬身之地的悲慘結局相比，金一葉的一生是否算得上是一種幸運呢？

54. 第一位出版女子文學作品集的朝鮮作家──金明淳

　　金明淳（1896-1951）是第一位出版文學作品集的朝鮮女作家。1925
年，她的詩文集《生命的果實》是第一部朝鮮女作家的個人作品集。

　　金明淳並不像羅蕙錫那樣享有很高的知名度。奇妙的是，羅蕙錫、
金一葉，還有金明淳這三位引領朝鮮婦女文學藝術潮流的領袖人物都出
生於1896年。

　　金明淳，本名彈實，1896年出生於朝鮮平壤。從小金明淳便聰明伶
俐，學習成績優異。從平壤社倉穀學校畢業以後，金明淳進入漢城著名
的進明女子普通學校就讀，與羅蕙錫成為同窗。在進明女子普通學校以
優異的成績畢業以後，金明淳於1917年參與崔南善主持的《青春》雜
誌有獎徵文活動。其《疑慮重重的少女》獲得二等獎，從此登上文壇。
李光洙認為這篇作品反映了近代新思想，並給予高度評價。

　　1919年，金明淳與金東仁、田榮澤、金億等男作家一起，以同仁身
分參與《創造》雜誌相關創作活動。當時，她無異於是一位韓國最初的
女作家。有人考證認為，金明淳於1913年曾到日本留學，並於1915年
學成回國；在留日期間，金明淳結交了眾多朝鮮留日學生，並向《青
春》、《新女子》、《創造》等雜誌投稿。

　　校友朴花城回憶說，金明淳的母親曾經是一名妓女，後來被她的父
親納為小妾登堂入室，由於這個原因，她一度對母親心懷怨恨；所以在
學校拉風琴的時候，金明淳唱的歌始終是《媽媽的幻影》。

　　從1920年開始，金明淳滯留於日本，並在朝鮮留學生創辦的雜誌
《學之光》、《女子界》等雜誌上發表小說、隨筆、詩歌作品。當然，
羅蕙錫當時也經常在《女子界》上發表文章，因此她們之間互有來往。
後來，通過創辦《廢墟》雜誌，金明淳與吳相淳、廉想涉、羅蕙錫、金
一葉等人一起參加各種同仁活動。

　　從1921年開始，金明淳在《開闢》雜誌上發表詩歌和小說作品，正式以作家的身分展開文學活動。在此期間，她陸續發表了《七面鳥》、《英姬的一生》、《少女之路》等小說，而且還翻譯了埃德加·愛倫·坡的小說《相逢》等作品。當時，朝鮮女作家是屈指可數的，因此金明淳的活動，引起文學界廣泛關注。

　　1922年，金明淳發表小說《東京》；1923年發表小說《先例》；1924年發表自傳小說《彈實與周英》等。

　　金明淳的小說中涉及了大量以自由戀愛為主題的故事，其中的女主人公經常是一個情場老手，有時也會陷入不倫戀中不能自拔。對此，有的評論家認為，這些故事，有很多是來自於金明淳頻繁戀愛的經歷。

　　從1917年當時的社會背景上看，金明淳的小說無疑是在考驗社會的道德底線。從一開始，金明淳就是以這種女性先驅者的姿態登台亮相的。到了1920年以後，金明淳與羅蕙錫、金一葉共同開啟了她們的「三人時代」。也許正是由於這個原因，男性文人社會對金明淳的評價並不很高。

　　在還沒有認真研究金明淳的小說基礎上，文壇便給她貼上了「多情新女性」的標籤。金東仁甚至還以金明淳為原型，創作了短篇小說《金妍實傳》，從一個否定的角度刻畫了金明淳在兩性問題上的放縱形象。此外，田榮澤的實名小說《金彈實和她的兒子》也表現出與此相仿的批判態度。

　　1925年，金明淳繼李英覺以後，成為韓國近代第二個女記者，加盟《每日新報》。在以記者身分活動期間，金明淳連續發表了《當場》、《孤獨的變調》、《追憶》等作品。

　　除了創作活動以外，金明淳還經常以一個女演員身分出現在公眾視野。金明淳在很多領域都展示出她的才華，可以說她是朝鮮近代史上難得一見的多才多藝的女性先覺者。1927年，金明淳與著名演員羅雲奎

連袂主演《狂浪》，緊接著又參演了影片《我的朋友》。

　　從照片上看，金明淳算不上是一個出眾的美人。但她相貌可愛，小巧玲瓏，是一個惹人憐愛的女性。當時，女演員並不多見，因此在文學創作活動中與男性作家自由交往的金明淳，自然而然經常被導演選中，參加各種影片的拍攝。

　　1930年，作為一名電影演員，金明淳進入了她電影事業的全盛期。隨著《賣花》、《歌唱時節》等影片在朝鮮各地上映，金明淳的形象通過銀幕給廣大朝鮮民眾所熟知。但金明淳畢竟沒有接受過正式的表演訓練，充其量也只是一個業餘演員，因此她最終還是決定告別影壇。

　　或許，金明淳本人也有自知自明，知道文學創作更適合自己這樣一個事實。所以，即使是在參與拍攝電影期間，金明淳仍然沒有棄筆，而是繼續創作並發表了隨筆《試筆》、《通往修道院的道路》、《開拓者》等作品。到1938年為止，金明淳繼續發表大量文學作品，一邊在李丙濤的家裡，幫助他整理《朝鮮留學史》原稿。金明淳和李丙濤在創辦《廢墟》雜誌的時候就是同仁，而李丙濤的夫人也是她進明女子普通學校時期的同窗校友。由於這樣一層關係，她才得以住在李丙濤家裡，協助他完成著述。

　　1939年8月，金明淳在《三千里》雜誌上發表詩作《晦日夜》。這是她最後一篇作品，從此以後，金明淳停止了一切創作活動。她離開封閉的朝鮮前往日本，並一直在日本居住到1951年。在日本期間，金明淳住在東京的YMCA會館，但由於精神病日益嚴重，最後在青山醫院因發狂而亡。

　　韓國近代史上第一號女作家，終於未能頂住朝鮮社會傳統文化觀念的壓力悲慘地客死他鄉。金明淳死後，過了30多年，她的作品才被金相培編輯出版。她的詩文集《金彈實——我愛》於1981年正式出版。

55. 被中國雇傭的日本知識份子

「中日甲午戰爭以後，日本人作為老師，對於向中國人傳授知識一事沒有任何的抵抗感，並視其為是理所當然的事情。但對於中國人來說，接受日本人的教育則是一種屈辱。這是因為在過去，日本人是中國人的弟子，這一觀念在中國人的意識中根深蒂固。中國人尤其注重師徒關係，因此他們所感受到的屈辱感，完全超越了日本人的想象。但是，日本人通過明治維新，實現了起死回生的歷史轉變（在中國人眼裡或許沒什麼了不起），確實是值得信服的奇蹟。如果就這樣任其自生自滅，中國將不可救助。19世紀末期的中國知識階層都有這種認識。在這種時代背景下，日本開創的先例，成為他們巨大的心靈支柱。」這是著名駐日華裔學者、文化批評家陳舜臣說的話。（《日本「中國」是什麼？》）

19世紀末到20世紀初，百年前的大清國作為促進近代化的一個環節，開始實施吸收西洋文明的政策。當時採取的具體措施包括向日本派遣留學生，同時聘請日本教師。對於留學日本，中國人尚能認可，因為至少能從教材中學到技術知識。但對於聘請日本教師一事，在中國幾乎是一片空白。然而，無數的歷史真相通常藏身於這些被遺忘的空白區。

1901年，清朝實權派人物李鴻章認為，向日本派遣留學生固然不錯，但無論是從財政上還是從效率上看，聘請日本教師到中國，向中國青年學生傳授知識都更為有利。以文部大臣菊池大麓為首的日本政府，對於李鴻章提出的聘請教師請求做出了積極回應。於是，從1904年開始，日本向中國派遣了大量教習（老師）。統計資料表明，當時派出的教師多達2000餘名。派遣地區也不僅限於中國的大城市，而是覆蓋了包括內蒙古喀喇沁在內的中國全境。派出的教師從幼稚園老師到大學老師、學者、知識份子等，幾乎涵蓋了整個教育系統。

來華人員包括以日本近代文學巨匠之名聞名於世的二葉亭四迷、思

想家吉野作造、曾任哈佛大學教授的東洋學巨匠田岡嶺雲等各領域風雲人物。

當時，這些被稱為教習的日本專家普遍帶著一種使命感，向中國學生認真傳授知識。據說，教科書和教材，也多根據中國學生的實際情況出發，親自編纂製作的。曾在北京京師法政學堂任教的松本龜次郎，是一位指導過中國近代史上著名女革命家秋瑾的重要教習。由他編纂的《日語教科書》，和井上翠編輯的《東語會話大成》等教材，幾乎被全中國學校採納為教科書，因此給中國年輕學子的日語學習帶來巨大影響。

北大教授王向英所作的《清政府雇傭的日本人》中曾提到，即使過了聘請期限，很多教習仍然出於喜歡中國的原因，一再連任教習。法學學士今井嘉幸（後成為日本國會議員）即使是在清朝滅亡以後，仍然留在中國，全身心投入自己的教育事業。向充滿救國熱情的中國青年傳授知識和近代化理論，這樣的日本教師實在令人刮目相看。

服部宇之吉教授曾在1900年遭遇義和團運動。1902年，他曾被聘為北京大學堂速成師範總教習（校長）。在任職期間，他參與了師範館、仕學館課程的設置，甚至參與了教室、實驗室、宿舍等設施的建設以及圖書採購等具體事項。服部宇之吉等日本教習，在中國的北京大學創建過程中做出了巨大貢獻。這也是不可否認的事實。1909年，服部宇之吉回到日本以後，就任東京帝國大學教授，並以「中國哲學第一人」的身分，活躍展開學術活動。

日本教習和中國學生之間結成頗具象徵意味的師生關係。其中值得一提的是服部宇之吉和王國維。中國近代史上的大學者羅振玉在上海創辦了東文學社，並聘請當時在東西方交流史學界泰斗藤田豐八和服部宇之吉二人。服部宇之吉一向抱著這樣一種信念：「作為世界人類的一份子，人應該為人道而生活。」他是一位對中國懷著深深的理解與愛戀的智者。而受到服部宇之吉深刻影響的人，就是王國維。

作為中國近代史上的學術巨匠，王國維在文學、美學、史學、哲學、古文、考古學等領域留下了卓越的成績。1911年，辛亥革命爆發以後，與日本有著很深淵源的王國維逃亡到日本，由此也可以將其看成是一位親日的知識份子。歸國後，王國維於1927年在北京頤和園的昆明湖投湖自盡。王國維就是這樣一位頗具傳奇色彩的學者。

他之所以能形成叔本華式的哲學思想，並深深沉浸在西方哲學領域，這與服部宇之吉的教導是分不開的。在《靜庵文學續編》語言中，王國維坦承，自己是通過服部宇之吉的文集，了解到叔本華的哲學思想的。作家陳舜臣提到：「日本的奇才服部宇之吉，對其鄰國──中國的奇才王國維的帶來的影響，幾乎可以說是貫穿其一生的。」

除此而外，袁世凱的軍事顧問青木宣純，以及他的後任、被任命為清國公使武館的柴五郎，在義和團起義時期，也曾揚名世界。他們在中國創建了員警教習所，以此奠定了中國近代員警學校的基礎。

回顧近代百年歷史，從中發現的新的事實表明，日本逆轉了傳統意義上的師徒關係，並在中國近代化道路上，成為一個引路人。近百年來，中國學的最多，吸收的最多的便是它的「仇敵」日本。

中國的學者胡平在他的著作《100個理由：中國和日本》一書中這樣寫道：「如果沒有近代的日本，那麼也將不會有近現代的中國。」

56. 辛亥革命第一位英雄

歷史並不總是對歷史史實本身的記述，有時反而成為美化執政者的遺產。在翻閱近代史資料過程中，筆者經常驚異於諸多歷史人物在未能得到公正評價的情況下便被抹殺的事實。中國近代史上第一位英雄人物楊衢雲便是這樣一個悲劇人物。長期以來，楊衢雲被孫中山光輝形象所

遮掩，以至於幾乎沒有人了解他的相關事蹟。

筆者在翻閱著名史學家唐德剛的《晚清七十年》時，對其中一句話留下了深刻的印象：「一部『中國近代革命史』，是應該從楊衢雲開始寫的。」如果楊衢雲和他的同志孫中山發起的第一次革命獲得成功，身為興中會會長的楊衢雲，理應成為中國革命的領袖。但令人不可思議的是，如此優秀的革命領袖，中國近代史幾乎未曾提及，便被封殺掉了。2010年，楊衢雲的後裔楊興安撰寫的《楊衢雲家傳》由香港新天出版社出版，有關楊衢雲的事蹟才陸續浮出水面。

此外，為紀念辛亥革命100周年於2009年拍攝的影片《十月圍城》中，由張學友飾演的楊衢雲也出現在辛亥革命過程之中。影片中，楊衢雲被清政府刺客暗殺的場面令人印象深刻。他被暗殺的事件，恰好發生於1901年1月10日。

楊衢雲在香港被暗殺。當時，楊衢雲的親朋好友擔心遭到清政府的迫害，在將其葬於公墓時，甚至都沒敢在墓碑上刻上他的姓名，而只是刻上了公墓的編號「6348」。

楊衢雲（1861-1901），名飛鴻，字肇春，別號衢雲，福建海澄（今廈門）人，出生於廣東東莞。10歲那年，楊衢雲跟隨父母離開廣東前往香港，並在香港接受早期教育。1875年，父親因病臥床不起，於是年僅14歲的楊衢雲為了家計，進入船廠學習機械，因工業意外失去右手三指，於是轉入香港聖公會書院改習英文。畢業後任教員，之後轉任招商局總書記，及沙宣洋行副經理。據說，當時的楊衢雲仁慈而富有正義感，而且具有強烈的愛國主義意識。

筆者曾經看過楊衢雲的照片。照片中，楊衢雲身穿西裝，五官端正，鼻樑高挺，是一個典型的美男子形象。1890年，他與革命同志謝纘泰於香港創立最早的革命組織輔仁文社，並親自擔任會長職務。輔仁文社的宗旨為「進行中國大眾的革新」，「驅除滿族韃虜」（一說為

「盡忠報國」），提倡學習西方，愛國維新，秘密進行革命活動。

孫中山的興中會創建於1894年11月，由此可見輔仁文社的先驅意義。輔仁文社位於距離孫中山就讀的西醫書院不遠處，經好友尤列的介紹，孫中山得以結識楊衢雲。1895年，興中會和輔仁文社聯合起來，在香港設立香港興中會，由黃詠商擔任第一任會長職務。但由於黃詠商突然辭職，就接任一事，香港興中會分裂為支持孫中山和支持楊衢雲兩派。在孫中山的協調下，最終推舉楊衢雲擔任香港興中會會長，風波暫時平息。

於是，楊衢雲成為香港興中會第一任會長，並以商號為掩護，展開秘密革命活動。歷史學家唐德剛先生指出：「興中會一切皆是輔仁文社的延續。」孫中山之所以在香港滯留的短短幾個月時間內，能動員人力、物力、財力，於1895年10月發動廣州起義，就是因為楊衢雲在香港打下了堅實的革命基礎。

唐德剛認為，楊衢雲早於孫中山提出了「反滿興漢」主張，因此可以說，楊衢雲才是真正意義上中國近代革命的先驅者。

孫中山自己也曾說道：「楊衢雲的出發點與我不同，他希望通過武裝革命，推翻滿清政府，建立民國。」而且，孫中山本人也十分尊重楊衢雲。

孫中山、楊衢雲、鄭士良、陸皓東、陳少白等廣州起義的主要負責人，都是接受過西方文明洗禮的基督教徒，這一點尤其值得我們關注。廣州起義失敗以後，孫中山逃往日本，楊衢雲則流亡南洋，他們在所到之處一一創建了興中會。1896年10月，楊衢雲攜家人前往日本橫濱，在一所學校擔任英語教員。

1900年第二次武裝起義失敗以後，廣東巡撫懸賞三萬塊大洋要他的首級。其他同志都逃往他鄉，但只有楊衢雲一個人繼續留在香港，並聲稱：「怕死還鬧什麼革命？」

　　1901年1月10日，楊衢雲於中環結志街52號2樓寓所（其私塾）內，被清廷派出之刺客陳林開槍刺殺，經救治無效於翌日逝世。

　　從各個角度上講，孫中山是楊衢雲的後繼者。後人之所以低估楊衢雲的革命意義，實際上也是當時執政當局的政治意圖使然。蔣介石的前妻陳潔如在其回憶錄《陳潔如回憶錄》中指出：蔣介石曾花100萬巨資購買一張照片。因為在這張照片中，楊衢雲坐在前排中央，而孫中山則是站在後排的。這也從側面證明了當時的國民黨人為地抬高孫中山政治地位的政治意圖。蔣介石本人對此解釋說：「如果世人了解到我們的民國之父，曾經是楊衢雲的手下，這該多麼丟人。」

　　楊衢雲是早於孫中山的革命領導者，即使他沒有慘遭暗殺，也無法斷言就一定能成為比孫中山更優秀的革命領袖。但他在中國革命初期，為中國的革命事業所做出的貢獻卻是無法抹殺的。在楊衢雲的追悼會上，孫中山也對楊衢雲給予高度的評價：「民國的基礎，是用楊公骸骨奠定的；民國的犧牲即楊公鮮血。」

57. 革命爆發以前的百家爭鳴

　　在時代發生巨大變化時期，總會出現引發這種巨變的徵兆。圍繞著是延續滿清舊的體制，還是建立西方式的近代國家這一問題，中國近代社會精英、知識份子和政治家們展開了激烈的爭論。

　　正如武裝起義期間形態各異的旗幟一樣，參與這場激烈爭論的人從自己的政治立場出發，各自發出了不同的聲音，形成百家爭鳴的局面。

　　百年前的知識份子（士大夫階層），面對強大的西方勢力入侵，產生了國家存亡的危機意識。他們為了克服這種危機，各自帶著使命感，探索改革的方法。因此，根據不同的立場、經驗，以及思維方式，他們

各自提出了不同的主張。

我們可以大致上將他們分為如下三類集體：

A.洋務派——曾國藩、李鴻章、張之洞等清末領袖的改革運動。

B.變法派——康有為、梁啟超領導的戊戌變法運動。

C.革命派——孫中山、黃興等人領導的辛亥革命派的共和運動。

洋務派以英國強大的海軍力量為楷模，立志於把中國打造成一個軍事、經濟強國。他們借鑒了「富國自強」的西方模式，因此也被人們稱為洋務派。他們主張，在維持皇帝專制的狀態下，只對經濟產業進行改革。

而變法派認為，僅對經濟產業進行改革是不夠的；他們主張必須向西方國家學習，同時進行政治改革。這就是他們展開立憲運動的初衷。

康有為以日本明治維新以後的君主立憲制為榜樣，提出自己的改革方案，並引起了光緒皇帝的共鳴。但由於慈禧太后等清末強大的保守勢力的抵制，他們的變法僅僅維持了百天便宣告失敗。

變法派的維新主張，存在著決定性的缺點。因為當時的王朝不是漢族的王朝，而是滿族的王朝。因此，為了建立一個民主國家，並促進漢族對滿族的同化，首先需要推翻滿族人統治的清王朝，然後，建設一個獨立的、以漢族為主體的近代國家。

於是，在這一過程中，孫中山等革命派應運而生。推翻滿清政府，建立一個共和制漢族國民國家，這正是他們的革命路線。康有為、梁啟超等變法派對孫中山的革命提出反對意見，在他們看來，孫中山的革命是一種急進式的革命，將會招致國家與社會的混亂，而這也將給西方列強入侵中國提供可乘之機。

我們通常強調的是革命派和變法派之間的區別，但如果認真思考二者的政治主張，我們會發現他們之間的共同之處。創立於日本東京的同盟會提出的政治綱領是：「驅除韃虜，恢復中華，創立民國，平均地權。」而這也是三民主義的雛形。

　　孫中山總體的革命構想分為三個階段（三序）：為了把中國建設成一個民主主義國家，第一階段應該採用「軍法治」；第二階段為「約法治」；最後進入第三階段──「憲法治」。此後，這些不同階段的政治理念，也被稱為軍政、訓政、憲政。

　　孫中山認為，在廢除了君主制以後，不可能立刻通過憲法，建立一個具備民選政府和民選議會的民主體制，而應首先通過軍政和訓政發展階段，然後才能最終實現憲政。這就是他的「三序」思想。

　　孫中山雖然經常提及共和制或民主制，但對於這種西方式的議會政治體制，他始終還是抱有懷疑態度的。因此，在他提出的革命構想，不可能不強調在過渡時期革命黨獨裁體制的必要性。

　　日本的中國政治學研究者橫山宏章教授認為，孫中山懷疑西方的議會政治體制，並強調過渡期的獨裁政治體制，來自於他的「愚民觀」。孫中山的統治觀，本來就是行政主導型的；在孫中山看來，人民的智慧低下，因此需要運用絕對權力統治這些「愚民」。

　　孫中山雖然否定傳統皇帝的獨裁，但他強調在過渡時期，應採用革命黨的獨裁，或者是政府擁有至高無上的權力。這實際上是以其愚民觀為基礎的「專制必要論」觀點。

　　作為立憲派的旗手，梁啟超對孫中山的革命路線進行了批判。但是，梁啟超提出的「開明專制論」觀點，反而與孫中山強調的過渡時期獨裁政權的必要性，以及憲政階段的行政主導型觀點幾乎是一致的。

　　梁啟超提出通過啟蒙君主，實現開明專制政治，其理由也在於他同樣具有愚民思想。梁啟超明確指出：「民智未開，不可驟興議會政治。」在他看來，當時的中國國民還沒有行使議會政治的能力，因此也不具備成為共和國國民的資格；所以梁啟超斷言，中國政治應該採用共和國立憲制。

　　梁啟超認為，愚民甚至還不能理解選舉權的神聖意義所在，並強調

說，中國的普通大眾無法利用自己的自由意思做出政治決定，他們在政治上是不成熟的。

雖然共和制或君主制的提法有所區別，但孫中山和梁啟超二人，對議會政治上的懷疑態度，卻是相同的。他們兩人都很忌諱被這些愚民選出的議會成為政治中心。梁啟超的開明專制論強調的是開明君主的統治；而孫中山強調的則是開明革命黨的專制。孫中山側重的不是西方式的共和制度，而更傾向於採用中國式的革命專制。這是孫中山本質上的核心思想。

58. 日本近代民主主義思想家——吉野作造

近代日本眾多的知識份子、思想家、文化人以及政治家，都和中國及朝鮮有著很深的淵源。有些日本人十分關注中國和朝鮮，並帶著極大的勇氣，猛烈批判日本的殖民侵略。其代表性人物，正是吉野作造（1878-1933）。

吉野作造目前還沒有被更多的中國人和韓國人所認識，但他卻是一個可以在中國和朝鮮近代精神史上留下濃墨重彩的人物。

吉野作造是日本大正、昭和時期民本主義理論旗手，是一位高明的政治學家和思想家。吉野作造一直都在深度關注中國和朝鮮問題，並給日本政府和社會帶來了重要的影響。筆者在此想通過吉野作造與朝鮮的關係，重新回顧一下他的一生和思想。

在日本近代史教科書中，也曾提及吉野作造這個人物。1878年，吉野作造出生於日本宮城縣，曾就讀於仙台第二高等學校。1898年，吉野作造成為一名基督徒。他也是一個東京帝國大學法學專業高材生。

1905年，日本在朝鮮設立了統監部，並任命伊藤博文為韓國統監，

對朝鮮進行直接統治。當年，吉野作造在《新人》雜誌上發表文章，宣導他的民本主義思想，並與海老名彈正（1856-1937，在殖民地時期向朝鮮傳播基督教的人物）等人設立了朝鮮問題研究所。

吉野作造和中國也有著很深的淵源關係。1906年，他在袁世凱的邀請下來到中國，擔任袁世凱的兒子袁克定的家庭教師。在滯留中國的3年間，吉野作造深刻思考有關中國的問題。1909年，吉野作造回到日本。1910年8月，朝鮮淪為日本的殖民地。

當時，吉野作造贊同「朝鮮同化論」思想。但是，1916年訪問過滿洲和朝鮮以後，吉野作造的思想以此為轉捩點發生了變化。在此期間，吉野作造見過幾位朝鮮的抗日人士，也採訪過朝鮮總督府的官僚、外國人、基督教傳教士等各方人士。

根據這次經歷所寫的論文《滿韓視察考》發表於《中央公論》雜誌上。吉野作造在文中揭露了日本對朝鮮人的歧視、不平等待遇，以及限制輿論等憲兵政治本質，向日本統治朝鮮的政策提出正面批判。

當時，在日本國內，還鮮見能以這樣的勇氣發表論文，並對日本統治朝鮮一事提出批評的人。他強調：「就我個人的觀點而言，統治其他民族的理想，應該是尊重這個民族，而且在他們實現獨立以後，應該賦予他們政治自治權。」

吉野作造強調應該尊重「獨立」與「自治」，並認為「不能忽視朝鮮人的民族心理。」吉野作造同時譴責日本對朝鮮的高壓殖民統治政策。雖然是一個日本人，他卻對朝鮮人的愛國主義思想給予充分肯定，並否定日本的同化主義思想。他希望的是朝鮮的獨立。

吉野作造克服了愚民觀思想，並深深沉迷於他的民本主義思想之中。在和那些為了獨立而付出不懈努力的朝鮮知識份子接觸過程中，吉野作造進一步加深了對朝鮮的認識。通過金性洙（《東亞日報》創始人）和宋鎮禹兩人，他結識了當時的留日朝鮮學生金雨英、張德秀（後

成為《東亞日報》社長）。這些朝鮮留學生大都是遭到日本政府部門監視的反日獨立運動人士，也是在《二八東京獨立宣言》上簽名的人物。而《二八東京獨立宣言》成為後來「三一獨立運動」的引爆劑。

1919年，吉野作造創立了民本主義運動的理論社團「黎明會」。在這一年，朝鮮爆發了「三一獨立運動」，而中國隨後也爆發了著名的「五四運動」。吉野作造主張「日本應該首先進行自我反省」，並敦促日本政府反省其同化、併合朝鮮的政策。

他要求日本政府廢除對朝鮮人採取的限制言論自由、民族歧視、武力統治等政策，並向朝鮮獨立運動人士提供黎明會會刊《民本主義》的版面，使他們暢所欲言地發表各自的信仰和主張。不僅如此，在黎明會召開的演講活動中，吉野作造還公開批判日本對朝鮮的統治。

吉野作造斷言中國爆發的「五四運動」，是一場「國民自發」的運動，並對日本武力侵略中國提出嚴厲批評。

1923年，關東大地震發生以前，吉野作造險些被日本軍部暗殺。

作為日本近代具有代表性的智者之一，吉野作造不僅學識淵博，而且深深關愛著全人類。可以說，他既是一個國際主義者，同時也是一個人道主義者。

他從個人角度出發，給予所認識的朝鮮人和中國人無微不至的關照。1924年，他辭去東京大學教授職務，在《朝日新聞》社任職。據說，其緣由也是為了募集資金，幫助朝鮮人和中國人。於是，一直視其為眼中釘肉中刺的日本政府部門，向《朝日新聞》報社施加壓力，最終使吉野作造僅在報社工作了3個月，便不得不辭職。吉野作造在經濟上陷入了困境，即便如此他也沒有停止援助朝鮮留學生。他為朝鮮獨立運動家呂運亨進行辯護，也擁護孫中山的辛亥革命。

吉野作造以頑強的信念，繼續堅持自己的立場。1933年，吉野作造因患肋膜炎病倒，救治無效去世，享年55歲。他的身體雖然離我們遠

去，但他留下的民本主義思想和國際協作主義思想，至今還留在我們的心中。據說，他被葬在自己的故鄉，墳前也立有墓碑。

59. 基督教思想家內村鑑三和朝鮮

　　內村鑑三（1861-1930）早年開始接受西方教育，並在美國留學。筆者手裡有一張內村鑑三拍攝於68歲那年的照片。照片中，內村鑑三身穿西裝，儼然是一個西方知識份子。他是日本近代史上具有代表性的基督教思想家、文學家、傳教士、神學家。

　　內村鑑三出生於江戶武士家庭，幼年受武士道和儒學思想薰陶。1874年入東京外國語學校，3年後畢業，入札幌農學校，受該校虔誠而熱烈的基督教精神感染，於1878年接受洗禮。札幌農學校的同年級學生當中，新渡戶稻造是日本另一位著名人物。

　　1881年畢業以後，內村鑑三成為北海道開拓司一名小官員。在此期間，他與新渡戶稻造頻繁交流，發誓將為世界和日本的未來貢獻自己的力量。1882年，內村鑑三調到東京農商務省水產科就職，後於1884年前往美國留學。1888年學成回國以後，內村鑑三成為一名教師，開始自己的學術著述活動。

　　此後，內村鑑三擔任《萬朝報》英語記者，成為一名專欄作家。甲午戰爭時期，內村鑑三提出了他的「義戰論」觀點，但在日俄戰爭期間，他的思想發生了轉變，強調「反戰論」思想。

　　後來，每星期日，內村鑑三都參加聖經研究會的活動，並以創刊於1900年的《聖經研究》雜誌為根據地，展開獨立基督教傳教活動，逐漸轉變為一個無教會主義者。在思想領域，他對非基督教徒日本社會思想、教育、文學等領域產生過重要影響。

這樣一個日本人，又是如何與朝鮮產生聯繫的呢？

在內村鑑三以記者身分展開活動期間，正值中日甲午戰爭（1894-1895）爆發。其間，內村鑑三受邀為《國民之友》撰稿，揭露這場戰爭的實質。他寫道：「這是一場進步國家日本為了尚不為世人所知的『隱遁國』朝鮮的獨立，促使落後國家清國覺醒的一場戰爭。」

但是，內村鑑三的這種「義戰論」思想，隨著《馬關條約》的簽訂、明成皇后被殺害等事件的發生，發生了明顯變化。他開始反省日本，反省自己的「義戰論」，並逐漸變成一個「反戰論」者。

1904年，已經變成一個反戰論者的內村鑑三辭去了《萬朝報》記者工作。就自己變成反戰論者一事，內村鑑三曾這樣說道：「從過去10年的世界歷史上看，這場戰爭原本是為了爭取朝鮮獨立的，但從結果上看反而使朝鮮的獨立處於危機之中；戰勝國日本的道德過於腐敗。」

也就是說，對於朝鮮的關注，是內村鑑三轉變為一個反戰論者的重要原因。此外，在日俄戰爭中獲得勝利的日本，以保護國的美名對朝鮮進行了一段時間的統治以後，於1910年8月吞併朝鮮，使其完全變成日本的一個殖民地。在這一時期，內村鑑三主要是通過《聖經研究》對朝鮮予以關注的。

事實上，內村鑑三一次都沒有到過朝鮮。但是，自1894年中日甲午戰爭以後，在近40年時間裡，內村鑑三卻時刻關注著朝鮮的命運。他對吞併了朝鮮的日本帝國主義展開直接的批判。雖然他的批判沒有吉野作造那麼猛烈，但他對痛感亡國之恨的朝鮮人，給予了深深的同情，並據此撰寫了大量基於信仰的激勵文章。

1907年，在發表了題為《幸福的朝鮮》的文章以後，內村鑑三於1909年12月又發表了《朝鮮國和日本國 —— 東洋和平之夢》；1910年日韓併合以後，內村鑑三又推出了《領土與靈魂》等文章。

「有人因獲得了一個國家而興高采烈，而有的人則因失去了國家悲

痛欲絕。但興高采烈的人，他們的歡樂將是暫時的；與此相仿，悲痛欲絕的人，他們的悲傷同樣也是短暫的。在不遠的將來，這二者都將站在上帝面前……一個人即使獲得了全世界，但只要失去靈魂，這又有何益？即便我們的領土繼續擴張，以至於最終將全世界掌控在手中，但如果我們失去了靈魂，又將如何應對？嗚呼！我們又將如何應對！」顯然，內村鑑三在間接地批評吞併了朝鮮的日本帝國主義，並對朝鮮人給予深切同情。

1917年，內村鑑三在寫給美國一位朋友的信中還這樣寫道：「那些可憐的朝鮮人失去了自己的祖國，用任何辦法都無法安慰他們如此巨大的傷害。我認為朝鮮被日本併合，與波蘭曾遭瓜分是一樣的道理。我認為沒有任何一種辦法可以消化這一塊肥肉。」

1919年，朝鮮爆發「三一獨立運動」，這與基督教有著直接的聯繫。當時日本組合教會的柏木義円、吉野作造等人對日本鎮壓朝鮮獨立運動的做法進行了批判。

但內村鑑三並沒有直接談及這一事件。在日本吞併韓國以後，內村鑑三並沒有直接批判日本的殖民統治現實，而是採取了其他的方法。他希望通過基督教信仰，「實現日本人和韓國人的真正融合。」他在很多場合的演講，以及相關文字中，都提出「日本和韓國都應該將耶穌基督奉為教主」的主張。

他也曾對自己的朋友、朝鮮組合教會的金貞植說：「基督教將是日韓融合切實可行的方法。」

內村鑑三用比較溫和的方法，從信仰的角度出發，對日本吞併朝鮮的做法提出了批評。內村鑑三通過強調信仰的神聖性，對日本吞併朝鮮一事予以否定，並提到「併合」的失敗性質。他做出不懈的努力，試圖成為那些失去祖國的朝鮮人的朋友，並帶著極大的同情關注著朝鮮。他曾這樣高度評價朝鮮人：「從信仰的角度觀察，朝鮮人從整體上是優於

日本人的。」

內村鑑三試圖僅僅通過基督教思想和信仰的力量干預日本對朝鮮的政策，其做法的局限性是不言而喻的。但是，他能從一個國際主義者的角度，深切同情那些失去祖國的朝鮮人，這一點也應予以高度評價。

60. 文人安倍能成「發現」的朝鮮之美

在日本殖民統治朝鮮時期，有很多日本知識份子、政治家、軍人或普通百姓對朝鮮充滿歧視。即使是在這樣的社會氛圍中，也有部分日本精英仍保持了客觀、冷靜的態度，反而以一種肯定的心態，從朝鮮「發現」了朝鮮之美。

安倍能成（1883-1966）便是其中之一。安倍能成實際上是一位擁有很多社會角色的日本近代人物，他是一位哲學家、教育家、政治家和文學家。作為日本近代史上的著名智者，他歷任法政大學教授、京城帝國大學（現在的首爾大學）教授、第一高等學校校長、貴族院敕選議員、文部大臣（相當於教育部部長職務）、學習院院長等各種職務。

他執筆的學術著作多達30餘種。除此而外，安倍能成的紀行文、隨筆也都可以稱得上是美文。他撰寫的有關朝鮮的著作有《青丘雜記》和《槿域抄》兩本。這裡的「青丘」和「槿域」，都是對朝鮮的雅稱。

安倍能成於1883年出生於日本愛媛縣。1909年，安倍能成畢業於東京帝國大學文科大學，開始著手文學評論工作，同時兼任慶應大學和法政大學教授。

早在1906年，在就讀於東京帝國大學期間，他便和朋友一起拜訪過日本著名小說家夏目漱石。此後，他為夏目漱石的小說傾倒，拜其為師學習文學創作。他的文學才華非常出眾，以至於人們稱他為「夏目漱石

門下四大天王之一」。安倍能成一生中之所以能出版30餘種著作，也是因為他兼備了學者和文學家的才華。

1924年，從歐洲留學歸國以後，安倍能成於1926年就任新創建的京城帝國大學教授。從1928年開始，安倍能成連續兩年擔任京城帝國大學文學部部長，並一直在朝鮮居住到1940年。

從青年時期開始，安倍能成便在夏目漱石的影響下，成長為一位自由主義者。1945年，日本戰敗以後，安倍能成參與創辦了《世界》雜誌，並以一位出生於明治時代的老自由主義者身分，展開各項活動。他的自由主義思想貫穿了他的一生。

在朝鮮居住的漫長15年時間裡，安倍能成和朝鮮結下了不解之緣。在朝鮮生活期間，安倍能成對朝鮮多有發現，也產生了很多獨特的見解，相關內容基本上被收錄在他的《青丘雜記》和《槿域抄》中。

這兩本書，以紀行文和不同季節的風物志為主要內容。在旅行過程中，安倍能成體會到了由衷的喜悅。於是，只要有空他便尋訪漢城的皇宮和各處古蹟，他的足跡遍及慶州、金剛山、濟州島等朝鮮各地的山川名勝。他的尋訪已經超越了簡單意義上的旅遊，而變成一種文化意義上的探訪。通過與西歐、日本進行比較觀察，安倍能成發現了朝鮮的傳統文化以及其中包含的美的因素。從這個意義上講，他的尋訪實際上是一種比較文化實踐的活動。

從自家附近的街道上撿來的一塊泥瓦上，他甚至也能發現與日本不同的、朝鮮獨有的美學因素。

前面我們已經提到過，在殖民統治朝鮮時期，大多數日本人都認為朝鮮、朝鮮文化是落後的，沒什麼值得一看的東西，並據此歧視朝鮮和朝鮮人。但安倍能成並沒有採取與眾人相同的態度。

安倍能成主張，朝鮮文化同樣是一種優秀的文化，因此理應正確評價。比如說，與日本的和服相比，朝鮮的韓服，無論是其功能還是均衡

感，都表現出一種獨特的美感。當時，日本政府部門在「文明建設」的名義下，大肆拆除具有朝鮮傳統之美的城牆。對此，安倍能成痛心疾首。他反對大量種植日本的櫻花的做法，並呼籲當局應該保留朝鮮原有之美。

在《青丘雜記》和《槿域》這兩本書中，安倍能成經常會提到對朝鮮做出重要貢獻的淺川巧。而安倍能成也和淺川巧一樣，十分熱愛朝鮮之美。

安倍能成曾經這樣談起他在京城帝國大學的教授職務：「作為朝鮮這所大學的一名教授，我強烈地意識到我是擔負著朝鮮事業的部分責任。關於這一點，我並非沒有喜悅或自豪，但我在這份工作中感受到更多的痛苦和羞恥。」（《京城雜誌》）也許，作為一個日本人，他對日本侵略朝鮮並將其變成殖民地的行為感到痛苦和羞愧。

從某種意義上講，安倍能成並不是像淺川巧那樣的實踐者，他沒有為了朝鮮付諸實際行動。他始終站在一個「旅行者」的立場上，從一位自由主義者的角度觀察朝鮮，熱愛朝鮮。

安倍能成立足於當時自由主義學者、文人的立場上，適當評價朝鮮文化，努力通過與日本文化之間的比較文化論方法，觀察朝鮮文化。

當然，作為一個知識份子，他當時沒能批判日本殖民侵略朝鮮的行徑，這也是他自身的局限性。

但筆者認為，我們有必要高度評價安倍能成。因為他熱愛朝鮮，而且始終以一種公正的態度，高度評價朝鮮的風俗、自然、傳統之美。他超越了當時日本殖民統治朝鮮的偏見，帶著極大勇氣擺脫這種觀念的束縛，努力去理解朝鮮。這種行為本身具有不可否定的意義。

61. 宋教仁為何要對抗孫中山

孫中山被稱為「中國革命之父」，由此可見他在中國近代革命過程中的領導地位。孫中山當選為中華民國南京臨時政府的第一任臨時大總統，所以很多人誤以為孫中山始終掌握著革命領導地位。

在孫中山創建的興中會、同盟會中，他確實一直保持著代表性的地位。由於當選為中華民國臨時大總統，很多人以為在辛亥革命以後，他也領導了革命運動，或建國後的政治進程。但實際上這並非事實的全貌。

孫中山並未能按照自己的設想，出任軍政府的大元帥一職，而是由於立足於建立議會政治體系的大總統制當選為臨時大總統的，僅此而已。部分歷史學家指出，就任臨時大總統也有違孫中山的初衷，所以這並非一定是個令他感到滿意的職位。

在中華民國建國初期，代替心懷不滿的孫中山，活躍展開活動的年輕領袖正是宋教仁。

宋教仁是個什麼樣的人物呢？與固執堅持建立軍政府的孫中山相反，宋教仁是一個少壯派政治家，他希望一蹴而就，實現西方式的議會政黨政治。辛亥革命以後的激進熱情，也為宋教仁提供了一展身手的政治舞台。

宋教仁早年與黃興等人在湖南結成華興會，後來與希望團結各地革命力量的孫中山的同盟會匯流一處。但宋教仁和孫中山兩人之間，在性格上存在極大差異。

孫中山堅持認為應該在華南邊境地區發動武裝起義。對此，宋教仁持反對意見，提出應以長江流域為主展開革命運動。於是，宋教仁在上海單獨成立了中國同盟會中部總會，並以此為對抗孫中山的根據地，展開自己的革命活動。事實果然按照他的設想發展，在長江流域的中心城市武昌爆發了武裝起義，並最終獲得了辛亥革命的成功。宋教仁就是這

樣一個具有遠見卓識、自信的人。

　　孫中山從美國經由歐洲回到國內時，圍繞新政府的成立，早已出現了對立局面。1911年12月26日，南京臨時政府即將成立，以孫中山為中心，黃興、宋教仁、胡漢民、汪精衛等中國同盟會高層領導人聚集在一起，討論與新體制相關的問題。其間，宋教仁主張引入議院內閣制度。但孫中山主張應該採用政治權力更強的大總統制度。

　　孫中山和宋教仁兩人的思想發生了衝突。孫中山認為，在革命剛剛結束以後，政府實施軍政，並授予大元帥更多的權力。但從當時的情況看，各路代表整體上還是希望實施議會政治。這一矛盾表明，在內閣制和大總統制這兩者之間必選其一。

　　在這種情況下，孫中山主張選擇更適合發揮行政能力的大總統制度。最終，宋教仁的主張遭到否決。於是，臨時政府決定採納孫中山的大總統制，並推選他為第一任臨時大總統。孫中山重視更具效率的行政政府，而宋教仁則重視民主立法政府，二人之間的矛盾並沒有就此結束。

　　孫中山選擇的更具效率的政府（大總統制），與他所希望沒有議會的軍事獨裁──軍政府大元帥執政相比，並沒有表現出更高的效率。此後，由於孫中山從推翻清政府大局考慮，把大總統職位讓給了袁世凱，所以他的力量進一步被削弱。

　　宋教仁選擇了一條不同於孫中山的政治道路。他追求的是確立議會制民主主義體制。他大展身手的舞台不是政府，而是設立於南京的參議院。為了確立新的體制，當務之急就是要盡早制定「臨時約法」。參議院成員大都是各省派來的代表，而孫中山的革命派只佔有少數席位，因此孫中山很難在參議院發力。也就是說，孫中山最忌諱的議院專制正在逐步成為現實。

　　經過22天的緊急磋商以後，《中華民國臨時約法》終於新鮮出爐。而其內容，都是孫中山最為忌諱的內容。根據「臨時約法」規定，大總

統組建的內閣,將受到議會的制約。「臨時約法」正是反對孫中山的宋
教仁的「傑作」。這一點是值得回味的。

「臨時約法」的另一個重要內容是, 國家體制並非是由革命黨決
定的,而是通過民主選舉決定的。1912年,孫中山把臨時大總統之位讓
給袁世凱,由此在政治上遭到挫折。孫中山被迫調整自己的政治構想,
同盟會同樣因國會選舉的勝利,變身為議會政黨,從而改稱為國民黨。

1912年8月25日,中國同盟會與其他四個政治組織併合,組成了國
民黨。雖然孫中山當選為國民黨的理事長,但實際上,國民黨的實權落
在了理事長的代理人——宋教仁手裡。

孫中山就這樣在與年輕且才華橫溢的政治家宋教仁的對決中遭到了
失敗,也因此失去了他的權威。從1912年夏天到第二年的3月份,在宋
教仁被暗殺前的這段期間,國民黨可謂是「宋教仁的天下」。

筆者認為,進一步深入研究宋教仁,將成為發掘中國近代革命史實
的一個重要頭緒。

62. 毛澤東給予高度評價的近代中國巨匠——張謇

在中國乃至東亞近代史上,張謇都是一個聲名顯赫的人物。他雖然
是一位可與李鴻章、曾國藩、嚴復、康有為、張之洞、袁世凱等人比肩
的綜合性人物,但在中國近代史上,對他的認識還不夠深入。

張謇(1853-1926)是中國近代的實業家、教育家,也是一位最早
提出「實業救國」口號的人物。此外,張謇也以政治家、社會活動家
而著稱於世。素有「狀元實業家」之稱的張謇,其麾下擁有20多家企
業,他創建並營運了370多所學校。為了中國近代民族工業和教育事
業,他做出了巨大貢獻,而且成績斐然。

　　解放以後，毛澤東在談到中國的民族產業時，曾這樣高度評價張謇的豐功偉績：「輕工業不能忘記海門的張謇。」

　　張謇於1853年出生於江蘇省海門市長樂鎮，兄弟五人中，他排行第四。張謇的父親一直從事農業，因此積蓄了一定程度的家產。張謇在四歲的時候，其父已經開始教他讀《千字文》。

　　1869年，張謇科舉考中秀才。同治十三年（1874），張謇前往南京投奔孫雲錦。此後，應淮軍「慶字營」統領吳長慶邀請，張謇前往浦口入慶軍幕任文書，後袁世凱也投奔而來，兩人成為吳長慶的文武兩大幕僚，參與慶軍機要、重要決策和軍事行動。

　　1882年（光緒八年），朝鮮發生「壬午兵變」，日本乘機派遣軍艦進抵仁川，吳長慶奉命督師支援朝鮮平定叛亂，以阻止日本勢力擴張。張謇隨慶軍從海上奔赴漢城，為吳長慶起草《條陳朝鮮事宜疏》，並撰寫《壬午事略》、《善後六策》等政論文章，主張強硬政策，受到「清流」南派首領的賞識。

　　1884年，隨吳長慶奉調回國，袁世凱留在朝鮮接管「慶字營」。當時，吳長慶也親身體驗了清日兩國間圍繞朝鮮問題展開的角逐。吳長慶因病去世以後，張謇也離開軍隊回到故鄉，準備參加科舉考試。

　　從16歲開始一直到27歲為止，張謇共參加了5場鄉試，但都名落孫山。1885年，張謇勉強以第二名的成績中舉，開始嶄露頭角。此後，在中日甲午戰爭爆發以後，對日主戰、主和兩派展開激烈爭論。這時，新科狀元張謇成為南方「清流」派的主將，並成長為翁同龢弟子中的主要人物。

　　1895年初，受兩江總督張之洞的委託，張謇在江蘇通州創建紡織工廠。和李鴻章並駕齊驅的洋務派領袖張之洞，特意囑託清朝狀元張謇創辦實業的良苦用心不言自明。因為中國傳統社會一向「重農輕商」，而此時打破這種傳統觀念，發展實業的時機已經成熟。1899年，商號為

「大生」的官民合資性質的紡織工廠開業，發展形勢良好。

1900年左右開始，隨著資本的不斷積累，張謇又在唐閘創辦了廣生油廠，復新麵粉廠。隨後在唐閘西面沿江興建了港口——天生港。此後，張謇又在天生港興建了發電廠，在城鎮之間開通了公路，使天生港逐步成為當時南通的主要長江港口。在他的努力下，南通成為中國近代最早的民族資本主義工業基地。

民族振興應首先從民族教育開始抓起。出於這種考慮，張謇又於1902年左右開始，陸續創建了通州師範、女子師範學校、南通學院、盲童學校、南通伶工學社、男童圖書館等。

1905年，張謇和馬相伯一起創建了復旦公學（今復旦大學），1909年又創建了大連海運學院（今大連海事大學）。1912年，張謇創建現在的上海海洋大學前身——江蘇水產學校；1917年又創建了同濟醫工學堂（同濟大學的前身）；後又於1921年創建東南大學。張謇在中國近代史上，為中國的民族教育事業做出了卓越的貢獻。

1905年他創建於通州的中國近代第一座博物館——南通博物館誕生。1915年，創建中國歷史上第一座氣象台——軍山氣象台。從1911年開始，張謇歷任中央教育會長、江蘇議會臨時議會長，江蘇兩淮鹽總理等職；1912年出任南京政府實業總長（實業部部長）、北洋政府農商部總長兼全國水利總長（部長）。

不僅如此，張謇從很早就開始以立憲派領袖人物的身分積極展開活動。1901年，他推出了自己的《變法平議》；而在1904年則參與清政府的立憲活動，向中國翻譯介紹日本明治憲法，因此也在啟蒙活動中做出了貢獻。

中華民國北上以後，即使是在袁世凱主政時期，張謇仍利用自己的人脈關係頻繁出入政界。此後，袁世凱下令解散國會，復辟之心初露端倪，張謇憤而辭職回到了江蘇。

　　1918年，張謇也曾和蔡元培等人共同發起組織「平和期成會」，展開相關活動。原本就是狀元出身的張謇一生練字極為勤奮，在青壯年時期，夏練三伏，冬練三九，從不間斷。張謇的字自有一種獨特的挺秀之美，帶有顏體筆意。

　　張謇還慷慨解囊，資助從朝鮮逃亡到中國的金滄江等人，並與之結為好友，一度傳為佳話。

　　1926年7月17日，張謇因病在南通逝世。現在，在江蘇海門市常樂鎮狀元街東首，建有張謇紀念館。在這座靈秀的江南園林式的紀念館中，我們仍可以讀到張謇「實業救國」的精神。

63. 大文豪夏目漱石和殖民地朝鮮

　　夏目漱石（1867-1916）是日本近代具有代表性的大文豪，至今為止，他的肖像還被印在一千日圓紙幣上。他受日本人民愛戴的程度由此可見一斑。

　　夏目漱石也一度是中國的魯迅和朝鮮的李光洙等人追捧的日本作家。我們可以從他們曾經的言談中，看到夏目漱石對他們產生的影響。筆者也是「夏目漱石迷」，曾通過他的《門》、《從此以後》、《少爺》、《心》等名著，試圖領會這位日本近代文學的真髓。

　　最近，筆者在重讀這位生活於百年前的日本作家過程中，似乎領悟到了他之所以被人們視為「國民作家」而受人愛戴的原因，同時也發現了當時的時代背景中促使他成為一個「國民作家」的原因所在。當時的日本凝聚了國民的意識和關注點，使得時代的潮流凝滯不前，因此逐漸失去吸引人的力量。夏目漱石的立足點也正在於此。

　　夏目漱石通過隱喻的手法，將時代存在的問題融入作品之中。夏目

漱石標榜近代意義上的自我、個人主義，他沒有回避「國家」，而是始終關注著「國家」的理念、意識形態，並持續對其加以批判。

從夏目漱石的年譜中我們可以發現，他的小說名著大都是發表於1910年前後的。1905年開始，夏目漱石飽受病痛困擾，但直到1916年去世以前，他都頑強地對抗病魔，創作了大量傳世之作。這一時期，發生了日俄戰爭、日韓併合等一系列重大國際事件。

1910年，日本國民詩人石川啄木發表了大量詩歌作品，以浩然正氣，譴責日本吞併朝鮮，對其進行殖民統治的行徑。但夏目漱石並沒有這樣直接批判日本帝國主義，而是通過隱喻、人物的姓名設計等藝術手法，敏銳地捕捉到時代的動態，並將「批判」日本帝國主義對朝鮮的殖民統治內容，融入他的小說作品之中。

夏目漱石完成《從此以後》是在1909年8月。當年7月，日本內閣會議已經決定了吞併朝鮮的併合方針；通過簽署有關韓國司法、監獄事務等文件，日本已經剝奪了韓國的國際法權。6月，對併合韓國抱持消極態度的伊藤博文辭去了韓國統監職務，與此同時，保護韓國的政策開始轉向吞併政策。這就是《從此以後》的時代背景。

小說《門》發表於1910年5月。身兼日本陸軍大臣之職的寺內正毅，赴任朝鮮第一任統監；並於8月22日與朝鮮簽署併合條約。29日，條約對外公布。從這些時代背景中，我們可以發現夏目漱石的《從此以後》、《門》正是在日本吞併韓國期間開始動筆創作的。

東京外國語大學柴田勝二教授認為，這兩部小說的共同之處是，小說主人公同樣都想把朋友的妻子乃至同居伴侶佔為己有。在小說《從此以後》中，養助恢復了他與已成為好友平崗之妻的三千代之間的關係，將其佔為己有。小說《門》的主人公宗助是一個小官員，他同樣從自己的朋友安井手中，將其同居女友御米佔為己有。

筆者認為，這兩部小說主人公，實際上也是對日本國家行為的隱

喻。主人公霸佔他人之妻或同居女友的行為，實際上也象徵著日本吞併
韓國的行為。

正如《少爺》中的「麥當娜」象徵著因三國的干預，而傷痕累累的
遼東半島，上述兩部作品中的主人公佔為己有的他人之妻（三千代、御
米），也是韓國的隱喻。

實際上，在吞併韓國的當時，日本的雜誌上刊登了大量韓國女子與
日本男人結婚的繪畫作品。這些作品把日本比為男人，而把韓國比為女
人，採用的也是一種隱喻的手法。

夏目漱石就是通過相同的隱喻手法，將這種表象形象化的。但這並
不意味著他的文學想像是通俗的，反而意味著他借用了時間流行的普遍
感受。夏目漱石成功地將這種普遍感受變成他永恆的主題。柴田勝二教
授認為，這也正是夏目漱石成為日本「國民作家」的原因之一。

從三千代、御米這兩個女主人公的名字上，我們也能看出她們是韓
國的一種隱喻。「三」亦即「三國」、「三韓」，這是朝鮮半島古代的
名稱；「三千」又能使人聯想到朝鮮半島，因為大家都知道朝鮮半島素
有「三千里錦繡江山」之稱。而「米」也是以白米為主食的朝鮮民族的
象徵。

被主人公奪去妻子（或同居女友）的平岡、安井這兩個男子，憤而
發起反抗。這也象徵著朝鮮半島爆發的各種形式的抵抗運動。安井這個
人物的身上，這層隱喻意味尤其濃厚。《門》發表於1909年10月26日
安重根在哈爾濱擊斃伊藤博文以後，因此他名字中的「安」，也暗含著
「安重根」的意思。在小說中，安井被朋友奪去御米以後，也確曾前往
大陸。另外，宗助這個名字，也暗含著宗主國的寓意。夏目漱石認為，
「不能為了自己國家的發展，而妨害他國」，「侵略別的國家是不可饒
恕的」。通過這樣的主題批判帝國主義的思想，貫穿於夏目漱石一系列
小說作品當中。作為一個人，夏目漱石極其厭惡日本這個國家侵略韓國

的帝國主義邏輯。

64. 近代日本對韓國（朝鮮）歷史的研究

在100多年前開始的近代日本人（學者、普通人）對朝鮮史的研究，形成了一個龐大譜系。

從譜系學角度對此加以論述，至少也能寫成厚厚一本專著。有些人認為，近代日本人對朝鮮史的研究是一種「朝鮮人不在場的學問」，是「日本根據國策需要出發，是從政體史觀出發，無視朝鮮的自主性及內在發展性的行為。」但針對日本人的研究手法本身，及其以嚴謹的史料批判為基礎進行的考證、方法，那些持有批評態度的人也不得不高度評價他們的學術態度。

那麼，朝鮮研究乃至日本人對朝鮮歷史的研究，是以什麼樣的形勢開始的呢？這種近代性的研究工作，又是如何繼承、發展至今的呢？

《日本及朝鮮專題報告》認為，日本作為一種學術活動對朝鮮進行研究，是以江戶時代的漢學、支那學傳統為基礎形成的。據說，日本人研究朝鮮歷史，是從著名的東洋學以及東洋史學提倡者那珂通世開始的。

1880年代，其中心人物為帝國大學史學系出身的白鳥庫吉。相當於白鳥庫吉弟子的稻葉岩吉、池內宏、津田左右吉等人延續了這一譜系。

東洋史，尤其是朝鮮歷史研究，以中日甲午戰爭為直接契機，出現了重大的進展，並成為東洋史研究的起點。但是，被稱為漢學、支那學的中國學仍是其研究中心，因此朝鮮史學領域，還未能佔據其中心地位。

旨在獲取「滿蒙特殊權益」的日俄戰爭爆發以後，「滿鮮史」範疇也被確定下來。這裡所說的「滿鮮史」的框架，在戰後相當長的時期內，被人們視為美化帝國主義的「御用史學」，因此已不被視為禁忌。

當時與政府部門相關的史學家，有曾任韓國政府教育顧問的幣原坦、小田省吾、藤田亮策，以及今西龍等京城帝國大學（首爾大學）法學部史學系的早期教授團隊。這些人成為明治時期日本研究朝鮮歷史隊伍中的主要成員。

另一方面，也有不少「在野」的民間學者，他們雖然不是朝鮮歷史學界的專業人員，但出於對朝鮮歷史的關注，這些在野人士也展開了對朝鮮歷史的研究工作。比如青柳綱太郎、細井肇、菊池謙讓、時雄等，他們都是職業的「朝鮮通」，同時也是朝鮮問題專欄作家。此外，本職工作為警察的今村鞆，則為了搜尋朝鮮的善本、古書、珍本，而奔走於朝鮮各地，同時收集朝鮮的民間傳說，以及相關物證。

與教授、學者們學院式的「正統」研究方法相比，他們只是「在野」的、「異端」的研究者，因此他們更青睞那些「私談」和「野史」。所以，至今為止，這部分研究者尚未受到高度評價。這也是一件令人遺憾的事情。

還有另一類朝鮮史研究者。這些人以浪人自詡，並且親自參與了中日甲午戰爭、暗殺明成皇后、日俄戰爭、日韓併合等諸多重大歷史事件。他們成為歷史現場的在場者、目擊者、記錄者和見證人。

內田良平、武田範之等人就屬於這一部分。他們長期滯留在朝鮮，深深潛入朝鮮文化、朝鮮文明之中，卻從未掩飾自己對朝鮮社會弊端、固陋的歧視態度。這些人都具有深厚的漢學修養，因此具備了收集相關書籍的眼力；他們也因此而積累了自成一格的業績。

第二代朝鮮史研究者中的代表人物有中村榮孝、末松保和等人。新銳學者長島洋輝在相關論文中指出，第二代朝鮮史研究者作為日本社會精英，都曾獲得過相應的學歷。他們在大學畢業以後，被朝鮮總督府聘為「朝鮮史編修會」的修史官。長島洋輝本人在後來還曾擔任總督府學務局教科書「編輯官」、「教學官」等職務。而末松保和則成為京城帝

國大學法文學部的教官。他們執行了編修朝鮮正史《朝鮮史》的工作，而且為了搜尋基本史料，尋訪朝鮮各地，去進行實地考察。

「朝鮮史編修會」所有藏書，在韓國光復以後，被韓國的「國史編撰委員會」接管；原本由總督府控制的「奎章閣」（從舊王朝以來一直保管公文的地方），則被移交給了京城大學，後又被首爾大學接管。這二者至今仍是系統保管相關朝鮮史料的兩大機關。

第二代朝鮮史研究者，具有復古特徵。但他們當中也不乏同時具有銳意革新的自由主義者。這些人把戰前的研究移交給了戰後一代人，他們起到了相當於一座文化橋樑的作用。

從第二代朝鮮史研究者開始，日本人對戰前朝鮮史的研究工作告一段落。第三代朝鮮史研究者與戰後日本的新生同時誕生。從某種意義上講，這些日本學者無形當中也促進了韓國近代的歷史研究發展。有關這些人的作用，也當予以公正評價。

65. 為韓國獻身的西方人哈爾伯特

1907年6月，發生了韓國近代史上著名的海牙密使事件。大韓帝國皇帝高宗派密使前往荷蘭海牙，企圖在第二屆萬國和平會議（海牙和平會議）上揭發日本侵略韓國的真相，並呼籲歐美列強出面干預，恢復韓國的主權。高宗派出了李相卨、李儁、李瑋鍾三位大臣，並派一名西方人隨同前往。

這位西方人，正是本文將要提到的主人公哈爾伯特（1863-1949）。由於西方列強在荷蘭海牙第二屆萬國和平會議上提出反對意見，海牙密使事件未能如願以償。在日本的阻撓和列強的漠視下以失敗告終，李儁憤死海牙。哈爾伯特用熟練的英語，向國際社會歷陳日本的侵略行徑。

那麼，韓國派出的特使隊伍中，為什麼會有一位西方人呢？哈爾伯特又是一個什麼樣的人呢？

1863年，哈爾伯特出生於美國佛蒙特州一個名門望族家庭。達特茅斯學院（Dartmouth College）畢業以後，哈爾伯特進入協和神學院（Union Theological Seminary），讀了兩年相關課程。1886年，他被聘為韓國最初成立的近代公立學校——育英公院的教師，來到韓國。與哈爾伯特一起來到漢城的教員共有3名，除了他以外還有邦克、吉爾摩兩人。當時，漢城正流行霍亂，每天都有2000多人死於這種流行病。就是在這樣的現實環境下，這所學校開學了。後來成為韓國總理大臣的李完用，當時就是這所學校的學生。

哈爾伯特打開世界地圖，啟蒙育英公院的學生們，他首先強調要想放眼世界，首先必須學好英語，並嚴格要求學生養成用英語寫日記的習慣。

當時，高宗皇帝也十分關注世界形勢，親自來到學校參觀英語教學過程，甚至用英語向學生提問，並要求學生用英語回答問題。當然，高宗皇帝並沒有熟練掌握英語，他只是通過用朝鮮語標注發音的方式，向學生照本宣科而已。哈爾伯特由此認識到可以用朝鮮語準確標注英語發音的特點，開始認真學起朝鮮語來。

1888年9月，哈爾伯特暫時回國，與未婚妻完婚，並帶著自己的新婚妻子回到朝鮮。從此，他便開始著手系統研究朝鮮歷史、文化。哈爾伯特具有學者氣質，因此在閱讀朝鮮歷史、地理書籍過程中，對自己的心得加以整理，編成朝鮮文教科書。

1889年編輯成冊的《士民必知》中，收錄了世界各國民族風俗、產業、政治形態等領域的相關資訊。這本教科書也被認為是近代朝鮮最初用韓文寫成的教科書。1891年，這本教科書初版印刷2000冊。這在當時而言，可以說是超級暢銷書。

　　1893年，他以監理教朝鮮傳教士身分，在朝鮮各地展開傳教活動，並繼續從事出版業務。他開始以監理教三文出版社代表身分，利用自己從美國帶來的印刷機，出版圖書和雜誌。

　　1892年，哈爾伯特創辦了朝鮮最初的英文雜誌《韓國消息》，並在這份雜誌上發表題為「韓文」的微型論文，廣泛宣傳朝鮮文的獨創性。同時，他也在美國的報紙、傳媒上發表介紹朝鮮文及朝鮮民謠的相關文章。

　　後來，哈爾伯特與在美國留學歸來的著名海歸派人士徐載弼（1864-1951）相遇。1896年，二人初次見面便彼此意氣相投，結為知交好友。據說，徐載弼在創辦英韓文版《獨立新聞》過程中，哈爾伯特提供了相當多的幫助。事實上，英文版面的稿件基本上都是哈爾伯特負責撰寫的。不僅如此，哈爾伯特的弟弟亞瑟‧哈爾伯特也和哥哥一起，在《獨立新聞》社中扮演了重要角色。1901年1月，哈爾伯特又創辦了《韓國評論》月刊。這份雜誌，和《韓國消息》一起，在傳播朝鮮歷史文化方面發揮了重要作用。

　　在發生海牙特使事件以前的1905年，高宗為了宣示《乙巳條約》的非法性，將哈爾伯特派往美國。但美國的羅斯福總統拒絕接見哈爾伯特，伊萊休‧魯特（Elihu Root）國務卿也拒絕向其提供協作。

　　哈爾伯特在滯留朝鮮的15年期間，創作出版了《韓國史》、《大韓帝國滅亡史》這兩部著作。作為具體論述朝鮮歷史的著作，和其他相關書籍相比，這兩本書毫不遜色。1907年，哈爾伯特遭到日本官方監視，並遭到流放。於是，他開始在美國投身於宣傳朝鮮獨立的活動中。他也曾在徐載弼、李完用領導的獨立團體發表演講。

　　1949年7月29日，哈爾伯特自稱希望葬身朝鮮大地，並依然返回朝鮮。在同一年，哈爾伯特永遠長眠於朝鮮。自從初次來到朝鮮以後，哈爾伯特便將自己獻給了朝鮮，以及朝鮮的文化事業。這是一位值得所有朝鮮人永遠緬懷的「藍眼朝鮮人」。

66. 熱愛中國的西方人——荷馬李

在中國近代革命的幕後，除了大量日本人以外，許多西方人也做出了巨大貢獻。最近，澳洲華裔學者雪珥發現了一位在辛亥革命期間為中國革命事業做出巨大貢獻的西方人——荷馬李（Homer Lea）。1911年12月25日，孫中山聽到辛亥革命爆發的消息以後，匆忙從美國返回中國。隨行人員中有一個西方人。他是個身高僅150公分的駝子，臉色蒼白，一副文弱書生模樣，而且還穿著一身軍裝。這名西方人，很快引起很多中國人和記者的好奇。

這個駝子就是荷馬李。荷馬李雖然其貌不揚，卻擔任著孫中山的軍事顧問一職。在接受記者採訪的時候，孫中山這樣讚揚荷馬李：「李君是天下最優秀的陸軍專家，是歐美軍界極受尊重的人物。」

這位荷馬李，究竟是什麼樣的人物呢？

1876年11月，荷馬李出生於美國。3歲時，荷馬李的母親去世。幼年時期由於不小心摔倒，傷到了脊柱，荷馬李變成一個駝子，身高長到150公分以後，便再不見長，體重也僅保持在45公斤左右。這樣瘦弱的矮子，還患有間歇性頭痛症，每當頭痛發作，嚴重的時候甚至還曾失去知覺。在上中學期間，荷馬李家裡聘請的傭人是個中國人。荷馬李在他的幫助下，學習漢字並對中國歷史產生濃厚興趣。明朝開國皇帝朱元璋成為少年荷馬李的偶像，他發誓長大以後一定要成為一名中國的英雄。

荷馬李對中國革命的熱情就是這樣慢慢培養起來的。1900年，荷馬李在就讀大學期間突然退學，帶著1600美元來到夏威夷，去拜訪正在亡命的梁啟超。不僅如此，荷馬李還遠渡重洋來到日本，去拜見保皇黨成員康有為。

他在上海的一家報紙上發表文章稱：「我在以個人身分幫助中國革命事業。我信奉人道主義，我具有幫助中國革命的使命。有數千萬中國

人民正在遭受專制暴政的蹂躪，我又如何能坐視不管，袖手旁觀？我是世界正義的守護者。」

荷馬李的軍事才能和雄辯的口才使康有為深深為之折服。康有為私下冊封他為「大將軍」，並送給他一套「將軍服」作為禮物。1903年，在加利福尼亞，荷馬李為保皇黨訓練「維新軍」且分文不取。他花重金為維新軍聘請了專門的教官，卻宣稱自己要等到革命成功以後再接受報償。但後來，荷馬李不滿康有為的為人，遂與其決裂。

1908年以後，荷馬李積極接觸革命領袖孫中山，投身於募捐活動，著手策劃「紅龍計畫」。

孫中山回憶他和荷馬李的初次相逢過程：「那是在光緒皇帝駕崩以前，我正亡命美國，那時有一個身高不足五尺的矮個子青年來找我，並對我說：『我希望幫助您，和您一起奮鬥。您一定會獲得成功的。』說罷，他主動向我伸出手來和我握手。我對他的美意表示感謝。我是在那時才了解到他是當代出色的軍事指揮家。得知這一內容以後，我高興得合不攏嘴。」（1911年11月，接受英國記者採訪所做的回答）

第二天，孫中山回訪荷馬李。他們二人自然意氣相投，孫中山當場決定，革命成功以後，將聘請荷馬李為自己的首席顧問。於是，荷馬李這樣回答：「您不需要等待成為中國總統，總有一天，您會需要我的。沒有近代，也就無法建立一個新的國家，更無法維持新的政府。我堅信，只要接受適當的訓練，中國人就能組建起一支優秀的軍隊。」

1910年2月，孫中山在荷馬李的邀請下訪問三藩市，並與其進行了3次密談。在會談中，他們詳細策劃了「紅龍計畫」的具體實施方案。在計畫中，孫中山擔任「最高統帥」，荷馬李則擔任「最高軍事指揮官」。如果把各分會黨員加在一起，他們當時可以調動的人員多達1000萬人。

如此一來，荷馬李的具體計畫越來越接近現實，於是他全身心投入

這項事業。首先，他傾盡全力為孫中山培養軍事精英，其次是展開募捐活動。荷馬李的同事們也都紛紛加入到募捐活動行列。荷馬李則把自己的國際戰略論著《無知之勇》的日語版權轉讓給孫中山，並將其全部收入捐給中國革命事業。

這本書當時在日本銷售了近10萬冊，幾乎成為日本軍人必讀書目，是那個時代難得一見的暢銷書。在書中，荷馬李甚至提到了日本以後將發動太平洋戰爭。

除訓練軍隊和募捐活動以外，荷馬李還幫助孫中山向國際社會廣泛宣傳中國革命事業，並對美英政府、議會進行遊說活動。此外，荷馬李還代表孫中山與4個國家的銀行交涉，希望能從銀行系統借到革命所需資金。雖然他遭到了美英金融系統及政府部門的拒絕，但荷馬李對革命事業的熱情可見一斑。

1912年11月1日，荷馬李回到美國以後因病去世，結束了他年輕的生命。孫中山發去唁電，追悼他的親密戰友。1968年，蔣介石下令把荷馬李夫婦的陵墓遷到臺灣，並進行了隆重的「國葬」儀式。荷馬李將自己的一生奉獻給了中國的革命事業，他是一位值得所有中國人永遠緬懷的西方人。

67. 中國革命的幕後舵手——莫理循

孫中山的背後有一個西方人顧問荷馬李，而袁世凱背後也有一個西方人顧問。1912年1月，以孫中山為臨時大總統的南京臨時政府，和北京政府首腦袁世凱出現對立局面。於是，他們二人約定，誰能把宣統皇帝拉下皇位，就由誰來擔任民國大總統。這時，袁世凱的幕後有一位隱形舵手在為其出謀劃策，他就是莫理循。莫理循參與袁世凱的計畫，將

上海等地的外國商會組織起來，促使其向清政府提交督促宣統皇帝退位的請願書（相當於威脅信）。

可問題在於，這樣做很容易使人們把袁世凱視為背叛宣統皇帝的人。如何才能避免這樣的罵名，同時又能讓袁世凱成為民國大總統，這是莫理循面臨的一大難題。聰明的莫理循想出了一個兩全其美的辦法，「由宣統皇帝頒昭，責成袁世凱建立共和政府。」袁世凱接受莫理循的建議，按計行事，獲得成功。「莫理循成功實現了促使皇帝親自頒詔，建立共和國的偉業。這是中國歷史上最引人矚目的事件之一。」（彼得‧湯普森、羅伯特麥克林《中國的莫理循》）

在莫理循一手策劃下，溥儀於1912年2月正式退位，袁世凱於3月份被推舉為臨時大總統，中華民國正式宣告成立。據說，袁世凱曾多次向莫理循表達謝意，稱「多虧有你的幫助，我才能當上大總統。」

在袁世凱幕後，發揮舵手作用的莫理循，究竟是什麼樣的人呢？莫理循（George Ernest Morrison，1862-1920）出生於澳大利亞。他是一個專欄作家（記者）、探險家、美術作品及古書籍收藏家、中華民國大總統政治顧問，他是一個擁有多重身分的國際著名人士。有關他的收藏家身分，筆者在別的章節詳細介紹，本文將重點介紹他與中國革命相關的事蹟。

從1897年至1920年，這23年時間莫理循是在北京度過的。前15年他以《泰晤士報》北京特派員身分，在中國展開各項活動。由於具備了卓越的政治洞察力和預見能力，莫理循獲得了中華民國大總統袁世凱的信任。莫理循是歷任4位大總統政治顧問的傑出的西方知識份子。

他利用《泰晤士報》雜誌，提前揭露了俄羅斯侵略滿洲的陰謀，以此喚起了反俄親日的國際輿論。可以說，莫理循為日俄開戰以及日本最終獲得勝利，做出過重要貢獻。

《日俄戰爭總導演莫理循》、《北京的火焰——義和團事變和莫理

循》等相關著作內容顯示，由於莫理循展開的卓有成效的工作，日本獲得了巨大利益，並戰勝了俄羅斯；作為英國的代理戰爭，日本的勝利也給英國帶來了巨大利益。通過這場戰爭，英國確保了以長江流域的特殊權力為主的在華利益，同時也確保了英國在「掌中寶石」印度的利益，維持並擴大了英國在東方的權益。

莫理循是一位澳大利亞的愛國主義者，他自覺地承擔了確保英國在「極東地區」利益的責任。此後，莫理循於1906年考察了滿洲地區的實際情況，開始批評日本介入滿洲的做法。日本方面很清楚莫理循的實力，因此試圖重金賄賂他，使其為日本所用。但莫理循不為所動，繼續展開他的演講活動，通過自己的言論活動挑戰時局。

1911年10月10日，武昌新軍舉起反清旗幟，發動了武裝起義。革命烈火迅速在中國各地熊熊燃起，14個省分冒天下之大不韙，先後宣布獨立。清政府為了籠絡袁世凱，重新任命他為總理大臣，並命令他鎮壓革命。但實際上，袁世凱已經在暗地裡和革命政府約定，共同推翻清政府。

這時，莫理循對袁世凱伸出了援助之手。具備了西方開明思想的莫理循，一直反感清政府的專制統治，而且他也了解到袁世凱是一個具有反日思想的人物，於是竭力施以援手。他為袁世凱出謀劃策，助其成功當選民國大總統；作為回報，他希望袁世凱在制定政策過程中，強化英國及自己的發言權。通過抑制日本的發言權，擴大並維持英國對東洋地區的統治，以此來確保澳大利亞的國家安全——這就是莫理循的整體思路。

基於這種方針，莫理循幫助袁世凱，使其成功當選民國大總統。1912年7月，莫理循辭去服務了17年之久的《泰晤士報》工作，並於8月就任袁世凱的政治顧問。莫理循就任以後，收到了包括英國外交大臣愛德華·格雷在內眾人的賀電。西方世界將莫理循譽為「救助中國的引路者」、「嚮導」、「舵手」，讚美之聲不絕於耳。

袁世凱花重金聘請莫理循為自己的政治顧問，而莫理循也為這份工

作努力不懈。但是，莫理循這時的影響力，反而比他擔任記者時期有所下降。因為過去他都是通過新聞媒體發揮自己影響力的。就莫理循做出的「無可比擬的貢獻」，袁世凱頒發了兩次勳章給他。但莫理循卻在日記中這樣寫道：勳章對我而言，「連四分之一便士的錢都不值。」此後，莫理循先後歷任中華民國4位大總統的政治顧問。促使袁世凱向德國宣戰的人，也正是莫理循。1919年，莫理循隨同中方代表參加法國巴黎和談，其間患病倒下。1920年5月3日，莫理循逝世，享年58歲。

68. 亞洲留學生教育的先驅者——嘉納治五郎

百年前，日本東京出現了一位被人們稱為「柔道之父」、「日本體育之父」的人物，而他同時也是致力於中國留學生教育的先驅者。這個人正是嘉納治五郎。電影《姿三四郎》的主人公奉為導師的人也正是他。

嘉納治五郎在日本體育界立下了汗馬功勞，同時也擔任了25年高等師範學校校長職務。他以長期致力於人才教育改革而著稱於世。他接納和培養了大批中國留學生，僅憑這一點，嘉納治五郎就值得我們永遠紀念。他創建了被稱為「中國留學生教育機關」的弘文學院。這所學校的學生總數為7192人，其中有3810名學成畢業。這所學校也培養了大量曾活躍於中國近代各領域的風流人物，如魯迅、周恩來、秋瑾等。

嘉納治五郎於1860年出生在現在的神戶市。1881年，嘉納治五郎在東京大學文學部哲學科畢業，並克服了在校期間虛弱的體質，開始學習日本柔道。1891年，他被任命為文部省參事官，並在兩年後就任高等師範學校校長。

1896年，嘉納治五郎受西園寺文部大臣的囑託，開始接納從中國遠道而來的留學生。中日甲午戰爭爆發以後，清政府開始重視起向日本派

遣留學生的事業，並確立了派留學生進入日本教育機關學習的方針。最初，日本政府部門責成公立學校促進留學生事業，但由於很多留學生都存在日語水準低下的問題，日本方面未能促成這件事。於是，嘉納治五郎開設了私塾，開始著手留學生教育。

1896年6月，嘉納治五郎在自家附近的神田三崎町租賃了一所民宅，開始了他的私塾教育事業。第一批學員招收了13名中國留學生，此外另接收了一名補缺學員。這批學生，年紀都在18歲至23歲之間，他們都是通過清政府選拔考試的精英。當時，他們還都留著辮子，因此常常成為日本人的笑柄。其中有部分學生很難適應日本的飲食習慣，不得不中途退學回國。

即便如此，仍有7名中國留學生於1899年學成畢業。其中三人考上了早稻田大學的前身——東京專門學校，他們或者成為清政府官員，或者成為著名學者。在畢業典禮上，嘉納治五郎這樣鼓勵中國留學生：「希望諸君為東洋和平而發憤圖強。」在嘉納治五郎看來，培養和教育中國留學生，也有助於中日關係及東亞局勢的穩定，是一件促進和平的事業。

此後，嘉納治五郎擴大了私塾的規模，並將其改稱為「亦樂書院」。1901年，亦樂書院進一步發展壯大，於是嘉納治五郎在此基礎上創建了弘文學院。弘文學院佔地面積3000坪，共有校舍12棟，已經成為頗具規模的學校。

弘文學院創立之初，學校共設置了主要教授日語及普通教育課程的「普通科」（3年課程）、培養教師專業的「速成師範科」（4個月課程）、培養員警的「警務科」（3年課程）。從第二年開始，弘文學院畢業生可以不經考試，便可進入日本文部省直轄學校。因為文部省對於嘉納治五郎的教育成就，給予很高的評價。

1902年，魯迅也和眾多留學生一起進入弘文學院。當初，魯迅本打算進入陸軍士官學校預備校星城學校，但由於從這一年開始，來日本的

留學生人數急劇增加，校方拒絕接受新增學員。於是，魯迅進入弘文學院普通科，在校學了2年。其間，除了學習日本語課程以外，魯迅還接受了算術、代數、幾何、體操、理科、地理歷史等課程教育。

和魯迅同住一室的沈迪民後來回憶說，當時是按照學生的出生地劃分班級的，因此他們之間的關係非常要好。他們一起學習、一起吃飯，偶爾也會一起喝上一杯，並共同擔憂祖國的民族危機。校方有時也安排他們遊覽郊外或東京市區的旅遊名勝，進入秋季以後，也舉辦校內運動大會。當時，魯迅進入嘉納治五郎創辦的「講道館」，習練日本柔道。

嘉納治五郎對留學生非常親切，在學費等方面也經常向他們提供便利。《嘉納治五郎老師傳記》一書中提到，嘉納治五郎利用自己的人脈，想盡一切辦法聘請德高望重的學者，給中國留學生授課。革命家秋瑾也是在這所學校學成以後，於1905年歸國，並投身中國革命事業的。秋瑾在31歲那年被清政府逮捕，並慘遭殺害。周恩來也曾在1917年就讀於這所學校。

弘文學院在成立2周年以後，設立了很多分校，並迎來事業的發展階段。1906年，在日本留學熱影響下，弘文學校進一步發展壯大，在校學生總數達到了1556名，教職員也達到了174名，成為當時日本規模最大的留學機構。

1905年，隨著留學生人數的進一步增加，日本文部省頒發了相關法令，以強化對留學生劇增現狀的控制。對此，留學生提出抗議。這項法令的背後，隱含著清政府壓制留學生反清運動的意圖。留學生與政府部門發生衝突，導致兩千多名留學生退學回國。

1909年，弘文學院宣布撤校。從當時留學生寫給嘉納治五郎的感謝信中，我們可以大致了解到他對留學生教育事業做出的貢獻。此後，嘉納治五郎在高等師範學校繼續展開他的留學生教育事業，並一直堅持到1930年代。

69.「黃禍論」的具體內容

在百年前的近代,「黃禍論」(Yellow Peril)在西方世界蔓延。從字面上不難看出,「黃禍」指的是亞洲黃色人種威脅到西方白色人種,這種危機已經形成禍患。同時,這也是西方白色人種對亞洲黃色人種的歧視。在這種冠冕堂皇的藉口下,西方列強公然將其對亞洲的殖民政策合理化。事實上,這是西方列強一種扭曲的對外侵略政策。

那麼,「黃禍論」是何時因什麼原因而發展起來的呢?1895年,日本在中日甲午戰爭中打敗清政府,獲得全面勝利,並通過簽署《馬關條約》,割佔遼東半島。但在俄羅斯、法國、德國三國干預下,日本的計畫化為泡影。

就在同一年,德國皇帝威廉二世親自構思了一幅《黃禍圖》,並將其贈送給俄羅斯皇帝尼古拉二世,呼籲歐洲列強聯合起來,抵制「黃禍」。畫面中,佛陀騎著一條龍出現在熊熊燃燒的東方大地之上,並暗示著即將驅使烏雲向西方突擊。對此,沒有任何防備意識的西方婦女,聚集在一塊巨大岩石上束手無策;身上長出一對翅般的天使正在向她們進行說明。

顯然,這幅畫在暗示著東方的黃色人種,正意欲侵略西方世界。威廉二世希望以此來提醒西方世界,歐洲處於危機之中。所以,基督教國家必須團結一致對抗東方。可以說,這是一幅寓意深刻的繪畫作品。位於畫面中央的天使,顯然在象徵著德國。

那麼,德國皇帝威廉二世為什麼要構思這樣一幅作品呢?分析家認為,德國皇帝希望促使俄羅斯牽制東亞,並強化德國在歐洲的中心地位。此前,德國派兵攻佔青島,在青島設立租界,並獲得山東半島鐵路鋪設權,以此來向西方列強提供榜樣。德國希望俄羅斯參與其中,大膽入侵中國。但是,俄羅斯與日本開戰以後,在日俄戰爭中大敗於日本。

於是，來自東亞的危機感進一步在西方世界蔓延。

在此之前，西方列強一直以絕對的優勢，在世界各地縱橫馳騁。所以亞洲乃至非洲各地，一直遭到西方白種人的殖民侵略。可是，作為有色人種，日本開天闢地第一次戰勝了俄羅斯。從這個意義上講，日本獲得日俄戰爭的勝利，具有劃時代的重大意義。

一直以來，有色人種始終遭到西方白色人種的侵略，但通過這場戰爭，東亞找回了喪失已久的自信心，並確立了黃色人種也可以戰勝白色人種的信念。當時，「活動寫真」（電影膠片）已開始流行，因此，與日俄戰爭場面相關的影片，在亞洲各地頻繁公映，受到被殖民地區廣大人民群眾的熱烈歡迎。（《中國文明的歷史》，宮崎市定）

對此感到厭惡的正是殖民地宗主國英國、法國、德國、荷蘭等西方列強。由於這些國家至今為止一直橫行無阻，所以他們一致認為，必須對日本進行報復。產生了所謂的受害妄想，於是，「黃禍論」在西方社會盛行起來。

事實上，反觀近代史，西方社會的「黃禍論」是根深蒂固的。從十八世紀後半葉開始，白色人種優越思想在西方國家形成潮流，由此形成白色人種對有色人種的偏見、歧視。他們從生物學角度出發，認為中國、日本、朝鮮等黃種人的體質不如白種人，並將其與東亞的語言、氣候、風俗、文化聯繫在一起，解釋和說明亞洲人種的品質、進化程度。西方人公然主張白色人種在文明等各方面都優於有色人種，並就此認為白色人種對有色人種地區的殖民政策是合理的。

早在1870年代初，俄羅斯的米哈伊爾‧巴枯寧便提出了他臭名昭著的「黃禍論」思想：「幅員遼闊，人口眾多的中國，一旦與改革中的日本聯手，黃色野蠻人中就會像洪水猛獸一樣氾濫，即使調動歐洲全部軍隊，也無法阻擋。」

1895年的中日甲午戰爭，以及1905年的日俄戰爭爆發以後，由於

日本連續獲得了戰爭的勝利，「黃禍論」進一步在西方國家蔓延擴散。他們一邊嘲諷日本為「黃色的猿猴」，一邊重新認識日本的崛起。

「黃禍論」者紛紛奔相走告：黃禍即將蔓延！黃色人種天生具有軍事方面的野蠻勇氣和意志，因此最適合參軍作戰；只要他們引入新式武器，掌握新的戰術，歐洲就將難以匹敵；歐洲的殖民地也將盡數被他們奪去……

另外，「黃禍論」者同時也指出：黃種人對所有土地、氣候都具有很強的適應能力；黃色人種在生活方面都具有吃苦耐勞的精神，而且無論在工人階層還是資本家階層，他們的效率都比白色人種高出很多；黃色人種即將控制白色人種的危險性正急劇變成現實。

總之，「黃禍論」與「西方沒落論」一起，在西方社會掀起了一場民族憎惡旋風。西方人基於他們的「受害妄想」，試圖把所有責任轉嫁給黃種人。歷史學大家宮崎市定明確指出：「這就是當時歐洲人普遍的道德水準。」

百年前，西方世界從「黃禍論」中，直接導出侵略亞洲是合理的這樣一種結論。而其人種論思想，也對近代國民國家、民族主義和東西文明、帝國主義、殖民主義等概念的形成，產生了巨大影響。事實上，在進入21世紀以後，「白色人種優越性」思想依然沒有褪色；美國及西方國家對中國、日本、韓國等亞洲國家的態度，仍暴露出白色人種優越意識的殘餘思想。

70. 思想家安重根

很多人誤以為，安重根只是個抗日義兵長官，是一個偉大的抗日民族英雄。教科書中基本上也只提到他的勇敢行動，和大義凜然的態度。

總之，在大多數人看來，安重根只是一個擊斃伊藤博文的「武夫」式的民族英雄。

事實上，安重根正是一個超越了單純的義士、義兵長官等「武夫」概念的新型民族獨立運動家，而且也是一個卓越的思想家。安重根不僅是朝鮮民族的英雄人物，而且也是一個具備了國際意識的國際主義者。筆者出版的《思想家安重根和智者伊藤博文》（日文版，南南社出版，2012年3月），在這方面做過一些探討。

筆者希望強調的一點是：安重根不僅是一個屬於韓民族的英雄人物，同時也是屬於整個亞洲的國際思想家。他從和平主義思想出發，毫不留情地批判西方文明「殺人機械式的」侵略、戰爭。

近代韓國歷史學家、著名的獨立運動家朴殷植先生（1859-1925）著有《韓國獨立運動血史》等著作。在《安重根傳》（1912）中，他對安重根做了如下評述：「在評價安重根的時候，有的人認為他是一個為國捐軀的志士，而有的人則把他視為為國復仇的熱血俠客。但我認為，僅有這些評價還遠遠不夠。因為安重根是一個具備了國際視野的和平主義的代表人物。」

朴殷植認為，安重根不僅是一個韓國獨立運動英雄和民族主義者，而且還是亞洲和平、世界和平的代言人。至今為止，韓國方面仍傾向於把他視為一個獨立運動英雄，而疏於去發掘他在亞洲和平、世界和平事業方面的貢獻。中國的普通百姓和學者身上，也同樣存在這種傾向。不過，最近以來，在中日韓三國，重新評估安重根和平主義思想的潮流正在興起。筆者認為，這是因為安重根不僅僅是一個擊斃了伊藤博文的民族英雄，同時也是一個具有「東亞和平思想」的人物。

安重根在大連旅順監獄所寫的《安應七歷史》，很好地反映了他的東洋和平主義思想。針對「東亞和平」，他這樣闡述道：「上蒼創造了人類，因此四海之內皆為兄弟。人人喜歡自由的生活，而拒絕死亡，這

是每個人所具有的正義。今天，世人一致認為已步入文明時代，但唯獨我持有不同看法。我為此歎息。當然，無論東方還是西方，無論男女老幼，都擁有天賦的品性；他們在這片土地上和平共處，共同享受生命，享受太平世界——這應該可以稱為文明。可今天的時代並非如此。上流社會的高層人物所談論的，無非是競爭；他們整天研究的，就是殺人的機器。所以東西方五大洲硝煙瀰漫，炮火連天。我豈能不仰天長歎。

現在的東洋形勢悲慘無比，而且這種現象日益嚴重，簡直罄竹難書。如此說來，伊藤博文並未能深刻理解天下大勢，擅自採取了殘酷的政策，導致東亞整體難免滅亡的命運。

嗚呼！憂慮天下大勢的年輕人，怎麼能僅僅帶上袖章坐以待斃！所以，經過深思熟慮，我才決定在萬眾矚目下，以槍聲聲討老賊伊藤博文，促使東方青年猛然驚醒。」（《安應七歷史》1909年11月6日）

從中我們可以看到，安重根在猛烈抨擊西方帝國主義的侵略、弱肉強食的殖民政策，並主張亞洲聯盟。安重根在英勇就義之前寫作的《東洋和平論》，則是他思想的集成。令人遺憾的是，他還沒來得及完成這部著作，便被日本帝國主義處死了。但我們仍能從殘存的文字中，發現他的和平主義思想。

至今為止，在中日韓三國，還沒有一個人把安重根視為一個思想家。當然，從整體上看，安重根的思想中還存在不成熟的局限性，他對伊藤博文的認識也存在片面性。但筆者極力主張，應將安重根評價為一個具備了亞洲聯盟思想的、具有獨立意識的思想家。我們不僅應該把他視為一個勇武的民族義士，同時更應該聚焦於他的和平主義思想。

71.「革命和尚」

　　辛亥革命期間，部分寺院成為革命黨人的後方工作場所。有些寺院甚至還組建了「僧軍」，直接投入革命活動。

　　比如在武昌武裝起義期間，漢陽的歸元禪寺就是這樣。歸元禪寺坐落於戰略要衝地帶，當戰鬥打響之際，民軍的戰時總司令部和後方勤務機關就設在這裡。

　　1911年11月12日，上海《民立報》所登短訊一則云：湖北軍政府「軍務部有某志士，見武漢和尚甚多，特組織和尚隊一營，現在報名，投效者實繁有徒，將來必有特別妙用也。」歸元禪寺僧眾中，有不少人脫掉僧衣，義無反顧地加入到民軍隊伍裡，為創建共和浴血奮戰。

　　在這些參與革命活動的和尚當中，還有一個極其特別的人，他就是被人們稱為「革命和尚」的太虛。太虛（1890-1947）是中國近代佛教界的泰斗，也是民國以來新佛教運動的領導者。

　　太虛出生於浙江，本名呂沛林。早年失去雙親以後，太虛在外祖母的影響下對佛教產生好感。長大成人以後，他在寧波天童寺受戒，法號太虛，後成為佛教界重要人物。太虛記憶力驚人，而且口才出眾，常使周圍人等為之驚歎。

　　在參加辛亥革命的眾多僧侶中，太虛是一個極其特殊的人物。在從事政治革命活動之餘，太虛發揚革命精神，致力於佛教改革運動。他曾這樣回憶說：「偶然的關係，我與許多種的革命人物思想接近了，遂於佛教燃起了革命熱情，在辛亥革命的俠情朝氣中，提出了教理（學理）革命，僧制（組織）革命，寺產（財產）革命的口號。」

　　早在1908年，太虛便在華山和尚的影響下，閱讀了大量革命著作。其中包括康有為的《大同書》、譚嗣同的《仁學》、嚴復的《天演論》及《群學肆言》，章太炎的《告佛子書》和《告白衣書》，吳稚暉、張

繼等在巴黎所出《新世紀》上介紹的有關托爾斯泰、克魯泡特金之學說等。從而產生了以「佛學救世之宏願」，「一轉先之超俗入真而為回真向俗」。

1910年正月，太虛應棲雲之邀，來到革命黨人雲集的廣州，熱烈談論革命。後又在棲雲的介紹下，與革命黨人交往密切。太虛在寺院內專設佛學精舍，一邊宣揚佛學及發表詩文，一邊與官紳學界士大夫交遊。不僅如此，太虛還經常參加他們的秘密集會。

太虛說：「令我鍛鍊敢以入魔，敢以入險的勇氣豪膽者，亦由於此。」可見革命同志對他的性格影響之大。太虛在廣州交往的潘達微、莫紀彭、梁尚同等，大多是新聞記者。他們的思想，比較傾向於社會主義或無政府主義，常常向他提供托爾斯泰、巴枯寧、普魯東、克魯泡特金、馬克斯等人的譯作。在這種過程中，太虛逐漸形成國民革命、社會革命及無政府主義思想。

1911年3月29日，在廣州起義中犧牲的革命黨人被葬於黃花崗。太虛為此寫作了《弔黃花崗》七古，以示哀悼。4月，廣州起義失敗以後，清政府以太虛作詩哀悼黃花崗烈士為由，準備逮捕他。太虛的文友、清鄉督辦江孔殷大力為其開脫，太虛得以從容離開廣州返回上海。

1912年中華民國成立以後，太虛在南京組建新佛教運動大本營——「佛教協進會」。在社會黨人的推薦下，孫中山在總統府接見了太虛，並向其披露了自己對佛教改革的構想。同年，在鎮江金山寺召開佛教協進會成立大會。由於改革思想與傳統佛教思想之間的衝突，僧侶們展開了一場激鬥。

此後，太虛提出對佛教界進行改革的方案，翻開了中國佛教改革的新篇章。1914年，太虛到普陀山閉關。從政治革命的立場上講，是脫離了革命；但從他自己的立場來說，他並沒有改變「以佛法救世的立場，只覺中國政治革命後，中國佛教也需經過革命而已」。政治革命與

佛教革命在太虛，不是背道而馳的兩件事。後來，太虛仍藉視察日本、東南亞之際，宣揚佛教改革思想，並創辦《覺社書》雜誌。後來，這份雜誌改名為《海潮音》，繼續宣傳佛教改革。1922年，太虛出任武昌佛學院院長；1923年，太虛創設世界佛教聯合會，並擔任會長之職。1928年，太虛出訪歐洲，繼續宣傳佛教教義。

　　日本侵略中國時期，太虛發表《告日本佛教大眾》、《告全日本佛教徒》等文章，批判日本對中國的侵略行徑。抗戰期間，太虛還曾親往東南亞地區募集資金，支援中國的抗日戰爭。1943年，國民政府向太虛授予「宗教首領勝利勳章」。1947年3月，太虛在上海玉佛寺因腦出血不治身亡。無論從政治層面還是佛教層面上講，「革命和尚」這一稱謂，對太虛來說似乎都非常貼切。

72. 中日民間交流的先驅者——岸田吟香

　　深入挖掘東亞同文學校的歷史，我們一定會認識岸田吟香這個日本人。岸田吟香是百年前活躍於中國南方經濟、文化領域的著名人士。因此，了解他的生活軌跡，也將成為了解當時中日兩國民間交流情況的頭緒。

　　岸田吟香（1833-1905）是明治時期日本著名記者、實業家，同時也是一位著名的漢學家。他出生於日本岡山縣，17歲時便隻身來到東京學習漢學；學成以後，岸田吟香便巡遊日本各藩，教授漢學。岸田吟香與日本近代聲名顯赫的木戶孝允、西鄉隆盛等人交情甚篤。1864年，岸田吟香在橫濱結識美國長老派教會的赫本。當時，赫本正在橫濱從事醫療和傳教事業。以此為契機，岸田吟香和赫本二人協作編撰日英對譯詞典。1866年，詞典脫稿，於是岸田吟香來到上海，準備付印。

　　滯留上海的9個月期間，岸田吟香居住在虹口一戶唐姓人家裡，埋

頭校對工作。正是這段滯留上海的經歷,將岸田吟香和中國緊密聯繫在一起。由於這一段短暫的生活經歷,岸田吟香的人生發生了重大改變。岸田吟香滯留上海時期(1866年左右),上海在外國貿易、資本的刺激下,工商業處於飛速發展階段,因此有眾多的外國商社進駐上海。據說當時居住在上海的外國人超過了2000人。

當時,岸田吟香還是個文人。在校正原稿之餘,岸田吟香開始與上海的知識份子交流,並開始著手調查中國的國情,同時密切關注國際形勢。

早在1864年,岸田吟香便創辦了《海外新聞》,因此可以說他是當時日本報刊發行業的先驅者。此後,岸田吟香於1872年加盟《東京日日新聞》,並於1874年以日本第一位隨軍記者身分,被派往臺灣。他撰寫的報導文章在日本引起巨大迴響,他也因此而成為名聞遐邇的文人。

1868年(明治元年),岸田吟香為了購買汽船,曾兩度造訪上海,但都沒能達到目的。未過多久,岸田吟香終於如願以償,買到了汽船「稻川丸」,並開始營運東京至橫濱的定期航班。居住在橫濱期間,他從自己曾經在上海的生活經驗出發,開始構築自己「商業立國」的夢想。在中國上海生活期間形成的國際視野,也使他萌生了在中日交流方面做一番事業的想法。

於是,岸田吟香於明治初年向日本政府提交了有關中日貿易方面的建議書。這份建議書的大致內容為:「近來,雖有很多人提倡富國強兵之策,但大體上都流於空談,因此缺乏實用性。富國的方法有很多種……中國人尤其喜歡(日本的)物產。所以,我們有什麼必要拋開中國,跑到遙遠的歐美國家去兜售?日本的人參、漆器、銅、錫、磁鐵、海參、海帶、鮑魚等都是中國人需要的物品。何況我們國家這些物產特別豐富,因此只要裝上蒸汽船運到上海,就能獲得巨大利益。在對支貿易過程中,首先應建立公司,然後簽訂合約,接受每個人的投資,一致行動。」(《對支回顧錄》)

　　在岸田吟香看來，日本應該用自己的商品開拓中國市場，形成中日產業的結盟關係以對抗歐美。在此期間，岸田吟香通過上海的報紙了解到越南米價遠低於日本，於是主張從越南進口大米。他還在自己創辦的報紙《橫濱新報》上介紹日本海產品在上海市場的價格動態，以促進日本商人更多地關注中國。1873年，岸田吟香成為《東京日日新聞》報社主筆，一躍而成為日本當時的「四大記者」之一。

　　1875年，岸田吟香創辦了他的樂善堂，開始專門銷售眼藥水「精錡水」。這種眼藥水因其神奇的藥果，而在商業上獲得了巨大成功。1880年，岸田吟香為了擴大銷路，毅然前往上海。他很快在上海的租界河南路上設立了樂善堂分店。在此後的30年時間裡，這個分店一直都是他在中國展開活動的根據地。其目的，就像他在提交給日本政府部門的建議書上說到的那樣，是為了實踐中日貿易。除了眼藥水生意以外，岸田吟香也為清國科考生專門訂製了銅版印刷的參考書——新版《諸子百家》，並大獲成功。

　　在上海，岸田吟香廣交中國的文人墨客，因此他的私宅甚至被人們稱為民間公館。岸田吟香性格灑脫，熱情豪爽，而且儀表堂堂，氣度不凡，所以受到中國知識份子的廣泛尊重和好評。當時，上海的文人墨客把稱他為「東洋仙客」。他數十次往返於東京和上海之間，並巡遊中國各地，遍訪名儒士紳，同時在日本出版介紹中國的地志、地圖等。他在中國的生意並沒有局限於眼藥水。後來，岸田吟香為了普及衛生意識，創辦了《衛生寶函》雜誌。不僅如此，他還為了在中國各地設立治療鴉片癮患者的醫院而東奔西走。此後，岸田吟香致力於創建東亞同文會和日清貿易研究所，在中日兩國民間交流事業上做出了令人矚目的貢獻。

73. 被「支那趣味」深深迷惑的日本人

在日本，曾經有這樣一個專門用語：「支那趣味」。這個詞語誕生於百年前的民國初期（日本的大正時期，1912-1926）。從現代的語言加以解釋的話，「支那趣味」可以理解為「中國趣味」、「愛好中國」等。這一詞語在英語中表述為 chinoiserie，表示對中國以及具有中國風格的事物懷有濃厚興趣。

經過明治維新以後，日本的傳統生活方式逐漸融入西方元素。百年前，日本對東亞代表性的國家——中國大陸的文化、生活、情趣開始產生濃厚興趣，這也可以視為一種對西方化潮流的反動，也表明對東洋文化的熱愛和憧憬。那些沉迷於「支那趣味」的日本人，絕大多數都是日本當時一流的知識份子、文人、作家。

大正時期，西方化正在日本得到普及。在這一過程中，反而有一批日本的文人、作家將目光轉向支那（中國），陶醉於「支那趣味」之中。這些文人、作家有谷崎潤一郎、佐藤春夫、芥川龍之介、木下杢太郎等，都是日本一流的作家。

「支那趣味」這一詞語最初出現在1892年《中央公論》雜誌正月號。這一期雜誌上發表了多位著名作家、中國通親身體驗「支那趣味」的相關文章。從此以後，「支那趣味」這個詞語開始迅速流行起來。

「支那趣味」並非是日本自江戶時代以來的漢學教養，而是將「支那」和「趣味」這兩個單詞結合在一起形成的，其中包含著濃厚的「對中國的新觀點、新態度」這樣一種意味。重新認識中國文化的潮流，從此在日本人中間普及開來。這種思潮當中固然也包含著與18世紀在歐美盛極一時的「中國風」（chinoiserie）相通的內涵。我們可以將其理解為一種重新觀察、認識中國的文化現象。隨著近代交通、旅行設施的完善，專門為了探訪和體驗諸如此類異國情調的旅遊興盛起來。隨後出

現了大量相關的紀行文等記錄文章。

事實上，在回顧近代史過程中我們會發現，相當於中國民國時期的日本大正時期，中日兩國關係史上重大事件接連發生，一波未平一波又起。1912年中華民國成立，隨後孫中山於1913年亡命日本；1914年第一次世界大戰爆發，孫中山組建革命黨。當年9月，日本登錄山東省，並佔領青島；隨後，1915年日本對華提出《二十一條》。總之一句話，中日之間上演的是一場驚心動魄的外交、政治連續劇。

在這一過程中，深深陶醉於「支那趣味」的日本作家開始頻繁訪問中國，寫下他們的見聞錄。1916年，31歲的木下杢太郎兼任南滿洲鐵道株式會社經營的南滿醫學堂教授，及奉天醫院皮膚科部長職務，在瀋陽生活了4年。在中國居住期間，木下杢太郎訪問了北京、青島、濟南、洛陽、太原、武漢等地，並寫下了《北支那雜話》、《江南風物談》、《支那南北記》等見紀行文。

谷崎潤一郎於1918年在33歲時第一次到中國旅行，並於1926年再度訪問中國，寫下了《蘇州紀行》、《盧山日記》、《上海見聞錄》、《西湖之月》等文章。

佐藤春夫於1920年（28歲）到臺灣、廈門、漳州等地旅行，並於1927年供職於南京政府文化部的田漢之邀，再度訪問中國，巡遊南京、揚州、九江、上海等地，寫下了《南方紀行》。

芥川龍之介於1921年（30歲）以《大阪每日新聞》海外視察員身分，被派往中國，在為期4個月的旅行期間，遊覽上海、南京、盧山、武漢、長沙、北京、大同、朝鮮等地，並寫下了《上海遊記》、《江南遊記》、《長江遊記》、《北京日記抄》等紀行文字。同一時期，他還構思了《南京的基督》、《杜子春》等與中國相關題材的小說。

谷崎潤一郎、芥川龍之介是聽信了佐藤春夫對「支那趣味」的渲染以後，才前往中國旅行的。佐藤春夫在他的《支那雜記》這樣坦陳：

「如果說我和中國有什麼關聯，那麼應該算是我對『支那趣味』的愛好了。」

高杉一郎在其論著中指出，當代一流作家們的中國紀行文章，以及介紹中國相關資訊的作品，都有如下幾方面的共同點：①觀察敏銳、詳實；②融匯中國古典戲劇藝術；③想像力豐富，充滿詩情畫意。

西方化浪潮盛極一時之際，這些深深陶醉於「支那趣味」的日本文人，對中國百姓閒適的生活狀態，以及雄偉壯觀的建築、秀美壯麗的大自然充滿嚮往。他們在這些如夢如幻的生活場景和自然環境中，深深感受到類似於桃花源般的神秘。

他們對中國的禮贊和偏見奇妙地混合在他們的中國紀行作品中。這些日本人對中國的感受，有些類似於西方人對東方的感受，其中既有對異國情調的迷戀，又包含著某種歧視的態度。

74. 日本陸軍的「中國通」

在近代日本，與中國關係最為密切的是日本陸軍。因為在日本侵略、侵蝕中國大陸的過程中，陸軍一直充當了先頭部隊。其中就有很多在中國生活居住多年，專門從事情報工作的諜報人員，他們負責向日本提供軍事情報，以便於日本制定對華政策。這些人就是我們將要講到的「支那通」（中國通）。其中具有代表性的人物有青木宣純、佐佐木到一等人。

青木宣純（1859-1924）於1875年進入陸軍幼年學校，並在1879年畢業於陸軍士官學校。隨後於1884年進入參謀部，被派往中國。他學過北京官話（普通話），同時也能說一口流利的廣東話。1887年，青木宣純來到北京，製作北京附近地區的地圖。隨後於1891年到比利時

留學2年，並於1894年中日甲午戰爭時期參軍，成為第一軍參謀。1897年，青木宣純被任命為日本駐北京公使館武官。

當時，青木宣純在工作過程中結識了時任山東巡撫的袁世凱，並在袁世凱的懇請下，成為他的軍事顧問。義和團事件發生以後，青木宣純成為日本駐清軍參謀長。1903年末，青木宣純在兒玉源太郎的邀請下，以展開諜報活動為目的，再度就任日本駐北京公使館武官。在此期間，與青木宣純交情甚篤的袁世凱繼李鴻章之後，成為直隸總督和北洋大臣，並向青木宣純的諜報活動提供便利。

在北京生活、工作期間，青木宣純組建了「青木工作班」，為日俄戰爭進行情報收集工作。這個工作班被派往滿洲地區，潛伏在俄羅斯前線部隊的後方，負責為日軍收集情報，同時切斷俄軍聯絡線。結果，他們成功地操控滿洲地區的馬賊和蒙古的王公貴族，侵擾俄羅斯的後方，為日軍獲得這場勝利做出巨大貢獻。

日本的藤原彰教授在其論著中指出，日本陸軍密切關注中國有很長一段歷史。明治初年，日本把俄羅斯確定為它的假想敵，但到了1875年以後，這個假想敵則變成了中國。1878年，日本方面已經向中國派出了陸軍參謀本部部長山縣有朋、桂太郎等10多名間諜，負責刺探和分析清軍的軍制、軍備及地理情報。桂太郎後來成為日本總理大臣。當時，他將自己收集到的情報整理成「對清作戰策」，提交給山縣有朋。

日俄戰爭的戰場將會是中國，因此為了應對將要發生的這場戰爭，日本方面收集中國的相關軍事情報以展開諜報工作。在這一階段，出現了大量像青木宣純這樣的中國通。

在日俄戰爭結束以後，青木宣純回到日本，後於1908年再度被任命為日本駐北京公使館武官，並一直工作到1913年。在此期間，青木宣純以袁世凱的軍事顧問身分，負責訓練新生的新軍。中日兩國歷史學家指出，正是由於這些人物的存在，辛亥革命爆發前後的那段時期，中國

與日本陸軍、民間人士有著很密切的關係。

1913年，青木宣純晉升為陸軍中將，短期擔任旅順要塞司令官一職，隨後於1915年被參謀本部派往上海。在與國父孫中山接觸過程中，青木宣純策動討伐袁世凱的運動。1917年，青木宣純被聘為升任大總統的黎元洪的最高軍事顧問，並在這一職位上一直工作到去世的前一年（1923）。正如青木宣純的地位和經歷告訴我們的那樣，對於中國近代來說，他是日本陸軍的代表者，而且在中國滯留、工作長達28年之久。因此，「日本陸軍的中國通」這個頭銜他是受之無愧的。從辛亥革命爆發之前，他已深深介入北洋軍閥，對日本陸軍制定對華政策發揮了重要的作用，同時也對中國的軍隊建設做出了重要貢獻。日本一橋大學教授藤原彰指出，由於青木宣純在中國生活了很長時間，因此他以自己的親身體驗為基礎的觀察、判斷非常準確。青木宣純對中國的準確判斷和評價，也體現在他對中國近代政治家的評論中。現在保存於日本國會圖書館的山縣有朋的文件中，有一份1917年1月份的文件，上面標注「青木宣純中將在支那行期間帶來的文件」等字樣。在這些文件中，就包括了青木宣純對中國政治家、軍人的評價。這些內容非常有趣，因此筆者選摘一些，供讀者參考。

①黎元洪是一個溫和的人，很重視民意，而且常與官僚派發生衝突；②段祺瑞是官僚派的首領，是一個偏狹之人，與國民黨不和；③唐紹儀和孫中山理想遠大，絕不可能與官僚派團結。二人作為正道人物，都是國民黨首腦；④岑春煊是一個持有中立立場的人物；⑤馮國璋優柔寡斷，是一個諸事不得要領之人；他和官僚派及國民黨的關係都不錯。

青木宣純作為一個通過親身體驗而掌握中國實情的中國通，他對中國的認識及相關情報，實際上也對日本陸軍制定對華政策起到了指導作用。這也是那個時期日本陸軍的缺點之一。

75. 近代中國和日本的軍事顧問

筆者在廣泛涉獵東亞資料過程中，還有一個新的發現：近代中國軍隊的創建、成長過程，與日本的軍事顧問有著緊密的關聯。在中國的近代教科書和其他相關圖書中，「日本」、「日本人」、「日軍」都被描述為世上罪大惡極的對象。這些書籍試圖忽視、遮掩歷史真相，但歷史真相也恰恰存在於被遮蔽的陰影之中。太平天國之亂以後，中國經過洋務運動，袁世凱繼黎元洪之後，在天津創建了新建陸軍。這支被稱為新軍的部隊，擺脫了中國傳統的私兵制，立志於打造近代西方式的軍隊。被稱為新軍鼻祖的袁世凱，具有廣闊的國際視野和卓越的行動能力，是新軍的統帥。當初，袁世凱聘請的是德國教官。但後來，袁世凱把日本當成楷模，向日本派去留學人員，去學習日本的軍隊建設。1902年，袁世凱還聘請了50位正在休假的日本軍官，作為自己的軍事顧問。1903年，袁世凱為了刷新軍政，把軍權統一掌握在中央，設置了練兵處。名義上，雖然由敬親王擔任練兵大臣，但袁世凱在幕後操縱敬親王，成為練兵處的實際掌控者，並在全國範圍內推廣新軍制度。1903年，袁世凱在天津設立北洋武備學堂（相當於陸軍大學），培養了大量近代意義上的將校和下士軍官。1904年，日本獲得了日俄戰爭的勝利，於是袁世凱下令以日本軍隊為模範，對官制進行改革，新軍也以日軍為榜樣重新編制。袁世凱雖然是淮軍出身，卻徹底取消淮軍的舊體制，完全採用日軍編制方式。原來，袁世凱是以德軍為榜樣的，而且他的左膀右臂段祺瑞也是德國留學生出身。但隨著大量中國留日學生陸續回國，成為各省新軍建設的主力軍，袁世凱逐漸改變建軍路線，採取以日軍為榜樣的方針。

此後，在辛亥革命前夕宣布獨立的18個省中，有15個省的都督都是日本海歸派留學生——日本陸軍士官學校畢業生擔任的。其中就包括蔡

鍔、閻錫山、李烈鈞、焦達峰等人。此外，他們手下的大部分師團長，也都是留日歸國學生。

清朝末年的新軍、辛亥革命以後的中央軍以及地方軍閥，都聘請了大量日本的軍事顧問。在這些軍事顧問當中，也不乏真心實意為中國軍隊的近代化而努力的人。另外，在中國革命、內戰進行過程中，這些軍事顧問指導各派系軍隊，對20世紀的中國歷史，產生了重要的影響。中國不應基於反日情緒，全盤否定他們做出的貢獻。

青木宣純的副官松井大尉曾回憶說，保定的立花小一郎少佐在軍事顧問領域，取得了輝煌的成就。「他手下的寺西秀武等人都和中國學員一樣留起長長的辮髮，從事中國國力的發展事業。他們都學會了中國語。」

辛亥革命以後，中國仍有大量日本的軍事顧問。北京中央政府正式聘請的日本軍人多達100名左右。除此而外，非正式招聘的日本退役軍人、預備役軍人就更是不計其數。另外，各地方政府基本上也都有日本人在職工作；日本陸軍士官學校畢業的李烈鈞，經常與10餘名日本軍人同進同出。此後，在反日、排日運動熱火朝天之際，中國軍隊一直把日本的軍事顧問視為寶貝——直到1937年發生盧溝橋事件。甚至在盧溝橋事件爆發期間，中方當事者、具有強烈反日意識的宋哲元的第29軍中，仍有日本軍事顧問。

有一個日本人在長達30年之久的歲月中，一直位於中國事務的中樞位置，他就是坂西利八郎（1871-1950）中將。1902年，坂西利八郎成為時任日本駐北京公使館武官青木宣純的「輔佐官」，從此開始接觸中國。當時，日俄之間圍繞著中國的東北地區，展開激烈角逐。坂西利八郎根據袁世凱和日本陸軍參謀本部次長田村怡與造的密約，潛入東北地區，成功地刺探了俄羅斯軍事情報。

1903年，田村怡與造被聘請為袁世凱的軍事顧問，負責制定北洋陸

軍6個師的整編工作，甚至包括制定軍餉發放體系。他也因此而被稱為中國近代軍隊的創始人之一。在日俄戰爭期間，清政府宣布採取中立立場，而執筆中立宣言的人正是坂西利八郎。據說，這是因為當時的清政府部門還沒人了解戰時國際法。1911年第一次世界大戰爆發。很早以前，袁世凱便想藉助日本的力量將德國驅逐出山東半島，於是，袁世凱真心希望中國能對德宣戰。對此，坂西利八郎直言相勸：「在沒有任何戰前準備的情況下，宣布參戰不利於中國，因此保持中立才是上策。」因為在坂西利八郎看來，對北洋軍隊而言，當務之急是組建具有歐美水準的6個師團兵力。

袁世凱死亡以後，國務總理段祺瑞在聯合軍的勸導下，於1917年決定參加世界大戰。於是，坂西利八郎於1918年負責培訓參戰的3個師團，使其成為真正的國軍，並親自擔任總指揮。最終，在1920年的軍閥戰爭期間，這3個師團成為段祺瑞的「私軍」。坂西利八郎嚴厲斥責段祺瑞：「這是國家的軍隊，而不是你個人所有。」但段祺瑞置若罔聞，一意孤行。

此外，負責培訓北洋軍使其成為一支近代軍隊的寺西秀武等眾多日本軍事顧問，也都積極參與到指導中國軍隊的工作當中。他們大都獲得了中方的信任，而且與黎元洪、黃興等人建立了密切的關係。從客觀上講，這些人對中國近代軍隊的建設發揮了重要的影響。

76. 善鄰書院和宮島大八

100多年前，在積極接納西方文明的日本，脫亞論思潮盛極一時，與此同時，以大亞洲主義為特徵的興亞論思潮也掀起了高潮。

從傳統上被中國文明深深吸引，並具有很高的漢學素養的日本人認

為，日本應該選擇的是亞洲同盟，而不是單方面學習西方。他們主張發揮近代日本的國力和文明優勢，促使中日兩國共同踏上振興之路。這些人從個人感情上偏愛中國，並基於儒教漢學素養十分關注中國。他們是一群立志於共同經營大陸的人，頗有幾分仁人志士的豪邁。

筆者在本書中已經介紹過從民間層面上出發，通過傳授中文和中國文化，為中日兩國的交流做出重要貢獻的學校——東亞同文書院。除此而外，還有另一所學校也值得一提，它就是善鄰書院。

善鄰書院於1895年創建於日本東京，是一所個人私立的學校，以中文教育為主。1898年，該校擴建，並成為日本近代中文教育的中心。該校的中文教育一直延續到1945年，在中日文化交流史上寫下濃墨重彩的篇章。

要了解善鄰書院，我們有必要先來了解一下這所學校的創始人——宮島大八（1867-1943）。宮島大八，號詠士，因此也稱宮島詠士。他是從明治時期開始一直活躍到1940年代的中文教育家、書法家、漢學家。宮島大八在父親宮島誠一郎（*著名政治家*）的影響下，很早就開始接受中文教育。

宮島誠一郎是當時興亞會的中心人物，是日本著名的有識之士；步入晚年以後，他曾當選貴族院議員，是一位學者型的政治家。宮島誠一郎善詩文，與中國第一、第二任駐日公使何如璋和李庶昌交情甚篤。他通曉中國國情，因此日本明治天皇甚至稱，「有關中國的問題，向宮島誠一郎學習。」

在這樣一位優秀的父親指導下，宮島大八進入興亞會創建的中文（*支那語*）學校學習，後來由於這所學校關閉，又進入外國語學校學習（*俄語*）。但外國語學校隨後也由於各種原因關閉，他不得不退學。著名作家二葉亭四迷是宮島大八在外國語學校的同期生（*俄語班*），這二人始終沒有放棄語言學。

　　宮島大八通過直接音讀的方式，掌握了大量中國古典教養類知識。在讀過李庶昌贈送給父親的張廉卿的兩冊文集以後，宮島大八深受感動，決定親自前往中國，拜張廉卿為師。於是，1887年，宮島大八踏上了留學中國的道路，並在李庶昌的介紹下，進入直隸省保定府蓮池書院成為張廉卿的弟子。

　　張廉卿（1823-1894），湖北武昌人，以其《左氏服賈注考證》、《今文尚書考證》等著作聞名於世。他是中國著名的考古學家，也是曾國藩的得意門生，同時也是桐城派的文章大家。由於同門李鴻章曾任直隸總督，張廉卿被聘擔任蓮池書院院長一職。在蓮池書院，宮島大八師從中國傳統士大夫積累教養知識。

　　其間，宮島大八曾短期到北京學習語言學，隨後追隨張廉卿來到上海，在梅溪書院繼續學習和專研經學、訓考、書法等。宮島大八在中國學滿7年之時，張廉卿逝世，於是他在1894年回到日本，在東京創建私塾學院「詠歸舍」，並在此講授中文和漢籍。1898年，宮島大八擴建「詠歸舍」，並改稱為善鄰書院。在此後的歲月裡，宮島大八一直致力於中文教育事業。1943年，宮島大八逝世，享壽77。

　　善鄰書院取名於《左傳》中的章句：「親仁善鄰，國之寶也。」後來，日本出現了很多以「善鄰」為名的中日交流團體，據說也都是借鑒宮島大八的書院的。

　　安藤彥太郎教授曾這樣評價宮島大八：「宮島大八師從中國的士大夫積累中國的傳統教養，這在日本的中文教育史上是極為罕見的現象……宮島大八通過直接音讀中文的方式學習中國古典，並按照中國人的學習方式掌握教養，因此可以說是接受了正規教育。」

　　創建善鄰書院時，宮島大八在發布的《善鄰書院主意書》開篇中說，「按照孔教，培養人格……」在他看來，「日本人的道德觀，其根本還是來自於儒教的。」因此他主張，通過共用儒教文化，中日兩國實

現「善鄰」是可能的。為了中國的騰飛，他始終堅持培養所需人才。他認為，正確的中文教育，必將在中日兩國的「善鄰」過程中發揮作用。在善鄰書院，宮島大八除了設置中文教育課程以外，還開設了摔跤、柔道館，甚至還設立了圖書館，使善鄰書院成為學生們陶冶精神的場所。

　　由於討厭官僚作風，宮島大八辭去了國立東京帝國大學教授職務，專心從事中文教育，並於1904年編輯出版了中文教育教科書《急就篇》。到1945年為止，這本教科書再版了170多版，成為日本最具影響力的中文教科書。在編撰過程中，宮島大八重視在中文會話的同時，還加入了中國傳統文化教育內容，因此在此後的50年間，一致被人們視為日本中文教育的典範。

　　宮島大八還是一位書法家，被一致公認為日本近代文人書法名家。從筆者珍藏的宮島大八書法作品中可以看出，他的書法頗有蘇軾或黃庭堅的書風。無限熱愛中國及中國文化的宮島大八生前曾留下這樣一些話：「中國和日本是兄弟國家。」「真正的中日友好是彼此用語言交流。要想做到這一點，首先需要學習中文。」

77. 被忘卻的朝鮮近代大文豪——金澤榮

　　金澤榮這個名字幾乎被歷史的陰影遮蔽，以至除了專門的研究人員以外，絕少有人了解這個人物。金澤榮完全可以比肩小他40歲左右的朝鮮近代天才文人李光洙、崔南善等人。

　　金澤榮（1850-1927）是曾經活躍於激情燃燒的東亞近代史中心地帶的啟蒙運動家、知識份子；在詩歌、散文、評論、歷史、哲學等領域，他留下了自己開拓性的足跡。

　　金澤榮，朝鮮王朝開城人，字于霖，號滄江，另號韶濩生，晚年又

稱長眉翁。1850年，金澤榮出生於開成一個文人家庭。幼年時期體弱多病，在家庭影響下開始學習漢文和儒學經典，素以聰明伶俐而著稱。17歲那年，金澤榮來到漢城，參加成均詩抄考試，其漢詩水準由此可見一斑。

從小開始，金澤榮廣泛涉獵東西書籍。20歲起，他為了開拓眼界，巡遊朝鮮各地，與文人名士交往。1876年，日本和朝鮮簽署《江華島條約》，金澤榮從中看出朝鮮的無能，以及朝鮮末期民眾的「痼疾」，逐漸成長為一個憂國之士。

這一時期，金澤榮創作了大量詩作，表現出一種強烈的憂患意識，同時也反映出朝鮮當時嚴酷的現實，他也因此而為世人關注，並和朝鮮著名詩人李建昌及梅泉黃玹並稱為「朝鮮三大詩人」。

此後不久，金澤榮與一個人的相逢，改變了他的人生道路。1882年，朝鮮發生「壬午軍亂」。清政府派吳長慶率軍進駐朝鮮，張謇作為其幕僚，隨軍前往。趁著工作之餘，張謇與朝鮮文人見面。當時，金澤榮已33歲，在參判金允植的推薦下，金澤榮兩次與張謇見面，並以筆談的方式進行交流。兩人互贈詩作，逐漸建立友好關係。這次見面，為日後金澤榮改變人生道路埋下了伏筆。

從17歲開始，金澤榮連續參加科舉考試，直到42歲（1891）才勉強考上進士。在金弘集的舉薦下，金澤榮進入議政府編史局，負責編撰國史。1895年，金澤榮晉升為中樞院「參書官」（書記官）兼史籍科科長，主持國史編撰工作。但由於日本的干預，史籍科被迫撤銷，於是金澤榮不再參與國史編撰工作。

1897年，在日本的強迫下，朝鮮將國號改稱為「大韓帝國」，高宗成為大韓帝國「皇帝」。在高宗的認可下，金澤榮參與《禮典》編撰工作。到了1905年，金澤榮官至正三品通政大夫兼學部編輯委員。由於日韓兩國在1905年簽署《乙巳條約》，日本實際上已經在朝鮮建立了

殖民地統治體制。金澤榮本來就不喜歡做官，加上對朝鮮政府部門黨爭的厭惡，於是在這一年，金澤榮毅然辭掉官職，攜妻帶子前往上海投靠舊友張謇。從此，金澤榮開始了他漫長的國外生活。

作為開明的知識份子、實業家，張謇熱烈歡迎金澤榮的到來，並積極施以援手。在張謇的幫助下，金澤榮在南通購買了一套房子，並在張謇創建的翰墨林印書局負責編輯校正工作。如此一來，生存問題得到解決。在張謇的勸導下，金澤榮在南通定居，專心著述立說。

以1911年爆發的辛亥革命為契機，金澤榮帶著成為共和新中國公民的決心加入中國國籍。他是近代史上眾多在中國展開活動的朝鮮知識份子、革命家當中，唯一一個獲得中國國籍的人。雖然入了中國國籍，但金澤榮並沒有忘記自己的文化根源，因此在著作、書函上署名的時候，他用的始終是「韓國遺民」、「韓客」等名字。

金澤榮在南通生活的22年間，除了張謇以外，他還與梁啟超、嚴復、梅蘭芳、鄭孝胥、俞樾等社會名士交往，並建立了深厚友誼。由於金澤榮不會說中國話，所以他們之間的交流，都是通過筆談的方式進行的。金澤榮受到嚴復翻譯著作的影響，價值觀發生了變化，逐漸從傳統儒教思想轉變為資產階級共和政治理念。

延邊大學崔文植教授在其論著《金澤榮其人其著》中考證認為，在中國有識之士的幫助下，金澤榮在60多年的創作生涯中，出版了大量著作。其中包括，詩歌1200首，散文500餘篇，歷史著作6卷，以及7卷文集。據說還有大量遺作尚未出版。崔文植教授評論說：「其作品數量之大，題材之廣泛，內容之豐富，思想之健康，以及兼備藝術性等特點，可稱得上是19世紀末到20世紀初首屈一指的朝鮮族文學家和歷史學家。」

金澤榮介紹朝鮮文化遺產的著作有《黃梅泉詩集》（1911）、《麗韓文書》（1906），歷史著作有《韓國歷代小史》（1914）、《校正

三國史》（1916）等。1927年，金澤榮去世以後，數百名江蘇、浙江各界人士雲集而至，為其舉行了隆重的葬禮。由此可見其在中國文人志士中的影響。

崔教授在文章中透露，延邊大學古籍研究所最近正在積極發掘金澤榮的著作，並將陸續出版《金澤榮全集》（13卷）。這實在是一件可喜可賀的事情。

78. 卓越的民族史學家、媒體人——朴殷植

在朝鮮近代史上，朴殷植和申采浩二人，作為民族主義史學開拓者，同時也在歷史學和獨立運動領域做出了卓越的貢獻。作為申采浩的前輩，朴殷植（1859-1925）是朝鮮近現代獨立運動史研究的鼻祖，對申采浩等人的史學研究活動產生了重大影響。

朴殷植小金澤榮9歲，1859年出生在黃海道農村的一個私塾家庭，字聖七，號謙谷、白岩、太白狂奴、無恥生。

韓國駐日史學家姜德相教授在談到朴殷植的時候，曾經這樣說道：「朴殷植的文章頗具教養性，而且具有旺盛的批判精神、準確的思想概括性等特點。由此可以判斷，他是一個極富戰鬥意識和行動意識的知識份子，他一直貫徹這理念到1925年逝世。」

慎鏞廈教授等人的研究顯示，朴殷植在青年時期深深沉迷於朱子學研究。後來從1898年（40歲）開始，在獨立協會的影響下，逐漸轉變為一個愛國啟蒙運動的媒體人。於是，朴殷植在1898年9月，和張志淵、羅壽淵、南宮憶、柳根等人共同創辦《皇城新聞》，在輿論界第一線，引領大眾啟蒙運動。

除了是一個媒體人以外，朴殷植同時還是一個教育家、學者。「為

了民族教育事業，朴殷植正式進入教育界，與郭鍾錫一起，在成均館的後身——經學院講課，並在漢城師範學校培養教育界領導者。此後，朴殷植從事政治社會活動，先後擔任西北學會會長、西北協成學校校長、皇城新聞社社長等職務。」（《韓國近代人物百人選》）

筆者通過有關朴殷植的各種研究資料，以及他的文章，得出這樣一種判斷：朴殷植是一個極其熱情的人，是一個熱血沸騰的改革者；這種熱情，使他成長為一名朝鮮近代的愛國獨立運動家，以及民族主義史學的開拓者。

他一直在呼籲國人守護「國魂」，對社會舊習進行改革。從他發表於崔南善主辦的《少年》雜誌上的相關文章中，就能夠了解到他的這些思想。

1910年，日韓併合以後，朴殷植的愛國行動變得更加顯著。當時，熱切盼望朝鮮獨立的愛國獨立運動家、知識份子紛紛逃往到中國東北等地，繼續展開獨立運動。1911年4月，朴殷植背井離鄉，渡過鴨綠江來到遼寧省桓仁縣，住進愛國志士尹世復的家裡。

在尹世復的幫助下，朴殷植在此地滯留了一年之久。其間，朴殷植埋頭研究國史，以拯救朝鮮國魂。這一期間，朴殷植寫下了《東明聖王實記》、《朝鮮古代史考》、《渤海太祖實記》、《泉蓋蘇文傳》、《明臨夫傳》、《夢見金太祖》等著作。

此後，朴殷植經北京、天津等地，到達上海，並於1912年7月，和申奎植、洪命熹、申采浩等人組建朝鮮獨立運動團體「同濟社」，並擔任第一任總裁。作為一個「行動派」人物，朴殷植認為，「朝鮮的獨立運動和中國的命運息息相關。因此他密切關注著辛亥革命以後中國的政治形勢，並與中國革命家深入交流，發揮了他的外交才能。」（姜德相）1914年，在中國友人的邀請下，朴殷植來到香港，主筆《香江》雜誌，此後與康有為、梁啟超、唐紹儀等人密切交往，並一度擔任康有

為的《國是日報》主筆。

在康有為的介紹下，朴殷植寄居吳長慶孫女家裡，並開始執筆《大同民族史》。1915年，朴殷植出版了他的名著《安重根傳》和《韓國通史》。《韓國通史》系統地整理了韓國近代史，被稱為朝鮮民族主義史學經典。此外，在寫作《李舜臣傳》的過程中，朴殷植還在博達學院執教，並在各地參加演講活動，致力於民族魂的宣傳工作。1915年，朴殷植組建大同輔國團，將中國東北、俄羅斯西伯利亞地區的朝鮮同胞團結起來，派到朝鮮。朴殷植和文一平、申采浩、申奎植等人展開民族主義史學研究活動，原因就在於他們有一個共同的目的——實現民族獨立。

1919年，「三一獨立運動」時期，朴殷植來到海參崴，發行《韓族公報》，並將姜宇奎等鬥士派往朝鮮。為了展開民族獨立運動，朴殷植把歷史當成了復活民族魂的能量，這是他一貫的信念。1919年8月，朴殷植重新返回上海，支持大韓民國在上海成立的臨時政府，開始執筆《韓國通史》的姊妹篇《韓國獨立運動血史》。這本書詳細記述了朝鮮對侵略者的抵抗。他從一個學者、媒體人、政治家的立場出發，使出渾身解數，果敢地譴責、批判日本。在書中，朴殷植通篇都在控訴日本的暴行，並對犧牲的朝鮮同胞充滿哀悼之情。他堅信這些犧牲者的鮮血絕不會白流。

朴殷植是在他的亡命地——中國展開獨立運動的朝鮮元老之一。他一直在號召民族的「大同團結」，同時也擔心在上海成立的韓國臨時政府內部分裂。1920年末，由於李承晚策劃的「委託統治事件」，臨時政府發生內訌，導致李承晚於1925年3月被免職，朴殷植當選為臨時總統。但是，當時朴殷植已經年屆67歲高齡，健康狀況持續惡化，最終在當年11月因病逝世。卓越的民族史學家、媒體人、教育家、獨立運動領袖朴殷植，在諸多有關民族問題的領域都做出了巨大貢獻，他為了守護朝鮮的「民族魂」，奉獻了自己的一切。

79. 超越了「民族」的傑出知識份子——申采浩

申采浩（1880-1936）是一位可以與朴殷植比肩的朝鮮近代傑出的民族史學家、媒體人、獨立運動家。

朴殷植差不多年長申采浩20歲，是一個徹頭徹尾的民族主義者。與其相比，申采浩雖然也是一個民族主義者，但在後期他超越了民族意識，將「民眾」作為其行動的基礎。在這過程中，申采浩的個性畢露無遺。韓國的史學家們都把朴殷植和申采浩兩人置於「民族」這一框架內加以評述，並將他們視為同類的民族史學家、民族運動家、民族知識份子。但事實上，申采浩的思想意識在1925年以後，表現出另一種特點。從此，申采浩以民眾意識形態為行動指南，成為一個無政府主義者。

1880年，申采浩出生於朝鮮忠清北道青州一個儒生家庭。申采浩自幼聰明伶俐，從6歲開始學習漢文，到12歲的時候，就能熟練閱讀儒教經典了。申采浩，號丹齋、一片丹生、丹生等，筆名無涯生、天禧堂、赤心、燕市夢人等。他17歲加入獨立協會，積極參加愛國獨立運動，並作為一個民族主義者，把自己的智慧和力量投入到民族獨立事業中。25歲時，申采浩成為朝鮮成均館博士，與朴殷植、張志淵、周時經等風流人物一起，不遺餘力地展開愛國啟蒙運動，並因此名聞遐邇。

1905年，申采浩擔任《皇城新聞》評論委員；1906年擔任《大韓每日新聞》主筆。在此期間，宣傳愛國心和啟蒙運動成為他的工作重點。申采浩於1906年加入大韓自強會，隨後加入於1907年成立的大韓協會，同年加入安昌浩組建的新民會，開始提出「新民」這個概念。在申采浩看來，「新民」不是國王的臣民，而是國家主權的所有者。他主張，應該確立國民主權思想，建立一個國民主權國家，這才是朝鮮擺脫亡國危機的唯一道路。

韓國的趙東傑教授這樣指出：「民族主義史學先驅者申采浩提出，

在發現「民族」以前，民族就已經存在，並以發現「民族」為基礎，對歷史進行論述。」（《韓國的歷史家和歷史認識》1994）

　　美國密西根大學亨利教授（Henry H. Em）曾經指出：申采浩發表於1908年的《讀史新論》，是將韓國史和韓國民族史等而視之的第一部，也是最具影響力的著作。在這篇文章中，申采浩沒有側重於王朝的歷史，而是從民族歷史角度出發，去追溯韓民族的起源，甚至上溯到神話人物檀君時代。這篇文章連載於《大韓每日新聞》，表明申采浩作為新民會成員，在朝鮮淪為日本殖民地前夕，已經開始抵抗殖民主義相關言論。為了實現朝鮮的政治獨立，恢復真正的獨立身分，他希望通過此文喚醒多有朝鮮人，並將他們團結起來。

　　申采浩不僅是一個史學家、媒體人，同時也是一個出色的小說家。在他看來，創造一個偉大的民族英雄並使其深入人心，是實現朝鮮獨立的捷徑。基於這種認識，申采浩創作了《蔚支文德》（1908）、《聖雄李舜臣》（1909）、《東國巨傑崔都統》（1910）等小說作品，以其「冷峻的筆觸和恢宏的文風」（《朝鮮日報》1931.12.19）深深吸引了廣大讀者。

　　在筆者看來，申采浩在自己的文章以及在此後的人生道路上所發生的變化，表明他並沒有把自己已經具備的西方近代教養和知識置於「民族」框架內進行思考，因此可以說他是一個視野開闊的學者。1920年代，申采浩逐漸變成一個無政府主義者。在這一轉變過程中，克魯泡特金（Kropotkin）的著作，對他產生較大的影響，使他得以用一種超越「民族」的目光，去反省民族。

　　申采浩對日本殖民統治者的壓迫也進行了反抗，同時超越「民族」這一狹隘的概念，試圖通過「民眾」這一更具彈性的概念，尋找可以克服殖民主義壓迫的道路。所以他認為：民眾是被施以暴行，並處於饑餓、屈從地位的大多數；因此也只有民眾，才可能徹底消除壓迫、剝削

的制度；從這一點上講，民眾是一個普遍主體。申采浩希望超越民族主義的政治理念，建立一個以民眾的平等和自由為基礎的共同體。

申采浩遭到韓國在上海成立的臨時政府排斥，因此也不喜歡上海臨時政府的民族主義者。慎鏞廈教授說，申采浩厭倦了民族主義政治小丑的所作所為，開始轉向信賴民眾協同精神的無政府主義，同時直接採取針對帝國主義的行動。（姜萬吉《申采浩》）

申采浩主張，把武裝鬥爭一直進行到朝鮮獨立戰爭爆發為止。對於日本帝國主義來說，他無異於是一根眼中釘肉中刺。1928年，申采浩被日本政府部門逮捕，囚禁於旅順監獄。後來，在長期的獄中鬥爭過程中，申采浩因突發腦出血不治身亡。申采浩非常忌諱妥協，也不喜歡模稜兩可，在與人交往過程中，這種性格雖然也給他帶來很多麻煩，但也正是這種頑強的性格，把他打造成一個反日獨立運動家。他留給我們的《朝鮮上古史》等著作，確立了民族史學基礎，因此至今都得到人們高度評價。

80. 新民會提出的獨立戰爭論

在近代韓國史上，可以說新民會是國家建設史上一個小小的「產房」。1905年日韓簽署保護條約，兩年後的1907年，朝鮮獨立運動團體——新民會秘密組建。從它的名稱中我們可以看出，這個組織希望培養新的國民，並使其以主權國家的主人公身分，發揮建設國家的作用。

新民會以安昌浩為中心，以梁起鐸、李東寧、李東輝等人為骨幹秘密組建而成。《大韓新民會通用章程》規定，設立新民會的目的在於：「提高國民思想水準，革新習慣，振興教育和產業，團結國民，並通過這些舉措建立自由文明國家。」

朴殷植、申采浩、尹致昊、金九、李升熏等朝鮮著名人士都是新民
會會員。據說,當時新民會的會員達到了800名。其中心多為新興市民
階層,以及知識份子,而且大多數都是基督徒。新民會成立以後,通過
《大韓每日新聞》以及演講活動展開啟蒙運動,並創建大成學校、五山
學校,展開教育事業。不僅如此,新民會還創建了陶瓷製作株式會社,
在經營經濟實體的同時,著手在中國創建獨立軍基地等。新民會通過各
項獨立運動事業,成為當時朝鮮的愛國運動中樞機關。

日韓併合前夕,安昌浩等部分領導人被迫逃亡國外。1911年,日本
總督府捏造了「陰謀暗殺寺內正毅總督」的事件,受此牽連,大部分
會員(105人)受到檢舉,導致新民會銷聲匿跡。但是,從新民會這一
「產房」誕生的民族獨立思想,被後來的「三一獨立運動」繼承下來。
此後,韓國的國家建設,基本上是以共和政治為體制的。

新民會的三位領導,即安昌浩、申采浩、尹致昊等人,也是新民會
的思想、理論領袖。他們在宣揚愛國主義方面,基本保持一致的方向,
但在具體行動方法上,卻各自表現出不同姿態。但不管怎麼說,新民
會還是以國民主權意識為基礎,通過宣揚愛國主義思想,培養韓國的實
力。他們堅信通過這種方法,可以克服亡國危機。

李承憲先生在其所著的《新民會的國家建設思想》中指出,「新民
會」為了國家建設,提出了如下三種方法:①自行培養實力論;②首先
實現獨立論;③發動獨立戰爭論。

新民會雖然也展開了自行培養實力的運動,但由於缺乏獨立這一前
提,其局限性在所難免,所以最終遭遇挫折。尤其是在經濟領域,他們
遭受了重創,所以不得不轉而把首先實現獨立設為目標。

安昌浩主張培養實力和國家獨立並行的路線,但申采浩從一開始就
堅持應該首先實現國家獨立,然後著手培養國家實力的路線。

新民會雖然展開了培養實力的運動,但未能達成目的,朝鮮終於還

是淪為日本的殖民地。在這種緊迫的形勢下，新民會提出通過武裝鬥爭的形式，爭取國家和民族獨立的方針。

安昌浩作為新民會的代表人物，堅持認為發動獨立戰爭還需要時間。但是，申采浩極力主張應該通過武裝鬥爭，發動獨立戰爭。有學者在相關論著《新興武官學校》中指出，新民會從1909年春開始正式討論「獨立戰爭論」，並決定在外國選擇合適的地方，培養獨立軍幹部。1910年3月，新民會在漢城舉行會議，並於4月在青島再次舉行會議，確定了準備獨立戰爭的路線方針，並將其視為恢復國家主權最重要的戰略。於是，他們通過了「在外國建立獨立運動基地建設事業方案」。其內容如下：

「決定將長白山附近地區等日本統治勢力難以企及，且便於出入國內（朝鮮）的有利地點，作為獨立運動基地候選地點；第二，在被確定為最有利的候選地區購買一定面積的土地；第三，建設新韓民村，圖謀經濟獨立；第四，向新韓民村派駐大量愛國青年；第五，在新韓民村建立武官學校，培養獨立軍；第六，把國內愛國青年送進中國的北京武官學校，將其培養成幹部，擴充獨立軍新生力量；第七，組建起來的獨立軍向國內（朝鮮）發起進攻，並由新民會在國內負責內應，擊敗日本帝國主義軍隊，恢復國家主權。」

「1910年4月，在青島舉行的會議上，與會代表一致通過創立武官學校，培養教官，確保擁有專家隊伍的方針。會議同時決定，由申采浩負責擔任武官學校教官。於是申采浩離開青島，前往海參崴。但是，1910年8月，隨著日韓併合條約的簽訂，事實上韓國已經和亡國無異，因此新民會的計畫未能得到落實。到了1910年12月，前來選擇獨立運動基地的先頭部隊成功轉移到『西間島』（鴨綠江、圖們江上流北側長白山一帶）地區。1911年1月和9月，日本加強了對新民會的鎮壓，但新民會繼續向間島地區轉移，終於陸續建成以新民會獨立戰爭理論為基礎

的教育機關和抗日團體。」（李承憲）

新民會這種紮紮實實的武裝鬥爭準備工作，最終未能發揮更大的作用，這是令人遺憾的事情。原因在於新民會在實力上還無法與日本抗衡。然而，新民會提出的獨立戰爭理論，卻成為此後日本殖民統治時期發生的獨立運動中，發揮了重要作用。1919年3月1日，終於爆發了全民性的獨立運動。

81. 「中國的孫中山，韓國的申奎植」

申奎植（1880-1922）也和金澤榮一樣，是朝鮮近代另一位在與中國及中國革命形成的關係網中，為朝鮮的獨立事業奉獻畢生心血的獨立運動家、文學家、教育家。他和孫中山、黃興等中國革命家建立了深厚的友誼，甚至還曾加入中國近代著名的文學社團——南社。從這些政治、社會、文學活動中，我們可以發現申奎植獨特的人格形象。

1880年2月，申奎植出生於朝鮮忠清北道一個先賢家庭。據說，申奎植3歲識字，是個遠近聞名的「神童」。朝鮮末期，申奎植進入公立漢語學校學習中文，並在陸軍士官學校畢業以後，成為一名軍人。1905年，申奎植反對日韓簽署《乙巳條約》，並策劃與地方軍一起發動武裝起義，但以失敗告終。

申奎植義憤難消，試圖服毒自殺，以身殉國。但由於家人及時解救，撿回一條性命。然而他服下的毒藥，已經損傷了他的視神經，使他的右眼變成「斜眼兒」。由於這個原因，申奎植後來自號「睨觀」。申奎植，字公執，別號青丘、一民等；來到中國以後，改名為申成。

申奎植加入大韓自強會，在通過教育展開愛國啟蒙運動的同時，加入大倧教，形成崇拜檀君的思想。他主張，為了復興朝鮮民族，首先應

該發展宗教事業。在他看來，以宗教為掩護展開革命活動，也是一種對敵良策。

1911年申奎植逃亡到中國，試圖在中國尋找朝鮮獨立的出路。他從漢城出發，渡過鴨綠江，在奉天（瀋陽）短暫停留以後，輾轉來到北京。此後，經天津、青島等地，抵達上海。

眾所周知，上海和武昌一樣都是革命的中心地帶，後來也成為朝鮮獨立運動家雲集的革命根據地。申奎植抵達上海以後，立刻更名為申成，加入中國同盟會，並跟隨革命軍參加武昌武裝起義。

延邊大學金東勳教授考證說，武昌起義時，申奎植曾作詩稱讚時任上海總司令官的黃興。在聲援辛亥革命的同時，申奎植也把民族解放的希望寄託在孫中山、黃興等人身上。當時，革命軍內部曾一度流傳「中國有孫中山，朝鮮有申成」這樣一種說法。

同盟會主要成員胡漢民、宋教仁等在上海經營的《民權報》出現資金困難問題時，申奎植毫不猶豫地予以捐助。他和朴殷植等人組建「同濟社」，希望把朝鮮獨立運動家們團結起來。據說，「同濟社」的會員多達300名。此外，申奎植為了與中國革命家進行交流，組建了「新亞同濟會」，會員包括宋教仁、陳其美、胡漢民、廖仲愷等國民黨元老級的人物。通過這些活動，申奎植與陳其美、宋教仁結下深厚友誼。

申奎植還在上海創建博達學院，用以教育和訓練朝鮮青年。博達學院當時聘請了朴殷植、申采浩、洪命熹等人，向這些青年傳授知識。博達學院的100多位畢業生被推薦到中國的軍事學校或大學，逐漸成長為愛國人才。

申奎植作為一個文學家，他的創作也在中國近代文學史上留下了足跡。1912年，申奎植加入進步文學社團——南社。南社是由柳亞子等人發起組建的文學組織。南社受孫中山先生領導的同盟會的影響，取「操南音，不忘本也」之意，鼓吹資產階級民主革命，提倡民族氣節，

反對滿清王朝的腐朽統治，為辛亥革命做了非常重要的輿論準備。在此期間，申奎植與中國近代著名作家、詩人展開交流活動，創作了大量宣揚革命思想的詩歌作品。這些作品多為五言或七言絕句。其作品集有詩集《兒目淚》，及政論文集《韓國魂》等。作為一位革命文學家，申奎植的作品，也在朝鮮近代文學史上佔有重要席位。

1919年，朝鮮爆發「三一獨立運動」以後，中國很快也發生了「五四運動」。當年4月，上海大韓民國臨時政府宣布成立，申奎植被推選為法務總長，第二年又當選為國務總理兼外交總長。此外，申奎植創辦《獨立新聞》和《震壇週刊》，繼續鼓吹獨立運動。

1921年，申奎植甚至來到廣州，拜見孫中山大總統，並與之進行交流。孫中山表示熱烈歡迎，並稱其為「老同志」，邀請他出席將在11月18日舉行的北伐宣誓大會。就孫中山支援朝鮮獨立運動等事項，申奎植獲得了一定的成果。但由於臨時政府內部的對立和孫中山政權的崩潰，上海臨時政府未能獲得國民黨的承認。申奎植積勞成疾，終於在1922年8月5日客死他鄉，年僅42歲。但是，申奎植作為一個獨立運動家和文學家，其豐功偉績和文學成就，在朝鮮近代史上寫下了光輝的一頁。

82. 中國近代第一家族

筆者的桌面上擺放著一張過去的老照片。照片上是一個富貴而具有教養的家庭。這張照片拍攝於主人的宅邸，一家八口排成三排坐在鏡頭前，擺出端正的姿勢。照片中有的人穿著中國傳統服裝，有的人則穿著西裝。

照片中的父親名字叫宋嘉澍（1863-1918），是在上海獲得巨大成功的近代實業家，母親倪桂珍（1869-1931）是一位虔誠的基督教徒。

他們的女兒，就是國際上聲名顯赫的「宋氏三姐妹」。

長女宋靄齡（1889-1973）嫁給國民黨政府高官孔祥熙，二女兒宋慶齡（1893-1981）嫁給了孫中山；三女兒宋美齡（1897-2003）則是蔣介石的夫人。宋氏三姐妹在中國近代政治舞台、社會活動領域各自發揮了重要的作用。

不僅如此，長子宋子文（1894-1971）曾歷任國民政府財政部部長等職。作為中國近代史上舉重輕重的人物，宋氏兄妹在中國政治舞台上發揮了重要的影響力。宋氏家族也被世人稱為「中國第一大家族」，在世界上享有盛譽。

這張照片拍攝於1917年。當時，宋靄齡、宋慶齡已經結婚，她們的臉上仍洋溢著青春的活力，看上去格調高雅，富貴靚麗。據說，這張照片是宋氏家族現存唯一的全家福。

「宋氏家族表現出近代都市上海的新興資產階級的家族形態。父母沒有對他們的子女進行男女差別化教育，而且還把他們送去美國留學。這在當時的中國所有家庭，都是很難看到的實例。」（石川寺子）

宋氏家族能夠迅速發跡，與清末至民國時期近代都市上海的印刷出版業，及基督教的發展是分不開的。

在談到宋氏家族發家史時，我們不能不提宋嘉澍這個人。1863年，宋嘉澍出生於海南文昌縣，他赤手空拳來到上海，憑藉自己的努力成為一個大資本家。事實上，宋嘉澍的本名為韓教準，由於12歲時過繼給宋姓舅父，遂改姓宋。1878年，宋嘉澍隨養父移民美國。舅父在美國波士頓經營一家絲茶店，並打算把這家店鋪傳給宋嘉澍。但宋嘉澍希望能到學校學習，於是從家出走，隨後遇到一位篤信基督教的人，並於1880年在教會接受洗禮，改名為查理‧瓊斯‧宋（Charlie Jones Soong）。此後，宋嘉澍當了一段時間的印刷工。1881年4月，宋嘉澍進入北卡羅來納州杜克大學聖三一學院學習，一年後轉學到范德比爾特

大學神學院學習。

1886年歸國以後，宋嘉澍開始以傳教士的身分展開活動，後來結識明朝名士徐光啟的後人倪桂珍，並於1887年與其結為夫妻。倪桂珍沒有裹足，是一個擅長數學，喜歡彈鋼琴的摩登女郎。除此之外，她還是一個虔誠的基督教徒，是一個具有嚴謹、樸素、簡約、奉獻精神的女性。

兩個人結婚成家以後生活圓滿，並陸續生下3男3女6個孩子。結婚以後，宋嘉澍結束傳教士工作，開始正式以一個事業家身分展開活動，通過在上海經營麵粉工廠、印刷、香煙、棉紡織等企業，獲得成功，躋身上海名流階層。作為一名基督徒，在事業上獲得成功以後，宋嘉澍參與上海基督教青年會（Young Men's Christian Association，簡稱YMCA）相關活動，而且從不吝於對教會的資金援助。

1894年，宋嘉澍結識孫中山，對孫中山的革命理想產生共鳴，很快成為孫中山的至親好友，開始支援他的革命活動。宋嘉澍負責募捐活動，同時向同盟會提供資金援助，並負責印刷同盟會機關報《民報》。

近代上海是一個基督教文化和印刷出版等傳媒業非常發達的文明中心。當時，教會擔負起在中國普及近代教育的先驅者工作，因此繼西方傳教士開設的學校以後，陸續出現了很多中國人開設的學校。

宋氏家族的孩子們都就讀於上海的教會學校，其中，宋子文在教會學校畢業以後，在美國的哈佛和哥倫比亞這兩所大學獲得學位。宋氏三姐妹也先後就讀於上海女子學校和「中西女塾」。長女宋靄齡首先到美國喬治亞州基督教大學留學，隨後宋慶齡和宋美齡也相繼到美國留學。宋氏三姐妹作為個性鮮明的近代女性，活躍在中國近現代史各個領域，並先後與中國近代風雲人物結為夫妻，因此其活動更令人矚目。宋子文在國民政府發揮自己的財政專長，積累了龐大的家業，成為中國「四大家族」一員。

1949年，宋氏三姐妹分別生活於美國、臺灣、中國三地，此後再也

未能團聚。中國近代史上出現的第一家族，以及「宋氏三姐妹」，至今仍吸引著中國眾多家庭羨慕的目光。

83. 穩健的親日開化派宰相──金弘集

「乙未事變」發生以後，與大院君聯合起來的革命派勢力，重新設立新的政府。金弘集再次出任總理大臣，掌握了政權，而俞吉濬、鄭秉夏、趙羲淵等改革勢力加入金弘集內閣，繼續促進1894年甲午革命以來中斷的改革。

但是，1896年2月，高宗通過「俄館播遷」，一舉粉碎了金弘集組閣的革命政權。高宗成為俄羅斯的傀儡以後，不僅不關心國家命運，反而為了個人利益給金弘集等人加上親日罪名，下令逮捕、處死他們。於是，金弘集被「昏君」、「暴君」高宗殘忍殺害。在金玉均慘遭殺害10年以後，朝鮮的改革派領袖金弘集再遭殘害。和近代日本的改革史相比，朝鮮總是內訌不斷，朝鮮的改革總是在這種內部鬥爭中自行中斷。

現在，讓我們具體了解一下慘遭殺害的金弘集。金弘集（1842-1896）是朝鮮優秀的開化派知識份子、政治家，是曾經4次出任總理一職的開化派宰相。金弘集出生於朝鮮廣尚北道慶州，是朝鮮開明思想家朴珪壽門下第一代開化派領袖人物。作為和金玉均同時代的人，和金玉均的急進式改革思想相比，金弘集更傾向於採取穩健的改革措施。為了富國強兵，金弘集實施了在維持儒教體制框架的情況下，吸納西方科學技術的穩健改革政策。也就是說，金弘集的改革理念是漸進式的。因此，金弘集主張與清政府保持以往的外交關係，並與清政府內部的洋務派共同促進政治改革。作為一名知識份子型的政治家，金弘集於1868

年在廷試文科及第，當了幾年「光陽縣監」（縣級行政長官，相當於縣長）以後，於1880年晉升為「禮曹參議」（正三品官職），隨後以對日修信使身分訪問日本。在此期間，中國的黃遵憲、鄭觀應等知識份子，也對金弘集的改革政策起到了一定的影響。

1882年，金弘集收拾了「壬午軍亂」以後，在與美國、德國、英國簽署修好條約過程中，發揮了他卓越的外交才華。每當國家處於千鈞一髮的危難之際，金弘集便施展他的外交手腕，將危險化於無形，因此世人稱其為「雨天裡的木靴」（朝鮮時期主要在雨天穿著外出用的木鞋）。

林鍾國先生在其所著的《實錄親日派》一書中稱，成為政界風雲人物以後，「金弘集以他一貫的親日路線，三度出任總理大臣。」但在筆者看來，金弘集並不是一個像金玉均、朴泳孝等一貫的親日派，而是一個更傾向於「親清」（親中）的政治人物。

1880年，以對日修信使身分訪日歸來以後，在處理「壬午軍亂」、甲申政變等政治事件過程中，金弘集在外交問題上採取了和日本對立的姿態，以至於清朝的馬建忠稱讚其為「朝鮮第一人」。

19世紀後半葉，尤其是在中日甲午戰爭以後，朝鮮擺脫了由清政府冊封的從屬地位，因此日本與朝鮮的未來直接相關。頭腦清醒的金弘集對這種政治形勢的變化了然於胸。因此，必須在一定程度上保持「親日」，以處理朝鮮和日本之間的各種關係問題。（金起協）

中日甲午戰爭以後，金弘集獲得日本支持，數次當選總理大臣，成功組閣，並著手近代化政治改革。1894年8月，第一屆金弘集內閣在日本的幫助下，進行了甲午改革；1894年11月，第二屆金弘集內閣實施了「洪範十四條」等近代改革措施；第三屆金弘集內閣於1895年10月促成了「斷髮令」（剪髮令）的實施，並在「乙未事變」以後的第四屆組閣期間，因發生「俄館播遷」事件而遭群毆致死。

在近代化政治改革過程中，金弘集將國王和王妃與政府脫離開來，使其無法參政。而這一舉措，遭到高宗和王室強烈的反對。林鍾國先生認為，「俄館播遷」事件發生以後，朝鮮在一夜之間變成了親俄派的天地，於是群眾只等著金弘集出現在大庭廣眾之下。

在這個過程中，日本軍人攔住前往位於貞洞的俄羅斯公使館去拜謁高宗的金弘集，告訴他說：「現在，群眾正準備打死『大監』（朝鮮時期對正二品以上官員的尊稱）大人，請您趕緊和我們一起避一避。」但金弘集斷然予以拒絕，並嚴厲呵斥日軍：「讓開！作為一國總理，死於同族之手乃是天命。」

在光化門，金弘集被手提棍棒等候多時的群眾毆打致死。「群眾用草繩捆著他的屍體，像拖死狗一樣拖到鍾路，一路上仍不停地對其施以拳腳棍棒。」

即便是素以「譴責親日派第一人」而聞名的林鍾國先生，也稱讚金弘集為「親日愛國者」、「偉大的政治家」。在朝鮮近代史上，以雄辯的事實體現出「親日」妥當性的人，正是金弘集。在那個時期，「親清」、「親俄」對朝鮮而言都是無效的，因此與其基於價值觀、道德觀將「親日」份子剔除出去，還不如老老實實地承認「這是朝鮮通過近代化獲得生存資格的有效選擇」——將其視為一種「宿命」似乎更為妥當一些。

84. 李鴻章對百日維新的兩面態度

李鴻章積極促進了以洋務運動為首的清朝近代化改革事業，但對於1898年的戊戌變法反而表現出一種猶豫的態度。

身為一個開明的改革派政治家，為什麼會有這種矛盾的表現呢？認

真分析其中原因，我們便會發現當時中國近代化改革的樣貌及其弱點。

眾所周知，百日維新是以康有為為首的改良主義者通過光緒帝所進行的資產階級政治改革，是1898年6月11日到9月21日之間，中國近代史上的一項政治改革運動。其主要內容為，通過對清朝政治、制度、教育、產業等諸領域進行改革，建設一個近代化國家。這是一場以日本明治維新為榜樣進行的改革運動。但由於遭到慈禧太后的鎮壓，僅僅過了103天，維新運動變落下了帷幕，從而切斷中國通往近代化道路的管道。

一向呼籲變法自強，並付諸實施的李鴻章，對這次的變法運動並沒有表現出積極的態度；表面上，李鴻章採取了觀望的態度，但在暗地裡，卻對維新變法表示同情。既然變法自強是李鴻章的夙願，那麼他為何要採取這種消極的態度呢？

作為一個經驗豐富的政治家，李鴻章早已飽經滄桑。在此之前，李鴻章在自己主導的變法運動中充分體驗到改革的艱難（來自周圍的非難和打擊等），他甚至認為這場運動吉凶未卜，因此不得不謹慎對待。他早已洞悉慈禧太后和光緒皇帝的不和，支持維新變法的光緒皇帝名義上雖是清朝天子，但實權卻掌握在以慈禧太后為首的保守派手中。

正如李鴻章向外國人李提摩太表白的那樣，他對維新變法的基本態度是：「政權掌握在守舊派手中，因此了解神學的官僚都應格外小心。」以這種「格外小心」的態度，察言觀色，保持沉默，這就是李鴻章的智慧所在。

事實上，1895年8月，在康有為的督促下，由開化派官僚文廷式在北京組建強學會的時候，李鴻章投了贊成票，並願捐銀2000兩入會。11月，康有為在上海即將創辦《強學報》時，李鴻章又捐銀1000兩。但在心中，李鴻章對強學會憤憤不平，因為北京強學會拒絕了他的入會請求。強學會之所以把他拒之門外，是因為在他們看來，李鴻章在中日甲午戰爭中提出的和談主張無異於是一種賣國行為。

　　1898年，李鴻章結束歐美旅遊回到國內，結果發現維新運動正熱火朝天。在百日維新期間，李鴻章沒有公開上書表達自己的政見，也沒有實際接觸維新派人物。

　　他暗中寫給友人的書信內容表明，他對維新變法表示支持，但實際上，他卻沒有實際的支持舉動，也沒有參與其中。1898年8月，伊藤博文開始對中國進行為期兩個月的訪問。這時，李鴻章宴請伊藤博文，並愉快交談。李鴻章在日本簽署《馬關條約》期間，曾經與伊藤博文打過交道，因此兩個人可以說是有過一面之緣的對手。

　　伊藤卻在私下對李鴻章說：「治弱國如修壞室，一任三五喜事之徒，運以重椎，絪以巨索，邪許一聲，壓其至矣。」李鴻章深以為然，說「侯言良是」。李鴻章與伊藤的唱和，證明他們一致認為維新派缺乏閱歷，操之過蹙，失於急激，後果堪慮……

　　李鴻章宴請伊藤博文及其隨員大崗育造，酒行三巡，論及康有為事。

　　李：「康有為一人恐逃往貴國，倘果有其事，貴侯必能執獲送回敝國懲辦。」

　　伊藤：「唯唯否否不然，康之所犯如係無關政務，或可遵照貴爵相所諭。 若干涉國政，照萬國公法不能如是辦理，當亦貴爵相所深知。」

　　大崗：「請問康有為究犯何罪？」

　　李：「論其罪狀，無非煽惑人心，致於眾怒。」

　　大崗：「據僕愚見與其將康有為搜拿懲辦，不如加以培植以為振興中國地步，近日中國創行新法，大都出自貴爵相之手，乃歷久未睹成效何哉？以無左右襄理之人耳。」

　　李：「誠然。」

　　大崗：「近日康有為所為之事，無非擴充貴爵相未竟之功，故愚意不著令卒其業之為善。」

李：「洵如君言，康有為日後可大有作為，惟據目下觀之，了無異能耳。」（《李鴻章傳》苑書義，人民出版社）

從他們的對話中可以看出，李鴻章認為康有為「無非煽惑人心，致於眾怒。」也就是說，李鴻章對於康有為的「罪名」採取了淡化處理，並贊同扶持他去振興中國。後來逃亡到日本的康有為曾公正地評價李鴻章對維新變法的態度，稱李鴻章是「維新之同志」。

李鴻章對待維新變法的態度表裡不一，一方面基於自己的老成持重，看著慈禧太后的臉色行事，另一方面也表現出他試圖通過漸進的方式實現改革的夙願。由於清末朝廷內部保守勢力非常強大，只能在適應這一政治環境的過程中見機行事，所以改革收效甚微。這就是李鴻章的局限，同時也是清朝末期的弱點。

85. 李鴻章的眼淚

在近代史上，清政府和日本的接觸、交流非常頻繁。曾位於中國政治中心的李鴻章和日本有著很深的淵源。

就任直隸總督兼北洋大臣以來，李鴻章的仕途曲折坎坷，但總體上講運氣還算不錯。1872年，李鴻章年屆50，成為武英殿大學士，並於兩年後成為文華殿大學士。這相當於首席大學士官職，在當時所有漢族官員中，屬於最高職位。1872年2月13日，為了慶祝自己的50歲生日，李鴻章舉辦盛大的宴會。後人認為，這一舉動也反映出李鴻章虛榮的一面。

進入1870年以後，李鴻章通過洋務運動，頻繁與眾多西方人士交流，強烈地意識到清王朝若想發展，就必須採取這樣一種措施：「外須和戎，內須變法。」因此他認為，要想實行「和戎外交」，就必須打破「天朝上國」的觀念去了解世界，向國外派遣常駐使節。

　　1872年，李鴻章通過對清王朝和日本進行比較，發現清王朝缺乏日本和西方國家的「善政」，於是主張修正清王朝政治體制的弊端，改善君、臣、民這三者之間的關係。日本於1885年實行了內閣制，1889年又制定、發布了憲法；1890年更是設立國會，確立了君主立憲制。一直以來密切關注日本動向的李鴻章，對這一切了然於胸，因此認為中國的變法也應從官制改革開始做起。但是，在強大的清王朝保守勢力面前，李鴻章未能公開上書朝廷，提出這一改革方案。

　　自1860年以來，李鴻章一直在主導洋務運動，並把掌握西方事物，吸納西方技術作為主要的學習、模仿方法。他的洋務運動，表面上看像模像樣，但究其實質，大多數都是以垂直命令的方式進行的。也就是說，洋務運動有些東一榔頭西一錘的意味，未能形成體系。此外，他也未能像日本明治維新時期那樣把所有國民動員起來，從而不得不孤軍奮戰。在當時錯綜複雜的社會和人際關係中，李鴻章倍感壓力，身心俱疲。

　　在近代以前，清王朝和日本的德川政權之間，還沒有互派使節等國家間的經常交往關係。雖然說是中日交流有著2000年的歷史，但進入近代以後，直到1871年，中日兩國才簽署《清日修好條約》，兩國間這才開始進行近代意義上的國家交往。

　　在此期間，發生了琉球王國的船隻在臺灣擱淺，船上的乘員遭到臺灣原住民襲擊的事件。日本方面認為應對此進行報復，因此有部分人主張出兵臺灣。在這樣的歷史背景下，日本外務卿副島種臣於1873年以特命大使身分來訪中國。在天津，副島種臣和李鴻章交換了清日修好條約備忘錄，並到北京拜謁同治皇帝。副島種臣精通漢學、國學、洋學，是一個大知識份子，同時也是日本明治政府非常活躍的政治家（**外務卿**）。

　　副島種臣在書法領域有著很深的造詣，並作為一個前衛書法家，在日本書法史上產生過重要的影響。筆者收藏了他的書法作品，充分體現

了他自由奔放的性格，同時也顯示出他深厚的漢學素養。如今，他的書法作品，在日本被人們視為寶物，甚至有人在專門研究他的書法藝術。

在啟程回國之際，副島種臣再次拜見李鴻章，並為他做了一首題為《致李中堂》的漢詩。這裡所說的「中堂」，是對李鴻章官職（內閣大學士）的尊稱。在詩中，副島種臣稱讚李鴻章為世所罕見的人才，並引用中國的典故暗示清王朝還殘留著很多政治舊習，因此產生眾多弊端。副島種臣稱讚李鴻章為改革的英傑。

對此，老成持重的李鴻章回答說：「我曾多次拜讀閣下詩作，在憂國憂民方面，我與閣下是一樣的。」李鴻章接著說道：「從很早開始，曾國藩便試圖進行改革，並與我一起大力宣導改革。我們這樣做已經有10年了。現在，各地都在製造兵器、軍艦，也已經開始訓練陸海軍。另外，今年春天，我們還將設立輪船招商局（中國晚清時創建的第一家官督商辦的近代企業），著手海運事業。因此我們需要作為燃料的煤炭，還望您能多方協調，確保我們順利從日本進口煤炭。」

對此，副島種臣回答說已經了解這一情況，隨後反問道：「中堂大人為什麼不在貴國採挖煤礦呢？」李鴻章回答：「因為缺乏採礦技術。」接著，他們彼此交換了各自的意見。最後，李鴻章和副島種臣一起碰杯。李鴻章放下酒杯，握住副島種臣的手，流下了熱淚。（《大日本外交史》第6卷192-195）

李鴻章為何在初次相見的副島種臣面前流淚呢？其實，透視他的內心世界並非是一件難事。據筆者推測，李鴻章是為清王朝改革，尤其是政治改革的艱難而感到悲傷，而且憑藉自己的先見之明，預見到日本舉國團結，大刀闊斧地進行改革，很快將成長為一個近代強國——這種鮮明的對比使他悲從中來。副島種臣訪問中國，其實也是為了試探清政府對琉球和臺灣的態度，而李鴻章也完全看透了這一點。

20年後的1895年，根據李鴻章在上面簽字的《馬關條約》，臺灣

落入了日本之手。當時，在簽署《馬關條約》的時候，李鴻章當著日本首相伊藤博文的面又一次熱淚盈眶。李鴻章的眼淚，也是清王朝未能憑自己的力量實現近代化所流下的恥辱的眼淚。

86. 李鴻章和森有禮的歷史對話

　　李鴻章會見副島種臣後的第三年，也就是1876年，再次與就任日本特命全權公使的森有禮（1847-1889）會面。森有禮是一個年僅28歲的日本年輕外交官。這位日本近代政治家、外交官，是日本一橋大學的創始人，後來於1885年成為伊藤博文內閣的第一任文務大臣，是對日本近代教育改革做出重要貢獻的鬼才。

　　1875年5月，日本用「雲揚號」軍艦打開朝鮮國門，攻佔了江華島。隨後為了防止清政府的干預，把外務卿少將外交官森有禮派往中國。1876年1月24日，森有禮在保定府與直隸總督兼北洋大臣李鴻章見面。李鴻章帶著訓誡式的口吻，與這位年僅28歲的新銳政治家展開會談。

　　李鴻章：「可曾到過西洋？」

　　森有禮：「年少時便開始周遊列國，在英國留學3年，差不多繞地球轉了兩圈。」

　　李鴻章：「你如何看待中西學問？」

　　森有禮：「我以為西學十分有用，而中國學僅三分有用；其餘七分陳舊不堪，沒什麼用處。」

　　李鴻章：「日本的西學可到得了七分嗎？」

　　森有禮：「還不足五分。」

　　李鴻章：「日本的衣冠都已發生變化，如何說還不足五分？」

　　鄭永寧（日本公使館代理公使）代替森有禮回答說：「這只是表

面，其實質還沒學到。」

李鴻章：「我對貴國近來的做法表示讚賞，但還是理解不了貴國扔掉傳統服裝，模仿西方的做法。」

森有禮：「事實上，其原因十分簡單。不妨略微向您解釋一下：我們國家的傳統服裝，正如閣下所言，寬鬆肥大，不便於行動，因此適合那些悠閒的人穿著。但對勤勞工作的人而言，並不適合。所以，傳統服裝雖然適合過去的生活方式，但在今天的社會環境中，卻帶來相當的不便。現在，把舊式服裝改變成現在的樣式，對我們國家帶來的利益著實不少。」

李鴻章：「服裝舊制也是對祖先傳統的繼承之一，作為後人是否應該加以珍視，並永世保存？」

森有禮：「如果我們的祖先至今還活在世上，那麼，他們一定也會做和我們一樣的事情。1000多年以前，我們的祖先看到貴國服裝的優點，便學來為我所用。無論是什麼事情，學習他國的優點，就是我們優秀的傳統。」

李鴻章：「貴國祖先採用我國服裝，是最為賢明的之舉。我們的服裝便於縫製，所以也可用貴國的原料縫製。可是現在，若想模仿歐洲的服裝，估計要花費很大一筆資金。」

森有禮：「儘管如此，但依我所見，歐洲服裝比貴國服裝美觀，而且還便利。對於缺乏經濟常識的人而言，歐美服裝是不便的。但是，正如勤勞是富裕的基礎一樣，懶惰也是貧困的根源。閣下也知道，我國的傳統服裝寬鬆肥大，但多有不便，因此適合懶惰的人穿著，而不適合於勤勞者。我們國家更願意通過勤勞的工作走上富裕的道路，而不願意因懶惰而變得貧困，所以才拋棄傳統服裝，採用了新式服裝。現在雖然會感到有些麻煩，但將來，我們會獲得無限的補償。」

李鴻章：「聽上去言之有理。貴國扔掉傳統服裝，轉而模仿歐洲風

俗，這無異於是一種放棄獨立精神而接受歐洲支配的做法，難道閣下就一點都沒有因此而感到羞恥嗎？」

森有禮：「一點都不為此感到羞恥。通過這種變革，我們反而獲得了到一種自豪感。這種變革絕不是在外力作用下才進行的，而完全是我們國家自行決定的。自古以來，只要發現優點，無論這優點屬於亞洲、美國或其他任何一個國家，我們都會去學習，並把它變成我們自己的東西。」

李鴻章：「但是我們卻絕對不會進行這種變革。只是軍器、鐵路、電信及其他機械，是必要之物及西洋的長處，所以我們才不得不加以採用。」

森有禮：「凡是將來的事情，誰都無法斷言其善惡。正如貴國在400年前（指清軍入關）任何人都不會喜歡今天的服裝一樣。」

李鴻章：「這是我們國家內部的變革，而不是對歐洲的模仿。」

中日兩國一老一少政治家的精彩對話，確實也是中日兩國的歷史性對話。這兩個國家在近代化過程中所表現出來的思維方式，以及對近代化的認識程度，在這次對話中暴露無遺。與新銳政治家森有禮相比，老成持重的李鴻章的思維方式，依然停留在過去「唯我獨尊」的傳統觀念當中。當時，以思想開放而聞名於世的李鴻章尚且如此，普通中國人的保守就更不用說了。這兩個人的舌戰，表現出清王朝的「洋務」和日本的「維新」之間的差異性。森有禮鋒芒畢露的銳氣，也預示著「年輕」的日本最終將超越「衰老」的清王朝這一事實。

87. 李鴻章和伊藤博文的三次會面

古語說，英雄識英雄。李鴻章和伊藤博文都被世人稱為「東亞俾斯麥」，他們分別是中日兩國的「名相」，因此在國家立場上兩人有時彼此對立；他們之間是一種競爭、敵對的關係，同時也是一種相互協作的

關係。但在個人角度上，他們可謂是一對忘年交。

他們兩人之間超越敵對國家、競爭對手這種框架，彼此把對方視為濟世救國的英雄，惺惺相惜。現在，在李鴻章的故鄉安徽省合肥市瑤海區馬店鄉還有兩棵樹齡達百餘年的木蓮。史料記載，這兩棵木蓮正是1885年伊藤博文作為禮物送給李鴻章，並由李鴻章本人親自植下的。當地居民把這兩棵樹稱為「望春樹」（《晚清有個李鴻章》趙焰）

1897年，伊藤博文在東京一個叫做大磯的地方新建自己的住宅。伊藤博文把這座佔地面積達5500坪的宅邸命名為「滄浪閣」。據說，「滄浪閣」這個漢字牌匾，還是李鴻章於1995年在日本簽署《馬關條約》之際，題寫給伊藤博文的。伊藤博文非常珍視李鴻章的墨跡，他在自己的書法作品中落款時，經常使用的便是「滄浪閣主人」這幾個字。

這些歷史遺物，即使是經過了百餘年時間，卻至今仍向我們展示著這兩位當時政界要人之間的友誼。

李鴻章和伊藤博文一生見過三次面。1885年4月在天津第一次會面。近代百年歷史的特徵之一，便是中日兩國圍繞著朝鮮半島展開的角逐。城門失火，殃及池魚。朝鮮介於中國大陸和島國日本之間的爭鬥中間，經常被這兩個國家所利用，甚至成為犧牲品。

眾所周知，1884年由金玉均等親日開化派主導的甲申政變，最終因清政府的干涉（在李鴻章的命令下，吳長慶、袁世凱率軍進入朝鮮），而流於「三日天下」。那時日本雖然懷有侵略中國的野心，但由於還不具備相應的強大軍事力量，而未敢與清王朝交戰。因此，日本方面對這次事變的失敗，始終耿耿於懷，並伺機進行報復。

日本為了與清政府進行談判，解決使清軍撤出朝鮮等問題，派出國內卿伊藤博文和農商務卿西鄉從道等10餘名隨從人員。從1885年4月3日開始，伊藤博文在天津滯留（到15日止）期間，與李鴻章宮舉行了6次會談。

　　當時，李鴻章目中無人地對待比自己年少18歲的伊藤博文，用一種盛氣凌人的口吻，像說教一樣與他說話。伊藤博文頗有耐心，禮貌地聽完李鴻章滔滔不絕的長篇大論。但最終，老謀深算的李鴻章還是中了伊藤博文的奸計。在經營朝鮮問題上，清王朝承認了日本的參與，並簽署《天津條約》。條約規定，將來朝鮮方面一旦發生動亂，中日兩國向朝鮮派兵之際，首先應該書面通報對方。這為10年後的甲午戰爭埋下了伏筆——1894年至1895年，朝鮮爆發東學黨農民起義，日本和清王朝同時出兵朝鮮，最終導致兩國交戰。在簽訂《天津條約》期間，李鴻章給伊藤博文的印象，是一個老成持重的政治家，並始終在促進清王朝的改革事業，因此對他產生了崇敬之意。

　　1895年，在甲午戰爭中大敗於日本的清政府，派李鴻章為代表前往日本進行談判。在日本山口縣下關的春帆樓旅館裡，李鴻章和伊藤博文第二次見面。伊藤博文點名要求清朝實力派人物李鴻章前來與他談判。這次的見面，與第一次會面的情況截然相反。李鴻章趾高氣昂的神色蕩然無存，臉上布滿悲哀和悔意。當時的記錄表明，老年李鴻章和中年伊藤博文之間彼此有過問候。

　　李鴻章說：「清日兩國是最近的鄰邦，也是同文同種，可為何變成了敵人？我們應該永保和平，彼此協作。只有這樣，我們亞洲的黃種人才能阻止歐美白種人的侵略。」對此，伊藤博文回答說：「10年前我就曾向閣下提起過相關問題，並建議貴國進行改革。可我至今還看不到什麼變化。」這時，李鴻章這樣說道：「我們國家的傳統觀念很強，所以即使是我，也無法按自己的意志行事……我雖然希望進行改革，但我缺乏相應的實行能力。真是慚愧。」

　　幾天前，李鴻章曾遭日本刺客暗算，臉上的槍傷還未痊癒。此時，李鴻章皺起面孔，蒼白的臉上充滿日暮西山的悲涼。最終，李鴻章在《馬關條約》上簽字。在簽字的那一刻，李鴻章平生積累的榮耀也付之

東流。李鴻章也是開始走上下坡路的清王朝的縮影。

1898年8月，伊藤博文訪問中國，李鴻章在北京與之相見。這是他們的第三次會見。伊藤博文作為已經超越了中國的日本優秀的領導者，成為中國開明知識份子的偶像。當時已步入晚年的李鴻章，面對伊藤博文，又該是怎樣一種心情呢？

兩人見面以後，進行了真誠的交談。傳聞稱，他們之間的話題圍繞著戊戌變法的失敗展開，但具體都談了什麼內容，資料中並沒有詳細記錄。此後，李鴻章於1901年孤獨地死去。對於清王朝一代名相的隕落，伊藤博文這樣評論道：「他非常了解西方形勢和外國文明，具有卓越的政治目光和手腕，他是一個具備改革精神的人物。」

88. 李鴻章、伊藤博文、金弘集「三相」比較

100多年前，在激動人心的東亞近代史上，李鴻章、伊藤博文、金弘集三人是中日韓三國赫赫有名的偉大「宰相」。

筆者認為，從比較文化史、比較人物論角度，去比較這三位宰相，是把握當時中日韓三國「近代化」具有象徵意義的工作。坦率地講，筆者對這三位宰相的態度不偏不倚，對他們的愛戴和崇敬處於相同水準。

這些人物像一縷青煙，已經消散在歷史時空中，剩下的只有他們留下的文字。筆者至今仍能在這三位宰相揮毫而就的書法作品中，隱約感受到他們的體溫和他們淡然的呼吸。

常言道，「字如其人」，因此，他們留下的字跡也代表了他們的人格。李鴻章的筆體沉著穩健；金弘集的楷體如他的性格，沒有稜角；而唯獨伊藤博文的書法自由奔放，流暢華麗，自成一家。他們都曾置身於激動人心的年代，帶著政治使命感，付出艱苦卓絕的努力。通過他們親

筆書寫的這些書法作品，至少能與他們進行超越時空的對話，這令筆者
感到由衷的喜悅。

在這三人中，李鴻章（1823-1901）最為長壽。他子孫滿堂，生活
富足，積累了巨額資金，因此從個人角度上講，算得上是度過了幸福的
一生。金弘集（1842-1896）在54歲那年遭同族殘殺，可謂是一個命運
悲慘的宰相。伊藤博文作為日本近代化之父，享受了至高的榮譽和地
位，但後來遭安重根刺殺，死於哈爾濱火車站。

李鴻章首先是中國傳統的士大夫出身。和李鴻章一樣，清朝的漢族
官僚都是通過科舉走上仕途，並一步步獲得晉升，因此他們通過文人式
的道德觀觀察現實，其世界觀充滿了傳統的「華夷秩序」。

最早對李鴻章和伊藤博文進行比較的，是中國著名知識份子梁啟
超。他在1901年12月所寫的《李鴻章傳》中指出，在早年歷盡風霜這
一點上，李鴻章要甚於伊藤博文，但在政治見識和所處環境方面，伊藤
博文更勝一籌。

在「近代國家」、「國民國家」等近代最大課題框架下，對此二人
加以比較，那麼，李鴻章「並不了解國民國家的原理，也沒有把握世界
大勢，沒有理解政治體系的本質。」因此，李鴻章「只知有洋務，而不
知有國務。」而且李鴻章「專在內治，專在民政，而軍事與外交，非其
得意之業也。」在梁啟超看來，李鴻章只知朝政而不懂國民。梁啟超的
分析可謂透徹，單刀直入，直接點出了李鴻章的優缺點。

與伊藤博文相比，李鴻章缺乏近代國家意識以及國民意識，而這也
正是清朝末期所有官僚身上普遍存在的弱點，是全中國社會普遍存在的
弱點。與日本相比，當時的朝鮮也缺乏國民國家意識；中韓兩國之所以
在近代化進程中落後於日本，其最大的原因也正在於此。

對他們的人生經歷進行比較，那麼，伊藤博文在知識、意識結構及
國際意識等方面，要勝過李鴻章。伊藤博文據有很高的漢學素養，熟練

掌握英語，並通過留學英國，親身體驗了西方社會文化；而他具備的國際視野和知識，促使他著手進行政治體制改革。李鴻章在壯年以後遠離學術界。與此相比，伊藤博文則是日本政治家中出類拔萃的博覽群書者。有傳言稱，伊藤博文甚至在上班時，還在馬車上閱讀外國書籍。

伊藤博文比李鴻章年少18歲，但他初次訪問西方國家，卻比李鴻章早了33年；在留學英國以後的40多年間，伊藤博文曾4次訪問歐美等西方國家，並四度踏上中國大陸。除此而外，為了制定日本憲法，伊藤博文曾在歐美考察了5年多時間。這些經歷，使伊藤博文在「文明開化」方面領先於李鴻章，而且也積累了比他更豐富的國際經驗；在洞察國際形勢、了解國際社會方面，伊藤博文遠遠超過了李鴻章。（趙焰）

筆者在此還要強調的一點是，李鴻章作為清王朝的下臣，以及清王朝的一員，固執堅守王朝體統。在這一點上，他的政治活動範圍無法超越日本立憲君主體制下的伊藤博文。比如說，日本的政治家所處的社會、政治環境，要遠遠好於清王朝的政治家。

朝鮮的政治生態環境也和清王朝沒什麼兩樣。在這樣的王朝體制下，曾四度擔任總理職務的偉大政治家金弘集，只能在維持朝鮮王朝的前提下進行改革，其本身就具有不徹底的局限性。金弘集是朝鮮傳統士大夫，而且基本上唯清政府馬首是瞻，所以馬建忠才稱其為「朝鮮第一人」。後來，金弘集終於意識到朝鮮需要擺脫從屬於清王朝的地位，同時也意識到日本和朝鮮的未來緊密相連，從此開始疏離中國，轉而接近日本。然而，金弘集從性格上仍然屬於穩健的近代化改革派，因此在國王高宗的控制之下，他的近代化改革只能產生微弱的效果。

朝鮮一直以來在「事大主義」思想作用下，忽左忽右，在中日兩個大國間搖擺不定，並在內部消耗戰中最終毀掉了國家。朝鮮末期的歷史，生動地向後人揭示出這一歷史教訓。宰相金弘集，最終也是被朝鮮民眾群毆致死，這尤其讓人感到悲哀。此後，朝鮮的改革徹底失敗，並

走上亡國的道路，淪為日本的殖民地。缺乏自主性的朝鮮的悲劇，尤其令人悲歎，其教訓也尤其令人沒齒難忘。

　　李鴻章、伊藤博文、金弘集，這三位生活於同時代的東亞宰相，他們的人生實際上也反映了當時中日韓三國的面貌。即使經過了百年歷史，這三位宰相的人生至今仍向我們昭示著歷史的可能性，及其刻骨的教訓。

89. 李鴻章其人

　　在觀察數十張李鴻章照片的過程中，筆者發現了他特有的風采。在這些單身或團體照中，李鴻章都顯示出他身材修長的特點，這大概就是他獲得「雲中鶴」這一綽號的由來。相較於他的身材，李鴻章的面龐略感瘦小；他的外貌形象散發出一種高貴和富有教養的氣息，具有士大夫階層典型的特徵。在中年時期拍攝的照片中，他仍然保持著鶴立雞群的形象，表情溫和，風采不減當年。晚年的照片中，李鴻章的面部略有浮腫，冷靜的表情似乎在極力克制著自己的感情，但總是透出一股無法言說的悲哀。

　　他的照片本身，真實地映射出他的生涯以及經歷。年輕時代的銳氣，中年時期的霸氣，晚年的哀氣……這似乎就是李鴻章的人生履歷。

　　認真觀察過李鴻章的照片以後，筆者又從他的書法作品中去解讀他的性格。「李鴻章的書法寫得很好，他師從曾國藩學習過書法，尤其推崇東晉書法家王羲之妍美暢達的風格，李鴻章的筆力蒼勁沉穩，文字結構縝密，字體雋秀挺拔，直接而又自然地流露出自己的真性情。」（趙焰）

　　1823年2月15日，李鴻章誕生於安徽省廬州府合肥西安馬店鄉，

是其父李安文的次子。李鴻章本名章銅，字漸甫或子黻，號少荃，24歲（1847）時進士及第，成為安徽省最年少的翰林。同期進士沈葆楨曾參與鎮壓1851年的太平天國運動，並以曾國藩的幕僚活躍於晚清政界。1862年，李鴻章在40歲時官運亨通，在曾國藩的舉薦下成為江蘇巡撫，並於1865年就任湖廣總督。

1861年，李鴻章作為清王朝洋務運動的領導者之一，活躍在中國政壇。洋務運動也是李鴻章在中國近代化過程中成就的一大業績。李鴻章把眾多具有凡才華的人才聚攏到自己麾下，其中有盛宣懷、鄭觀應、容閎、馬建忠、吳佩綸、袁世凱等。李鴻章通過這些幕僚，促進近代化改革事業。

步入天命之年以後，李鴻章成為實際上引領清王朝向前發展的領導者。身為清王朝的「下臣」，李鴻章促進中國的改革遇到了很多挫折，關於這一點，伊藤博文也十分了解。在中日甲午戰爭爆發之前，伊藤博文在談論中國的時候曾經這樣指出：「李鴻章忠於朝廷，但由於需要處理各種緊迫的事務，因此這一時期他必須充當全國督撫首領，把內政、外交、洋務、海防等事務集於一身。所以，李鴻章的任務，比我們現在想像的還要艱巨。」來自清王朝內部的壓力，以及清政府的軟弱無能，有時也會成為李鴻章的絆腳石。伊藤博文為李鴻章辯護說，由於封建官僚主義、地方主義等錯綜複雜的政治環境，以及內訌和暗鬥等影響，李鴻章未能如願實現海軍軍事力量的建設。

在伊藤博文看來，由於自己學習了西方，而且理解了政治之本，所以才得以通過制定憲法，安全地實行日本政治。然而，李鴻章對西方的學習止於表面文章，因此未能獲得成果。事實上，1894年的甲午戰爭，也是檢驗伊藤博文和李鴻章近代化改革的試驗場。

在清末的政治家中，李鴻章算得上是一個佼佼者。但是，李鴻章本人也是漢族傳統文化誕生的士大夫，是一個「舊道德、舊文化、舊功名

的集大成者。」因此，李鴻章還不具備熟練應對西方文明衝擊的能力，而且他所處的環境也不允許他按照自己的意願行事。

李鴻章儀表堂堂，玉樹臨風，具有深厚的古典文化修養以及雄辯的口才；他忠於朝廷，聰明而又有些趾高氣昂。但是，他不太了解新時代的環境變化，雖然立志於促進改革，卻同時在繼承過去；他寬容、賢明，同時又很殘忍，且具有暴力傾向。表面上看，李鴻章隨和忠厚，但實際上，同時還兼具狡詐陰險的一面。

外國觀察家也毫不客氣地批評李鴻章，說他過於重視名譽，而且貪戀錢財。他們指出，李鴻章的最大弱點就在於對金錢的迷戀，並將他和乾隆時期的和珅相提並論。當時的維新人物創辦的報紙譴責李鴻章，說他在金錢上的腐敗絲毫也不亞於和珅。因此，也不可否認李鴻章把洋務運動等「公務」，當成了斂財的手段。在這一點上，李鴻章也無法與素以清廉和淡泊而著稱的伊藤博文相比較。金弘集作為朝鮮的士大夫，在金錢上也沒有腐敗的現象。

李鴻章貴為一國之相，卻在金錢上盡顯小人品性。事實上，現在的中國領導者、地方幹部當中，這種表裡不一的人也不止一二人。在筆者看來，這種現象似乎應該從中國的傳統文化上去理解。也就是說，「腐敗」是一種傳統文化。

有人這樣評論李鴻章：「是時勢創造的英雄，而非創造時勢的英雄。」李鴻章在被人們稱為「東方俾斯麥」的同時，也被人們稱為「漢奸、賣國賊」。無疑，李鴻章是當時矛盾的中國社會誕生的一代偉人。

90. 李鴻章為何未能替代慈禧太后

「與同時代的人相比，李鴻章毫無疑問，是一個19世紀的打造者。

另外，和掌握著當時帝國命運的慈禧太后相比，『精明人』這一稱謂更適合李鴻章。慈禧太后雖然在統治手段和技巧上講究變化，但畢竟是不同民族，而且對於中國老百姓而言，她的影響隨著她的死亡和清朝的滅亡而消失了。但李鴻章在其所言所著中體現出的善與惡的力量，及其在豐富多彩的人生中成功與失敗所表現出來的力量，至今還在深深影響中國人的生活。」

這是英國著名記者約翰・奧特維・布蘭德（1863-1945）根據自己的親身經歷，在1917年所寫的《李鴻章傳》中，對李鴻章做出的評價。

在19世紀清末所有漢族政治家、官僚當中，李鴻章無疑是最為傑出的人。由於他在人情世故方面的老練，以及遠見卓識和外交實力，慈禧太后始終將其視為知己。

他們兩個人都屬羊，而李鴻章在年齡上比慈禧太后大了整整一輪。在眾多實務中，李鴻章表現出色，在很多領域都稱得上是經營清王朝的實力派人物。慈禧太后喜歡李鴻章的程度遠甚於翁同龢，因為相比之下，翁同龢凡事喜歡計較，又在處理具體事務中表現得過於圓滑。嫉妒李鴻章的人常常在暗地裡彈劾他，想置他於死地，但慈禧太后每次都憑藉自己的權力保護他。對此，李鴻章感恩戴德，大有「士為知己者死」之意。

當然，李鴻章是一個漢人，慈禧太后在心中不可能不對他有所懷疑和防備。對於這一點，李鴻章也心知肚明。然而，慈禧太后認為清王朝需要李鴻章，而能幫助她打理清王朝的人也正是李鴻章。

在清王朝在職的漢族政治家中，除了李鴻章以外還有張之洞、劉坤一、盛宣懷、王文韶等重臣。但和李鴻章一樣，慈禧太后都沒有把中央的核心部門交由他們來掌管。因為慈禧太后擔心，一旦他們進一步做大做實，就有可能危及自己的地位。

認真想來，實際上清王朝在19世紀的內憂外患始終未曾間斷。

1830年以後的鴉片戰爭、太平天國運動、捻軍起義、回民起義、天津教案、臺灣危機、馬嘉理事件、伊犁危機、中法戰爭、甲午戰爭、義和團運動等，磨難接二連三，使清王朝隨時處於崩潰的邊緣。

清王朝像一個病入膏肓的重症患者，而且已步入耄耋之年，它正在垂死掙扎，不停地呻吟。可是，令筆者始終感到不解的是，面對這樣一個即將崩潰的大清王朝，那些有能力漢族政治家、官僚們，為什麼沒有人試圖趕走慈禧太后，奪取大清政權？他們為何沒有採取相應的措施？事實上，認真考察中國近代史就會發現，對於李鴻章以及後來的袁世凱來說，這種機會曾多次出現。中國根本不需要等到1911年的武昌武裝起義，就完全可以取代清王朝。

僅李鴻章一人，就有3次推翻清王朝的機會。1880年，清王朝和俄羅斯關係緊張之際，英國洋槍隊長戈登在天津與李鴻章會面，兩個人就眼下時局進行了一場對話。戈登說：「在目前這種情況下，大清朝很難在今後的世界自強自立。閣下應該掌握政權，大幅進行整頓。如果閣下心有此意，我定當效犬馬之勞。」

李鴻章沉思良久，然後這樣回答道：「你的提議雖然不錯，可我一次都沒有背叛過朝廷。還有，這也不可能獲得成功，反而害得我項上人頭不保。」

第2次機會是1894年6月，即中日甲午戰爭爆發前夕，孫中山前來拜見李鴻章，並在向其提交的《上李鴻章書》中，詳細闡述了「取代清王朝的革命」。但對於如此重要的建議，李鴻章卻以朝鮮方面形勢緊張為由，沒有給予任何答覆。

據說，輕視孫中山的李鴻章，甚至都沒有接見他，而只是簽字同意給孫中山辦理護照，使其前往歐洲。李鴻章無論如何也沒想到，這個身材矮小的青年人，將在20世紀初成為中國的「國父」。

第3次機會出現於1901年義和團運動時期。相傳，八國聯軍向北京

發起進攻時，梁啟超前往廣州會見李鴻章，並提出建議稱，兩廣應從清王朝統治中獨立出來，果斷建立一個由漢族統治的新的國家。雖然這一史實尚未得到證實，但有傳言稱，在海外展開反清運動的孫中山，在香港總督的幫助下與李鴻章會面，並策劃兩廣獨立之事。

總之，李鴻章絲毫沒有推翻清王朝、建立新中國的雄心壯志。他只是作為清王朝的下臣，在盡忠朝廷的同時獲取自己的利益。以他的實力和掌握的軍事力量，推翻清王朝取而代之並非是一件難事。那他為什麼沒這麼做呢？因為他「不想這麼做。」作為清王朝體制的既得利益者，他自詡為一個「裱糊匠」，終於未能成為一個「打造時代的英雄人物」。

這既是李鴻章個人的悲劇，同時也是絕大多數中國精英的生活方式。

91. 明成皇后的理想

《明成皇后》這部長篇電視連續劇刻畫了明成皇后自主性的一面。然而，影片中以明成皇后抵抗甲午更張，來美化她獨立自主的性格，這卻與歷史事實不符。1873年，明成皇后擊敗大院君，重新執掌朝鮮政權。此後，明成皇后只是為了集權而集權，卻沒有為了國家的未來付出努力。明成皇后和高宗擔心朝鮮向立憲國家發展，將失去國王和朝廷的專制權力。」（金起協《從外部觀察韓國史》）

在歷史劇中，明成皇后被美化成一個具有愛國主義思想的國母。但在筆者看來，這不是一部嚴格意義上的歷史劇，而是一部「戲說」劇。尤其是明成皇后在處理與日本及日本人的關係中，表現出稚拙的輕蔑態度，這是相當令人遺憾的。

閔妃是在遭到暗殺以後，才獲得明成皇后這一封號的。如果把明成皇后和清末的慈禧太后作一番比較，在直接掌握實權這一點上，這兩者

之間倒有些相似。但是，在權謀、老練等方面，明成皇后卻比不上慈禧太后。至今為止，還沒有哪一張照片被確定為是明成皇后，所以我們只知道她是一個貌美的女人，而無法準確掌握她的容貌。所以筆者曾經表露過「她是一個沒有肖像的國母」這種遺憾心情。雖然我們不了解她的長相，但我們可以通過她的言行，以及她的政治作為，去把握她的思想軌跡。

1882年，發生壬午軍亂時期，明成皇后險些丟掉性命。她僥倖逃過一劫，躲在忠州閔氏親戚家裡，才免遭殺身之禍。隨著政權失而復得，明成皇后在返回宮中時，帶回了一個巫女。她是明成皇后避難那戶人家的一個下人。因為她曾預言「閔妃可以平安回到宮中」，所以明成皇后很喜歡她，於是把她帶回王宮，在宮裡設了祭壇，命其為國家安定時時祈禱。

由於明成皇后把這個巫女視為賓客對待，所以宮中也跟著對她崇敬有加，彷彿她果真就是明成皇后的「守護神」。沒過多久，明成皇后在北廟設立王室直屬祭壇，奉這個巫女為祭主，為王室的幸福和安康舉行祭祀活動。北廟祭祀每天一早一晚各舉辦一次，每當開壇祭祀之際，王公貴族、閔氏一家及朝廷高層官吏便列隊禮拜。

為了舉行祭祀活動，從各地運來的山珍海味和地方特產在北廟堆積如山。在國家財政日益窘迫的情況下，閔氏政權為了進行祭祀活動，卻如此鋪張浪費。另外，各地的巫女、道人、算命先生、和尚等從各地雲集而至，前來拜見這位「國師」，以至於北廟幾乎成為薩滿教的中心。這些人得到的盤纏和作法的花費都來自於國庫。北廟祭主被封為「大靈君」，在宮廷中一躍而成為地位遠在宦官宮女之上的重要角色。來自各地的神聖（巫女、道人、算命先生、和尚等）都有機會接近皇室介入政權，所以圖謀晉升的官吏，不僅要賄賂宦官和宮女，還要拿金銀打點這些人。（《通往併合韓國的道路》）

由於頻繁舉辦祭祀活動，原本已捉襟見肘的宮廷財政進一步陷入窘境。政府部門為了填補這個巨大的漏洞，開始動用關稅收入。閔氏政權的頂樑柱閔台鎬的長子閔泳翊與德國外交顧問密謀，把部分關稅收入用來支付王妃的個人開銷。實際上，這是一種不當行為。

為了打開財政困難的局面，朝鮮政府部門採取了「惡貨鑄造」措施。被稱為「當五錢」的貨幣價值僅為過去貨幣的五分之一。開化黨金玉均等人認為，如果在沒有引入近代貨幣制度的情況下流通「惡貨」，從長遠角度上講將留下巨大的禍根，因此極力反對。但明成皇后和高宗不為所動，下令大量鑄造。於是市場上大量充斥「惡貨」，物價隨之大幅增長，終於引發通貨膨脹。

閔氏一族又繼續增設「惡貨鑄造所」。事實上，這相當於閔氏一族公開促進「私鑄」貨幣。通過這種手段，閔氏一族中飽私囊。明成皇后的丈夫——高宗是朝鮮歷史上最喜歡受賄的國王，每當買賣官職之際，高宗便直接索取賄銀。據稱，下臣在拜見高宗的時候，都要奉上一定數額的金錢，才有機會面見國君。（金完燮《為親日派辯護》）

這樣一位國王，受到「昏君」、「暴君」的評價也是理所當然的。「19世紀後半葉，朝鮮王朝國家的政治原理開始坍塌，國家功能進一步喪失，處於岌岌可危的境地。何況國王高宗還是一個昏君，所以那些可以為國家復興做出貢獻的有良知的人才，很難獲得經營國家的機會，有些甚至還以莫須有的罪名被處死。」（金起協）

明成皇后和高宗的理想是什麼？面對這一問題，我們會得到這樣一個回答：他們出於愛國目的，希望守護朝鮮王朝和閔氏政權。然而，他們的愛國，與金玉均等開化派致力於建設國民國家、近代化國家的理想是有相當大差距的。正如金起協先生所指出的那樣，「對王權沒落負有更大責任的是高宗皇帝和明成皇后。他們是所有百姓的父母，卻沒有更多地考慮自己的本分，出於貪欲介入政客們的權勢之爭，爭搶自己那份

利益。」

　明成皇后於1895年慘遭凌辱，而她成為阻擋朝鮮近代化進程的絆腳石，也是其被害致死的原因之一。明成皇后之死，已經超越了死亡本身，而成為向後世之人揭示歷史教訓的慘痛事件。

92. 開化派精英的設想

　在朝鮮近代史上，直到中日甲午戰爭爆發以前，一直活躍於朝鮮政治舞台上的開化派精英人物，他們所展開的活動成為朝鮮後來的改革、獨立運動的典範。閔氏政權執政時期的1874年，年僅23歲的金玉均發起組建開化黨（又稱獨立黨）。21歲時，以文科首席及第的金玉均，是朝鮮當時的開化派第一人。有關金玉均，筆者在本書中已經做過介紹，因此在這裡將側重介紹以金玉均為主的開化派群像。

　在19歲時，金玉均與劉大致相遇。這次見面，使金玉均豁然開朗，從這時起，他開始形成自己的開埠、開化思想。劉大致當時只是一個「譯官」（翻譯官），不屬於朝鮮的貴族階層，他只是出身於「中人」階層的一個低級官吏。在劉大致的朋友當中，有一個名叫吳慶錫的譯官，他們都以朝貢使使節的翻譯官身分頻繁前往中國。吳慶錫在中國獲得西方列強的動態等相關國際資訊，對流入中國的歐美近代文明也多有見聞，而且在回國的時候還購回包括魏源的《海國圖志》在內的有關世界知識的書籍。在就《江華島條約》與日本交涉時，吳慶錫就以朝鮮方面「接見大官」的翻譯身分參與會談。劉大致和吳慶錫經常溝通，談論時局，也經常交換書籍閱讀，並深刻地意識到朝鮮孤立於世界的命運。因此，他們都認為，朝鮮必須立刻開埠，促進國家的改革事業。

　但是，身為「中人」階層，他們還沒有資格參與國家大事。於是，

他們在漢城的貴族階層尋找合適的人選。而進入劉大致視野的人，正是貴族子弟、正在為科舉考試埋頭苦讀的金玉均。當時，金玉均年僅19歲，劉大致已經30有餘，吳慶錫則已年屆39歲。他們二人認真向金玉均傳授與世界形勢相關的知識，以及改造國家的思想等。此後，金玉均科舉及第，並為朝鮮的開化積極展開各項活動。遺憾的是，吳慶錫在49歲時猝然離世。後來，金玉均把劉大致奉為自己的人生導師，對其倍加崇敬。

事實上，在金玉均的導師中，還有一位著名人物朴珪壽。朴珪壽是著名實學家朴趾源的孫子，是一位繼承了祖父學業的知識份子。1873年，朴珪壽官至右議政（副首相），在朝鮮名震一時。朴珪壽於1861年（英法聯軍侵犯北京的第二年）以慰問副使身分訪問熱河（中國舊行政區劃的省份之一，位於目前河北省、遼寧省和內蒙古自治區交界地帶）。在訪問期間，朴珪壽接觸到進入當地的西歐文化，受到極大刺激。

1872年，朴珪壽以謝恩使身分訪問中國的時候，擔任首席翻譯官的正是吳慶錫。朴珪壽從很早開始，就和吳慶錫有過深入交流，因此他是當時朝鮮政界首屈一指的開國論者。1866年，在朴珪壽擔任平安道監事期間，曾指揮朝鮮軍隊，擊沉侵入平壤的「舍門號」美國商船。這並不是說他具有鎖國攘夷思想。他擊沉來犯美國商船是職責所在，由於這次的壯舉，朴珪壽一躍而成為朝鮮家喻戶曉的英雄人物，從此官運亨通。

1870年代，日本新政府向朝鮮提出要求，希望能與朝鮮建交。當時，朴珪壽主張應接受日本的國書，與之洽談建交一事。但是朝鮮政府沒有採納他的建議，最終在日本的炮艦外交下，被迫開埠。

在當時的朝鮮知識份子、政治家當中，朴珪壽可謂是最密切關注世界形勢變化，並認真分析尖端資訊的人物。不僅如此，朴珪壽也表現出積極適應這一變化的反應，因而成為朝鮮近代開化派的先驅者。1873年，朴珪壽出任右議政這一相當於副首相的要職，隨後主張朝鮮應該與

日本建立外交關係，採取開埠的政策。當時，金允植、金玉均、徐光範、洪英植、朴泳孝等年輕的精英官僚都是他的門下，他們在朴珪壽的開化思想影響下，逐漸成長為開化派領袖，並成為1884年甲申改革的主力。

金玉均在《甲申日錄》中說，他在23歲左右時，發起組建了開化黨，而在前面提到的那些政治精英都陸續加入他的開化黨。朴泳孝比金玉均年輕10歲，徐載弼則年輕12歲。他們分別在17、15歲的時候，就已經開始參加金玉均的政治活動。從現在的角度上講，他們當時不過還是高中生，甚至是初中生，就已經懷抱著改變國家命運的遠大理想，投身改革大潮。

在朝鮮獨立運動史上寫下光輝篇章的徐載弼，其父為朝鮮政府中層官僚；而朴泳孝在13歲時，就已經成為國王哲宗的駙馬，其父也已官居「大監」（參判）。這兩人都在15歲左右時，就已經掌握了豐富的學識，有著過人的見解，是可以就政治、學術展開爭論的年輕俊才。此外，洪英植比金玉均小4歲，其父也是一個官居「領議政」（總理）的政界要人。俞吉濬比金玉均年輕6歲，徐光範則年輕8歲；徐光範的父親徐相翊也官至參判。

在1884年甲申政變時，金玉均年僅30多歲，而其餘大多數成員，年齡也大都20出頭。他們身為貴族官宦子弟，都有一個高官厚祿的父親。用現在的話來說，他們是一群真正意義上的「官二代」。

由這些朝鮮高官子弟組建而成的開化黨，可以說是一個旨在改變朝鮮命運的年輕精英集團。

93. 開化派的「家教」──李東仁

19世紀後半葉，隨著朝鮮的開埠，朝鮮社會出現了多種批判傳統社會制度，並致力於近代化的「開化派思想」。為了改變朝鮮的社會制度，這些「開化派」積極活躍在各領域。我們已經了解了開化派的領導者金玉均等人，但對隱藏在背後，發揮先驅作用的人物，卻知之甚少。

李東仁（1849-1881）是朝鮮末期梵魚寺出身的開化派僧侶，是朝鮮開化運動的先驅者。專門研究親日派人物的林鍾國先生在其著作《實錄親日派》一書中，把李東仁視為親日派人物，並對他做出負面評價。然而，從李東仁走過的道路中我們可以發現，他不但是朝鮮開化運動的先驅者，而且還向金玉均等人傳授了日本近代文化、制度等相關知識。從這種意義上講，李東仁無疑充當了朝鮮開化派的「家教」，是朝鮮近代史上重要的人物。不能認為他與日本相關，便無條件地將其視為民族敗類，這不是一個學者應該採取的態度。

當時，在朝鮮國內有幾個僧侶通曉日本語。在簽署《江華島條約》（1876年2月）期間，黑田清隆以日本弁理公使身分抵達江華島，隨行人員中便有金承仁和另外兩名朝鮮人翻譯。

他們是通過什麼管道來到日本，學習和掌握了日本語？相關內容還不為世人所知。然而，1877年日本真宗大谷派僧侶到韓國進行佛教傳教活動時（真宗大谷派僧侶奧村圓心和平野惠雜在慶尚道釜山別院開始傳教活動），朝鮮僧侶開始接觸日本僧人，並開始學習日本語。

據說，李東仁在1877年曾在釜山別院與這些日本僧人有過接觸。事實上，在此之前的1876年，在江華島簽署日朝條約時，李東仁就已經開始與從日本來到朝鮮的翻譯、京都本願寺僧侶楓玄哲交往。在此過程中，李東仁為日本的文化思想所吸引，開始貪婪地向楓玄哲和尚學習日本語。

　　此外，每當日本公使花房義質來到江華島，李東仁便前往和日本人交談，以此建立起友好關係。

　　據傳，李東仁在1878年左右，在釜山結識年輕而又銳氣十足的金玉均。當時，金玉均在釜山東萊的梵魚寺，接觸了大量李東仁所藏的佛教經典和日本書籍。當然，金玉均作為一個佛教徒，也有很深的佛學造詣。還不懂日語的金玉均只能通過書中的漢字，大致上了解書中的意思。據推測，金玉均是在吳慶錫或劉大致的介紹下，得以結識李東仁的。

　　根據《江華島條約》（日朝修好條約）相關規定，朝鮮政府決定向日本派遣修信使。而開化派則決定另外派遣民間人士，到日本調查和了解相關的社會情況，以及近代文明。

　　當時，金玉均選中的人正是熟練掌握日本語，而且具有開化思想的李東仁。李東仁帶著金玉均和朴泳孝提供的資金，前往日本去執行他們交代的任務。

　　事實上，從現在的角度上講，他這次出訪日本相當於是偷渡行為。李東仁出訪日本的時間是1879年6月。他來到日本以後，曾一度在京都的本願寺滯留，隨後前往東京，去了解通過明治維新改變面貌的日本社會，以及正在向近代化發展的日本。

　　李東仁開始接觸福澤諭吉等日本知識份子，並隨同他們一起回到朝鮮。他所帶來的有關日本的最新資訊，給朝鮮開化派以耳目一新的感覺。金玉均等人通過日本的事例，對朝鮮的改革前景產生了信心。他們堅信「朝鮮也能成功進行改革」。

　　李東仁也是第一個把日本近代化產品帶回朝鮮的人物。他用本願寺提供給他的資金，購買了煤油燈、石油、雜貨等物品，並將其帶回國內作為禮物送給朝鮮王室以及開化派親朋好友。

　　1880年10月，李東仁再次以密使身分前往日本，與清政府駐日公使何如璋接觸，並委託其幫助朝鮮與美國建交。1882年簽署的《朝美

條約》草稿，事實上就是李東仁起草的。

　　筆者認為，李東仁作為活躍在朝鮮近代開化派幕後的僧侶，其所作所為理應受到和金玉均等人同等的評價。李東仁是對朝鮮開化運動做出重大貢獻的先驅者，絕不是一個親日的民族敗類。1881年2月，李東仁被任命為朝鮮「統理衙門」（主要負責外交事務的機構）參考官（處理科舉等事務的官職），負責促進派遣赴日考察團（紳士遊覽團）等具體事務，而向日本派遣留學生的意見也正是他提出來的。當年3月，李東仁被派往日本，負責採購槍炮、軍艦等軍械。但在出發前夕，李東仁被朝鮮保守派暗殺身亡。朝鮮近代化改革的先驅者，就這樣下落不明，給後人留下了一個不解之謎。

94. 文化民族主義的興起

　　近年來，作為對流行於全球範圍的國際化的一種抵抗，很多地區和國家正在傾向於強調各自的特色。這就是我們所說的地方化或本土化（Localization）。與此同時，也出現了將這兩種相反態度合而為一的新名詞——全球本土化（Glocalization）。因此，全球化在得到大力促進的同時，伴隨地方化的發展，也出現了民族主義和國家主義。而中日韓三國的歷史問題、領土問題，也成為東亞國家主義的焦點。

　　現在，民族主義（Nationalism）作為一個學術概念，是被如何定義的呢？綜合起來，可以歸納如下：「某個民族，或多個民族為了維護其生活、安全，發展民族或民族間共同的傳統、歷史、文化、語言、宗教等，而形成民族國家（Nationstate），在國內外致力於維持並強化其同一性和獨立性。民族主義即為這種理念或思想原理、政策、運動的總稱。」（鈴木貞美《日本的文化民族主義》）

「Nationalism」一詞根據不同語境，可翻譯為民族主義、國家主義、國民主義等。而在近代西歐，它則是一直成為建設「國民國家」的基礎，或必要手段的思想或理念。

一言以蔽之，近代東亞歷史就是把國家建設成富裕、強大、獨立的國民國家的歷程。日本擺脫西方勢力的強壓，在東亞範圍內率先實現了建設獨立、覺醒的國民國家的目標，成為近代東亞文明、文化「新的大熔爐」。在這一過程中，日本超越中國，成為近代「文明發源地」、「文明中心」。

在近代史研究過程中發現的一個歷史真相，便是筆者在本書中一直強調的一個內容：日本改變自己在傳統東亞中的落後地位，一躍而成為優等生，並自詡為中國和朝鮮的「指導者」、「征服者」。在此之前，中國一向都是日本的「大哥」甚至是「導師」。這樣一個事實，足以深深刺痛當時中國和韓國的知識份子乃至國民。

如果排除一切民族偏見、民族感情和情緒，冷靜地予以分析，那麼我們就會發現日本作為東亞「知性熔爐」，曾經是近代西方式的思想、文化、制度、觀念的「發源地」。近代史早已有力地證明了這一點。

即使這種歷史真相擺在我們面前，如果我們缺乏足夠的覺悟，當然就視而不見。因此筆者認為，擺脫「一國史」的傳統觀念，從他國的角度反觀本國歷史，這將是有助於拓寬我們視野的必要方法。清政府以明治維新模式為榜樣，而進行的洋務運動或戊戌變法運動，以及朝鮮從開埠開始，一直進行的各種日本式的改革、在日本殖民統治下促進的近代化，是否也都是上述觀點的有力證據呢？

在中國和朝鮮（韓國），如今已廣泛普及、使用的「民族」、「國家」、「國民」等詞語，都是來自日本的漢字詞。因此，其思想、觀念同樣也都是通過日本的文化熔爐引入我們國家的。「民族」這個單詞，就是日本在明治時期翻譯英文單詞「Nation」時創造出來的。它通過創

刊於1899年的報紙《日本》逐漸得到普及。

在亞洲，文化民族主義作為建設近代「國民國家」的理念，首先在日本興起，然後逐漸向其他亞洲國家擴散。但這並不是說，日本在近代化過程中無條件地照搬了西歐文明。為了對抗西歐文明，創造出獨立的國家、民族精神、理念，其本身也是近代化過程。因此，先於政治、經濟的民族主義創造並普及文化民族主義，才是日本的當務之急。

「文化民族主義」究竟是什麼呢？簡單說來，它不是民族主義的政治、經濟層面，而是文化層面。事實上，也只有文化才是民族主義的本體。比如說「民族文化」、「國民文化」、「我國文化」等概念反映出來的內容，就是文化民族主義的實質。

把國家代表性的語言稱為「國文」（National Language）、「國文學」（National Literature）等「國民文化」（National Culture）概念、思想，在國民國家的形成過程中作為極其重要的功能而得到普及。

文化民族主義也可解釋為文化的民族主義（國家主義）。這種思想也誕生了日本近代史、帝國憲法、教育法、愛國心、天皇制等。國學、日本國文學、國語、國民道德、國民教化、修養、祖先崇拜、國家神道等概念和觀念，通過教育系統和媒體，傳播到日本國民群體當中。這一過程自明治時代開始，一直持續到1945年。

在這一時期，日本把新的文化民族主義（包括近代傳統文化在內），視為在與西方列強的競爭中獲得生存機會的方法，因此文化民族主義成為明治民族主義的核心思想。1894年至1895年，清王朝在中日甲午戰爭中遭到失敗，實際上也是敗給了日本的國家主義、舉國上下一致團結的愛國心。因為與日本這個「國家」作戰的不是清王朝整體，而僅是李鴻章的北洋「私兵」。清王朝敗給島國日本的根本原因，就在於當時文化民族主義思想在中國還沒有得到普及。但是當時絕大多數中國人還完全沒有認識到這一差異。

　　中日甲午戰爭，也促使清王朝進一步認識到文化民族主義的內涵。於是，在此之後，中國興起史無前例的日本留學潮。朝鮮也是在學習日本的文化民族主義過程中開始覺醒的。這一點更不容置疑。百年後的今天，中國以高速增長的經濟為基礎，在全國範圍內正在興起一場民族主義、文化民族主義運動。朝鮮在這一點上也表現出不甘示弱的努力。這種現象與日本在19世紀末至20世紀初文化民族主義興盛時期極為相似。

95. 近代「武士道」的誕生

　　從「武士道」這個字面上，我們很容易聯想到手中揮舞長刀、性情殘暴的野蠻武士形象。事實上，武士道的實質並非像我們所理解的，是一種刀的武力或暴力主義。

　　首先讓我們來了解一下武士道（Bushido）的概念。日本代表性的綜合國語詞典《廣辭苑》中，對武士道的解釋是：「在我國武士階層中發展起來的道德。鎌倉（1192-1333）時代開始發育成長，到江戶（1603-1867）時代以儒教思想為根據而致於大成，成為封建支配體制的觀念支柱。重視忠誠、犧牲、信義、廉恥、禮儀、潔白、質素、儉約、尚武、名譽、情愛等。」

　　在筆者看來，武士道作為可以比肩西方騎士道的東方倫理、價值體系，是象徵日本「精神」的思想、觀念、道德綜合體系的世界。在韓國或中國式的儒教、文明主義、先賢優越主義思想的影響下，我們通常認為日本武士是一個目不識丁，且具有暴力、好戰傾向的階層，並基於這種偏見而對其予以藐視。但實際上，日本的武士階層是用儒教價值觀和道德觀念武裝起來的階級。與尚文的朝鮮儒生或中國的讀書人相比，他們更具適應能力，而且也具有更強的生產行動能力。曾自詡為尚文國度

的朝鮮和清王朝，在近代化過程中遠遠落後於日本，其原因之一，就是因為缺乏日本武士道精神和實踐能力。

從比較文明史角度上加以觀察，日本的武士在世界上也是一個具備了獨一無二的特徵的集團。他們與日本皇室和貴族關係融洽，是一群戰鬥的專家，而且成為地方政治秩序的維護者，這也從他們身上的儒教教養和道德觀念、行動能力上得到了體現。

在研究歷史過程中我們可以發現，日本的「武士道」是在近代日本的文化民族主義高漲時期誕生的。日本在近代化過程中，分別於1894年和1904年，發動了中日甲午戰爭和日俄戰爭，這一時期也正是日本的文化民族主義重構時期。（鈴木貞美）

由於國民國家的民族主義思想，日本舉國上下團結一致，一舉戰勝東亞朝貢體系的盟主——中國。日本人為自己能夠克制清王朝，率先實現近代化而自豪，並認為這是一次向世界展示日本西方式近代化力量的「壯舉」。他們充滿了膨脹的「愛國主義」思想。當時，日本著名的地理學家志賀重昂這樣指出：日本人之間「儘管總有分歧，但一旦有事，就會團結起來。」（《地理學》1897）正如志賀重昂所說，在明治維新時期，日本內部的理念和派別之爭從未間斷。但是在中日甲午戰爭時期或日俄戰爭時期，卻幾乎沒有人提出反對意見。

基督教思想家內村鑑三原本在宣導非戰論思想，但很快轉而贊成民族主義。中日甲午戰爭結束以後，日本和清政府簽署《馬關條約》。根據條約相關規定，清政府向日本割讓臺灣和遼東半島。但由於俄羅斯、德國、法國等三個西方國家的干涉，日本政府不得不放棄已經到手的遼東半島。因此，日本方面開始以「臥薪嘗膽」為口號，積極準備與俄羅斯作戰。也就是說，在這一時期，日本國內的民族主義運動愈演愈烈。

日本方面把自己贏得中日甲午戰爭勝利的原因歸結於西歐文明的勝利，並開始重新評價日本的尚武精神。在這一過程中，日本「發明」了

新的傳統，這就是「武士道」。

繼1899年出版《日本武士道》（三神礼次）以後，日本於1900年出版了《武士道》（井上哲次郎）。此後，新渡戶稻造的英文著作《武士道》（*Bushido: the soul of Japan*）也於1908年正式出版。

2004以前，新渡戶稻造的肖像被印在5000日圓紙幣上，由此可見他在日本國內的影響力。他通過這本著作，向世界展示了日本人的精神、價值、人格，並向世界宣告日本也有毫不亞於西方的價值觀。

明治時代中期，日本政府為了抑制唯利是圖的社會風潮，提倡奉公精神，開始重提武士的生活方式。雖說在江戶時代，也有人把務實的生活方式稱之為「武士道」，但並沒有得到廣泛普及。

在武士階級已經消失的歷史時期，新渡戶稻造重新「創造」出武士道，並將其稱為「日本人的魂」。在新渡戶稻造看來，「武士道，如同它的象徵——櫻花一樣，是日本土地上固有的花朵。」有日本學者指出，新渡戶稻造把作為民族信仰（National Faith）的神道視為武士道的起源，並在其中賦予「忠君愛國」、「知行合一」等陽明學倫理，是一種「被創造出來的傳統」。（鈴木貞美）

為了鼓吹日本的文化民族主義而被創造出來的「傳統」，後來果然像新渡戶稻造所說的那樣，「成為所有國民憧憬的精神」。作為日本人的精神世界、道德體系之一，武士道很好地說明了日本男子自信的行動價值觀。這種被創造出來的武士道精神，在後來發生的日俄戰爭期間，發揮了巨大的威力，並因此而受到世界的矚目。日本人努力打造出一種能與西方的騎士道、紳士精神相對應的價值體系。但在筆者看來，這實際上也不過是文化民族主義的一個新的分支而已。

96. 溫和的親日愛國者汪精衛

　　1910年，在辛亥革命爆發一年以前，汪精衛身在北京。他在日本活動期間，與同盟會革命家一起組織了暗殺團，並來到北京潛伏下來，伺機行刺清政府實權派人物順親王載灃。

　　當時，汪精衛在向孫中山寄出的《致南洋同志書》中說，「今者將赴北京，此行無論事之成否，皆必無生還之望。」從中可以看出，為了革命，汪精衛已經做好了英勇就義的心理準備。汪精衛在《致南洋同志書》中還說，「顧以革命之事，條理萬端，人當各就其性之所近者，擇其一而致力焉。既致力於是，則當專心致志，死而後已，然後無負於初心。」

　　最終，暗殺載灃的計畫落空。汪精衛本人也和他的同志一起被逮捕，被判以終身監禁。但是，民政部尚書肅親王善耆在讀過汪精衛親筆書寫的《革命之決心》以後，產生了強烈的共鳴，禁不住對汪精衛產生了同情和尊敬之心。

　　幸運的是，1911年10月，隨著武裝起義的成功，汪精衛獲得釋放。這是百年前汪精衛的盧山真面目。事實上，汪精衛並非像我們通常所了解的那樣，是一個「貪生怕死」之輩，而是一位視死如歸的勇敢的人。

　　在中國近代史上，汪精衛可謂是一個從頭到腳被徹底否定、歪曲、中傷的政治家、革命家；汪精衛這三個字，已經成為賣國賊的代名詞。

　　像他這樣遭到歪曲、中傷的革命家，在近代史上是不多見的。不妨讓我們掀開歷史的面紗，來看看汪精衛的真實面目。現在，在中國近代史學界、臺灣和海外的華裔漢學家當中，也出現了重新評價汪精衛的聲浪。在近代史中，因遭到歪曲和唾罵而被徹底否定的愛國者、英雄以及普通人，事實上又豈止是一、二人？

　　汪精衛又稱汪兆銘，1883年出生於廣東省番禺縣（一說三水），

是秀才汪瑊的四子。幼年開始，汪精衛就以聰明而聞名。在5歲那年，汪精衛就開始識字，8歲的時候就已經開始讀古典經書，因此而被稱為神童。1901年，年滿18歲的汪精衛，以全廣州第一名的成績。考取秀才。1904年，汪精衛以清政府派遣的官費留學生身分，到日本政法大學留學，因此逐漸形成了帶有西方革命思想色彩的世界觀，並立志推翻清政府建立一個西歐式的民主共和國。

1905年，汪精衛作為發起人之一，與孫中山一起組建了同盟會，並被推選為評議部部長。年僅22歲的汪精衛負責起草章程、並擔任同盟會機關報《民報》主編，以「精衛」的筆名，在雜誌上發表有關革新的文章。

從同盟會創建以前開始，汪精衛便得到了孫中山極大的信任，因此可以說是孫中山名副其實的第一大弟子。汪精衛既是一個頭腦清晰的人，同時也是一個文章好手，而且也素有美男子之稱。稱其為近代政治史上排名第一的美男子也非言過其實。

無論是在日本，還是在海外亡命期間，汪精衛始終陪伴在孫中山身旁，成為他的左膀右臂。1908年，在馬來西亞募集革命活動資金時，汪精衛結識了華僑資本家陳耕基的女兒陳碧君，並在後來與之成婚。當時，陳碧君便喜歡上了年長自己9歲的汪精衛。

眾多歷史資料表明，汪精衛與他被歪曲的形象截然相反，他的行為舉止與他的美男紳士形象相輔相成，不僅具有嚴謹的生活態度，而且對革命事業充滿了堅定的信念。另外，他也絕沒有像很多美男子一樣在男女關係問題上傳出緋聞。

1912年，袁世凱從孫中山手中奪得大總統職位，啟用了蔡元培、宋教仁等人，並任命素以「反滿英雄」聞名的汪精衛為廣東省總督。但汪精衛斬斷了對官職的留戀，帶著妻子陳碧君踏上了留學法國的道路。此後，汪精衛往返於法國和中國，參與第二次革命，並當選為國民黨第一

屆黨代會中央執行委員。1925年，孫中山彌留之際，汪精衛執筆孫中山的遺囑草稿。通過這些事實，我們可以看出汪精衛當時的威望之高。

當時，蔣介石連候補中央委員都不是。哪怕是論資排輩，蔣介石都遠遠排在汪精衛後面。1925年，汪精衛就任在廣州建立的國民政府主席之職，同時兼任軍事委員會主席，位居最高領導地位，而蔣介石還是他手下的一名成員。

北伐以後，由於二人之間的矛盾，汪精衛建立廣東國民政府，與蔣介石分庭抗禮。此後，在1931年的9・18事變以後，二人於1932年1月建立蔣汪合作政府，汪精衛成為合作政府的行政院長兼外交部長。而蔣介石則當選為軍事委員會委員長兼總參謀長，掌握了軍權。

現在，在中國人的一般認識上，汪精衛從一開始就作為一個「賣國賊」與日本合作賣國。但歷史事實並非如此。這不過是蔣介石在日後有意對其進行的歪曲和中傷的政治策略。

在對日本的態度上，汪精衛的出發點是「主戰」的，而蔣介石卻是「主和」的。具有諷刺意味的是，主和派蔣介石取代主戰派汪精衛，變成了「抗日英雄」。在對中國軍隊的無能，以及西方列強的支持深感失望以後，汪精衛從「主戰」轉向「主和」。他回避了以卵擊石的路線，開始圖謀和平解決策略。

「邊抵抗邊交涉」的方法，就是汪精衛在思考對日妥協過程中選擇的策略。熟知中國近代史的駐日華裔學者劉傑教授認為，「邊抵抗邊交涉的手法，才是中國外交的特點。現在中國從外交上採取的『一邊鬥爭，一邊改善』的策略，只是繼承了汪精衛的外交戰略。」（《中國人的歷史觀》）

比如說，從汪精衛的所作所為上看，雖然汪精衛有親日傾向，但卻沒有向日本投降，或者是站在日本的立場上背叛中國的言行。從「主戰」轉向「主和」，從「抵抗」轉向「和平」，他做出這種選擇的動機

和機智，是符合當時歷史情況的。中國著名的史學家黎東方先生指出，「超羽量級選手中國，與超重量級選手日本正面對決，是極其愚蠢的行為。」為了避免這種愚蠢行為，從而選擇一條更為有利的道路，這才是汪精衛的本意。汪精衛試圖通過妥協保存中國的實力，如果我們簡單地把這種行為視為「賣國」，似乎是過於輕率了。

97. 背運政治家汪精衛的真面目

百年前，為了中國近代革命獻身奮鬥的汪精衛，其真實面目究竟是怎樣的呢？通過重讀近現代史，掀開歷史的面紗，揭示汪精衛的真實面目，具有深遠的意義。因為汪精衛實在是一位被過於歪曲的、悲劇式的人物。

筆者在本篇補充汪精衛的真實面貌。從100多年前開始，汪精衛便作為孫中山的左膀右臂、文章大家、紳士以及革命鬥士身分參加革命活動。從人物形象上看，汪精衛和蔣介石形成鮮明對照。可以說，蔣介石是從一個武學無賴開始起家的。與此不同，汪精衛是一位紳士，具有明晰的頭腦和國際視野，而且是一個具有敏銳洞察力的異才。

蔣介石具有武人、軍人氣質。與此相對照的是，汪精衛是一位具有文人、讀書人氣質的政治家、革命家。

汪兆銘更名為汪精衛，並名聲遠揚。這是因為他自1905年以來，一直在用「精衛」這個筆名，在同盟會機關報《民報》上發表一系列具有真知灼見的文章之故；因為《滿洲立憲與國民革命》、《駁革命內亂說》等眾多政論文章，汪精衛在華人社會名聲鵲起。

孫中山於1908年8月19日，親自在新加坡的《中興日報》上發表文章稱，「拜讀汪精衛先生有關革命的文章以後，不得不對其五體投地，

神聖奉之。」（《孫中山選集》）

　　從創建同盟會之初，孫中山便對汪精衛的文才給予很高的評價，並將很多重要文件、政論文章都委託給他起草。 汪精衛的文章文風明快，稱得上是美文，基本上找不出什麼缺陷。流傳的軼聞趣事說，孫中山對此很滿意，基本上不需要自己動手修改，就直接拿去發表了。

　　駐日文明評論家林思雲曾這樣指出：「但是，汪精衛的命運，和他的導師孫中山一樣，雖然都具有很高的名望，卻是一個沒有實權的領袖人物。文人政治家在奪取政權以前，通常會進行極其重要的輿論調查，但一旦掌權以後，他們便會遭到掌握軍權的軍人政治家排斥。孫中山被袁世凱當成了一個傀儡，而汪精衛則遭到蔣介石的玩弄。他們都變成了中國式的『槍桿子裡面出政權』的犧牲品。

　　但是，這並不能抹殺汪精衛在國民黨的建立與發展過程中所做出的貢獻。現在，國民黨每當召開黨的重要會議時，定會朗讀孫中山的遺言。而這個遺言正是由汪精衛執筆的。孫中山只是在上面簽下了自己的名字而已。這一事實，從另一個側面表現出汪精衛對國民黨產生的巨大影響。」

　　身為當時中國屈指可數的日本通，汪精衛哪怕是作為一個文人戰略家，也是具有國際視野、歷史感的極少數領導層之一。1937年以後，汪精衛明確指出：僅從世界角度上看，中國的情況也與中日甲午戰爭時期非常相似。

　　日本從一個弱小國家開始慢慢積蓄力量，最終戰勝了俄羅斯。所以，中國也應像日本一樣，與其採取正面對抗的方式，還不如以和平方式應對，以積蓄力量，伺機與日本一決高下。這就是汪精衛私下裡確定的戰略。

　　汪精衛從「主戰」轉為「主和」，避開與日本正面對決，以此來保存中國的實力，這仍可視為是一種救國之策。如果理解了這一點，也就

不至於把他看成是一名賣國賊，反而應該把他視為一名愛國者。面對「主戰」與「主和」的路線，汪精衛和蔣介石之間展開激烈交鋒。於是，他們二人最終分道揚鑣。

1938年，汪精衛給蔣介石留下一句「君為其易，我任其難」的話，離開重慶，開始踏上正式促進與日本妥協的道路。正如汪精衛以前曾經說過的那樣，在當時只有抗戰才能被人們視為是「愛國」的。因此，在當時，「愛國抗戰」是一件比較容易的事情，但尋求和平救國的道路卻極有可能被指責為賣國行為，充滿了艱難。汪精衛不畏被世人曲解為賣國賊，偏偏選擇了這條艱難曲折的救國道路。從這個意義上講，汪精衛也可以稱得上是另一種形式的「英雄」。

1940年3月30日，汪精衛政權在南京建立。1939年12月30日，汪精衛簽署了《日支新關係調整綱要》。這是一份在「善鄰友好、防共、共同防衛和經濟提攜的原則」下，由日本主導的不平等條約。汪精衛在簽字的時候，一邊流著淚一邊說：「這不是一份賣國條約。中國也不是一個能由我一個人賣得了的國家。」對此，汪精衛的親信周佛海曾說，「淪陷區是蔣介石先生拋棄的，而不是我們拋棄的。我們和日本交涉的目的，就是要在其中收復多少的問題。」言外之意，無異於是在說「汪精衛不是賣國賊」。

事實上，史學家劉學銚曾指出，汪精衛的和平運動解救了數百萬中國人的性命。有報導稱，由於汪精衛政府的介入，淪陷區日軍的掠奪行為也被減少到最低限度。

隨著日本的戰敗，汪精衛也變成了一個失敗者。於是勝利者蔣介石將自己粉飾為一個愛國英雄，並從道德角度出發，將汪精衛批為「漢奸」、「賣國賊」。很多人都傾向於從侵略、對抗這種對立結構，去解釋近代史，尤其是戰爭史，因此也不可能沒有特定的傾向性。就此，林思雲這樣指出：「汪精衛個人的悲劇，實際上也是中國近代的悲劇。當

時，如果中國是一個富國強兵的國家，又怎能遭受外國侵略呢？又怎麼會出現漢奸呢？一個國家的漢奸越多，就越說明這個國家是貧弱的。所以，我們不應把『漢奸』視為賣國賊、民族的敗類，而應從另一個角度，去理解『漢奸』的悲劇。」

98. 伊藤博文其人其事

安重根之所以能成為民族英雄，就是因為他擊斃了日本帝國主義重量級政治家伊藤文。安重根的英雄形象之所以被無限拔高，就是因為伊藤博文的地位遠遠高於安重根。沒有了日本近代政治元勳這樣的桂冠，安重根義士的壯舉也便很難浮出水面。也就是說，一個強大的敵人，也是出現英雄的一個前提。

對於韓國人來說，安重根是一個偉大的民族英雄；反過來，對於日本人而言，伊藤博文也是日本近代最偉大的政治家、領導者和民族英雄。也就是說，我們的英雄有多偉大，對方的英雄同樣也就有多麼偉大。我們應該具備一種換位思考的態度。因為對方的視角，可以保障我們能從不同的層次和角度，客觀地反省我們的見解和認識。

坦率地說，他是一個偉大的人格主義者，是個有教養，有洞見的人。

第一任總理大臣（首相）、第一任樞密院議長、第一任貴族院議長、第一任韓國統監、第一任日本憲法制定者……即使去掉他身上這些政治光環，他仍然是一個魅力四射的寬厚的男人。

在個人生活方面，「他天真爛漫，光明磊落，淡泊金錢而又貪戀權欲，卻沒有虛情假意，是一個熱情奔放的人。」

往好裡講，他的性格像孩子一樣天真爛漫；如果往壞裡說，則是稚

氣未脫，也不懂得掩飾自己，而且剛愎自用。同為長州出身的政治家三浦梧樓（殺害明成皇后的主謀）在回憶伊藤博文的時候曾這樣說，伊藤博文極力想讓世人了解自己的優秀，而且具有極強的自負心理，是一個有智慧的人。

曾受到過伊藤博文寵愛的下田歌子回憶說，伊藤博文每次給人寫信，筆跡都很端正。因為他認為「接到我的信的人，有可能始終把它保存下去，所以不能寫得潦草。」也就是說，伊藤博文相信接到信的人，將永遠把它保存下去。

伊藤博文的榮譽意識、自我表現意識都很強烈，而且也具備了應對各種複雜狀況的卓越判斷力。也許正是由於這個原因，總有那麼多學識出眾的年輕人雲集在他的周圍。

正因為他具有對環境的彈性態度、應變能力，所以他剛愎自用的性格才得以控制。他較少鬥爭，更多地進行妥協、協調的性格，也使他更擅長運用富有彈性的應對方法。

伊藤博文善於社交，而且適應性很強，因此在居住在位於鎌倉大磯的滄浪閣時，他跟鄰居們關係融洽，有時也一起聚餐。有時，他甚至把地方漁民請到自家院子裡喝酒，並在大醉以後與他們一起「放吟亂舞」。

伊藤博文的滄浪閣懸掛的牌匾出自李鴻章之手。直到1908年在大井町修建「恩賜館」以前，伊藤博文在東京市內都沒有自己的房子。當時他輾轉借住於官舍、國際賓館等處，所以很是懷念在滄浪閣的那段生活。滄浪閣始建於1896年，表面上看，簡直就像一座地方政府機關辦公樓，毫無藝術氣息。房間裡的家具和其他設施也非常簡單，經常讓那些訪客驚訝不已。

他幾乎不大關注自己的衣食住行，所以日常生活極為簡樸。他的飲食也不規律，而且也總是粗茶淡飯。他的後任西園寺公望後來回憶說，「有

一次他請我們吃飯，結果飯菜過於清淡，以至我都感到有些難為情。」伊藤博文在貪戀權欲的同時，也喜歡飲酒。據說幾乎每天晚上，都要喝到深夜方才作罷。雖然伊藤博文酷愛飲酒，卻分辨不出酒的優劣。

此外，伊藤博文的積蓄觀念十分薄弱。平時，他的錢就存放在書桌的抽屜裡，出門時胡亂從中取出一些，塞進衣袋裡。在旅館喝完酒結帳的時候，伊藤博文總是隨便拿出錢來硬塞給酒館女主人，稱是給她的小費。犬養毅曾這樣高度評價伊藤博文：「巨人西鄉隆盛以後，唯一在金錢方面能保持清廉的政治家。」

伊藤博文既擁有活潑開朗的性格，同時也很清廉。當時，只要算得上是一個有頭有臉的人物，都有收藏古董之類的雅好。但伊藤博文對這些不感興趣。他只是到了晚年，才開始喜歡上佩劍。值得一提的是，伊藤博文素以博覽群書而聞名。他涉獵了大量漢文書籍、日文書籍、英文書籍，也是一位漢文詩高手，而他的毛筆書法，完全可以被列入近代書法家之列。他總是經常說：「我天生就是一個寡欲之人，因此積蓄之類的事情根本不會放在眼裡。」

伊藤博文的好色也是許多人都知道的。雖然他是日本歷史上的大政治家，但也因好色而與豐臣秀吉並列青史。「醒掌天下權，醉臥美人膝。」 這就是他的生活方式。就像他的名字所提示的那樣，伊藤博文是一個文人型的政治家、思想家，因此與「罪大惡極」的形象還是有相當的距離的。可以說，他是日本近代史上一位有教養的風流紳士。

99. 身穿韓服的伊藤博文

伊藤博文作為朝鮮統監，也是朝鮮事實上最高統治者。1909年10月26日上午，伊藤博文在哈爾濱被安重根擊斃，朝鮮人奔相走告，大

聲歡呼，甚至還為此編了一個順口溜。一直以來遭受伊藤博文壓迫的朝鮮人，就是這樣表達他們內心鬱憤的。

正如我們在「韓國統監部統治的明暗面」中所提到的那樣，韓國統監部是根據1905年第二次日韓協約（《乙巳條約》）而設立的。從此，伊藤博文提出的保護政策開始實施。

最近，韓國和日本以及西方學者（韓明根、伊藤之雄、比斯利）的研究顯示，伊藤是希望使韓國成為一個獨立國家，實施「催生自治政策」的，而日本則希望掌握實權，對其進行統治。因此，伊藤博文努力想給韓國人留下「親韓」的印象。

據《大邱物語》（河井朝雄，1929）記載，1905年11月，作為日本全權大使來到朝鮮的伊藤博文，曾一度喜歡到漢城附近的安陽狩獵，伊藤博文身穿韓式禮服，跟一位白髮蒼蒼的韓國農民親切地交談。

伊藤博文身穿韓式禮服，平易近人地與韓國百姓交流的行為，隱含著「自己是個非常喜歡韓國的人，日本和韓國是一家」這樣一種政治動機。」（崔載默）

《伊藤博文傳》（春畝公追憶會，1904）中，有一段伊藤博文身穿韓服拍照的趣聞。1906年1月，伊藤博文身穿韓服，和李址鎔、朴熙秉及其夫人並排站在一起拍了一張照片。在照片中，坐在伊藤博文左前位置的女性是伊藤博文的妻子梅子，而她同樣也是穿著韓國傳統服裝。

韓服是韓國傳統的民族服裝，也是民族的象徵之一，而伊藤博文對此自然再熟悉不過了。所以他才穿著韓服，積極做出熱愛韓國、尊重韓國的姿態的。翻閱伊藤博文的各種傳記、回憶錄等資料，會發現伊藤博文具有極強的榮譽意識和自信心，他同時也是一個表現欲極強的人，而且也具有極強的表現能力。

對伊藤博文的定論是：對金錢的欲望薄弱，但他的色欲和表現欲都極為出眾。

　　這樣一種性格的人，自然會身穿韓服，積極做出「親韓、知韓、愛韓」姿態的。借用嶺南大學崔載默教授的一句話說，便是「身穿韓服的伊藤博文的行為，想要表達的是他尊重和認可韓國的制度、傳統，同時也認可韓國在一定程度上的自治。這同時也是防止韓國人心向背的一種精心設計的政治秀。」

　　照片中，「身穿韓服的伊藤博文」，看上去頗有幾分文人風骨，即使是經過了百年之久，我們依然能在今天產生這樣的感受。在韓國的教科書中，多見「侵略韓國的始作俑者」這種描述。可是，伊藤博文侵略韓國以後，究竟做了哪些事情？關於這一點，韓國人自己也不大清楚。「罪大惡極」這樣的評價，顯然與事實不符。陸續出現的有關伊藤博文研究的書籍表明，韓國人僅憑以往的表象所了解到的伊藤博文，實在是有些偏執和雜亂。

　　因為伊藤博文是處於「韓國殖民地設計者」這樣一個位置的民族仇敵。因此，在民族教育的「神聖」層面上，必須把伊藤文評價為一個「罪惡」的象徵，甚至對其加以歪曲。這就是韓國普遍的認識。但歷史並非可以通過民族情緒或民族意志加以解釋的。韓國的做法，實際上是在踐踏這樣一種規律。

　　筆者研究發現，伊藤博文的形象，以及他在日韓關係上表現出來的行為，並不是「罪大惡極」的。正如安重根對於韓國人來說是一個民族英雄一樣，伊藤博文對日本而言也是一個打造了近代日本的偉人、一流的政治家、思想家、戰略家，是日本當代具有代表性的人物。

　　伊藤博文的名字中，「博文」二字是從《論語》裡的「君子博學於文，約之以禮」中得來的。從中可以看出，伊藤博文是一位尚文的文人，是一位詩人型的政治家。「文明」、「立憲國家」、「國民政治」是他終生的理想。伊藤博文統治韓國的政治哲學是，「像啟蒙日本國民並使其成為文明國民一樣，在韓國實施文明政治。」

　　1906年，伊藤博文對新戶渡這樣說道：「朝鮮人是了不起的。只要了解一下這個國家的歷史，就可以發現其進步明顯領先於日本。這樣的民族不可能經營不了自己的國家……不是人民不好，而是因為政治不好。只要國家走上健康之路，人民無論從質和量上都沒有不足。」（《新戶渡全集》第五卷）

　　伊藤博文抱著盡可能尊重韓國現有秩序和價值觀的態度，採取漸進的方式，使其變成一個文明國家。從個人角度出發，伊藤博文摯愛韓國的儒教素養，並試圖利用韓國儒林。但他也認識到，韓國的儒教思想作為一種保守思想，是阻擋韓國改革的保守勢力。正如中國戊戌變法過程中存在的儒教保守勢力一樣，韓國也同樣存在強大的儒教保守勢力。伊藤博文也對儒教採取了懷柔政策，但終於遭到失敗。他的「文明化」沒能獲得儒教文化圈的支持，便不了了之了。

　　但是，伊藤博文把關注點轉移到韓國的傳統和民族性上，並要求在韓國從事教育事業的日本人，尊重韓國的國民性。在他對韓國統治所做的構想筆記中，有這樣一些計畫：「①在韓國八道各選出10位議員，組成下議院；②在韓國文武兩班中，各選出50位元老，組成上議院；③政府大臣由韓國人組成，並組成內閣；④政府在副王屬下執政。」（《末松子爵家所藏文書》）

　　資料表明，伊藤博文直到1909年4月，才認可併合韓國的方針。在併合韓國以後，他也在主張韓國的政治自治，並構想通過議會政治，實現韓國的文明化，以便將來實現韓日同盟。可是，由於伊藤博文意外遭到暗殺，他的計畫只變成一張廢紙成為歷史。當伊藤博文得知刺殺自己的人是一個朝鮮人，臨終前只留下這樣一句話：「你這個傻瓜。」這是不是伊藤博文在譴責安重根不了解自己對朝鮮的深意呢？此後，併合正式實現，但卻與他的構想背道而馳，在寺內正毅總督的統治下，對朝鮮實施了高壓式的「武斷政治」。如果伊藤博文沒有遭到暗殺，朝鮮又會

變成什麼樣子呢？我們只能用自己的想像去填補歷史的空白。

　　但是，即便是安重根不了解伊藤博文的真意，也不能怪罪於他。因為無論採取什麼樣的手段，伊藤博文終歸是想要統治朝鮮的。

100. 具有超強國際意識的朝鮮近代文明論者──尹致昊

　　現在在韓國社會，一提到尹致昊（1865-1945），人們很容易就會把他看成「頭號親日派」。但實際上，尹致昊足可成為「朝鮮文明開化論運動」的代名詞，他是百年前朝鮮卓越的知識份子。

　　在朝鮮近代史上，尹致昊一直以政治家、思想家、教育家、啟蒙運動家、知識份子、文明批評家等身分，活動於朝鮮社會的核心。

　　尹致昊於1865年出生在朝鮮忠清北道，其父尹雄烈是朝鮮重臣。從很小的時候開始，尹致昊便學習漢學，素以聰明伶俐而聞名四方。1881年，尹致昊隨同「紳士遊覽團」出訪日本，並留在日本成為一名同人社留學生。後來，尹致昊以第一任駐韓美國公使翻譯官身分歸國。在金玉均領導的甲申政變以後，尹致昊來到上海，在美國人教會中西學院改信基督教。

　　尹致昊於1888年離開中國，前往美國深造，進入范德比爾特大學（Vanderbilt University，又名范德比大學）留學，學習神學及各種西洋學問，並在畢業後回到上海任教。1898年，尹致昊就任獨立教會會長職務，在獨立教會解散以後，他回到官場。但在1905年日韓簽署保護條約以後，尹致昊辭官離職。尹致昊可以熟練運用韓、日、英、中、法五國語言，是一個具有超強國際意識的秀才。

　　對尹致昊而言，不停地跨越國境的動盪生活，似乎是命中注定的。他超越了「朝鮮」這樣一個狹隘的地域範疇，不停地前往不同文化背景

的他鄉異國。

1896年，尹致昊隨同閔泳煥前往俄羅斯，參加俄羅斯皇帝尼古拉二世的加冕儀式。此時，尹致昊幾乎已經繞了地球一圈。此後，為了學習法語，他重新前往法國。尹致昊對西歐文明的好奇與渴望是極其強烈的。他具有超凡的語言天分，具備了迅速掌握外國語言的素質，因此，他能迅速且自然地通過外語吸納外國文化。

從1889年12月起，尹致昊開始用英語寫日記。美國留學經歷和對不同文化的體驗，對他的一生產生了重大影響。

日本、美國、歐洲的不同文化體驗，使尹致昊變成一個國際意識很強的文明論者。1889年12月23日，尹致昊寫下了如下日記：

「正義的上帝為何要把我國變得弱小，而把其他國家變得強大？為何允許我國遭受強大國家的凌辱？（中略）上帝為何沒有讓所有不同人種在一樣良好的環境生活？上帝為何沒有賦予不同人種相同的體質、精神、能力？」

在美國，尹致昊認識到了「優等人種」，認識到了「強大的國家」，並因此對文明充滿渴望。以在美國的文化體驗為基礎，尹致昊決心促進朝鮮的近代化進程。

「今晚，我的演講，讓我的心情極度沉鬱。我的心情怎麼能不沉鬱呢？我最討厭的主題就是朝鮮。朝鮮過去的歷史或今天的現狀，以及朝鮮未來的可能性……朝鮮實在太可憐了。朝鮮雖然是我美麗富饒的祖國，但在這些不開明者的統治下，它正在遭到歧視和虐待。既然政府部門無視人民的教育，在目前狀態下，朝鮮是無可救藥的。」

這是1890年2月7日尹致昊用英文所寫的一段日記。通過與西方人、西方文明進行比較，他發現了朝鮮的不足，並因這種「劣等感」而心情鬱悶。在他的眼中，朝鮮雖然是可憐的，但他強烈希望打破現狀，為尚處於蒙昧狀態的朝鮮人民進行大刀闊斧的改革。

　　1922年，尹致昊和李光洙共同執筆《民族改造論》。其中包含了他在頻繁遊歷日本、中國、俄羅斯期間，自己梳理出來的民族改革思想。

　　從中日韓三國近代史中，我們可以發現知識份子、政治家的跨國文化體驗有這樣一種特徵：他們走出國門，通過體驗不同文化對本國、本民族進行深刻反省，最終使其轉變為改革的動力。

　　尹致昊通過體驗不同文化和「他者」的世界，反觀自己的國家和民族。青年尹致昊在當時已經意識到朝鮮必須進行改革，促進近代化進程。李光洙、崔南善等人同樣也都是「超越國境」的傑出人物。「超越國境」不應成為簡單將其視為「親日派」的理由。

　　尹致昊是韓國近代具有代表性的文明論者、愛國者，而且也是具備了國際眼光的文化巨匠。這樣一位獨立運動家，在解放以後卻變成了遭人唾棄的「親日派」（叛逆者）。他的後繼者李光洙、崔南善和他一樣原本都是朝鮮屈指可數的精英，卻在一夜之間淪為國家公敵，被扣上了「親日派」的高帽。

　　這種從愛國者淪為「親日派」的現象，在韓國一直延續至今。這不能不說是21世紀最為奇特的現象之一。

　　「愛國者是為何要親日的呢？」這既是韓民族的一大課題，同時也是經歷了日本殖民統治的韓民族的過去。

　　朝鮮有一首創作於1907年的《愛國歌》，它的歌詞是這樣開始的：「即使東海水和白頭山乾燥和枯萎……」實際上，數年前大家還不知道這首歌詞的作者究竟是誰。在持續了半個多世紀的爭論以後，終於一致公認《愛國歌》（大朝民國國歌）的歌詞作者是尹致昊。

　　尹致昊有多重身分。美國留學生、朝鮮最早的新教徒、為了擺脫清政府控制而成立的著名「獨立協會」會長……1888年，尹致昊希望能建立一個立憲君主制國家。1906年，尹致昊被推選為「大韓自強會」會長，投身於恢復國權的運動之中。此外，他也在開城創建了韓英書

院，也曾擔任安昌浩創建的開成學校校長職務，致力於民族教育事業。不僅如此，尹致昊還曾擔任基督教青年會副會長，活躍在宗教領域。

此外，尹致昊還曾擔任《獨立新聞》主筆、「萬民共同會」最高領導，並持續活躍在韓國近代詩中心地帶。可是，在日韓併合以後，他的政治道路被關閉，並因朝鮮總督府捏造的事件入獄6年之久。如果他死於獄中，我相信他將成為在韓國最受人們尊重的愛國者、獨立運動家。

可是現在，尹致昊竟然淪為頭號親日派人物。「親日法調查委員會」也將其斷定為宗教界及思想界「最惡劣的反民族行為者」。

那麼，一位民族運動領袖為什麼要轉變為親日派人物呢？日韓併合以後，尹致昊高聲吶喊：「充滿於朝鮮的不是天皇的恩惠，而是天皇的惡。」從中也可看出他對日本殖民政策的批判態度。但就是這樣一位具有國際視野、並熟知弱肉強食的國際形勢的民族主義者，放棄了獨立述求，轉而認為在日本的統治下培養民族實力才是韓國的當務之急。這實際上也是他希望保存民族的一種智慧。他希望隨著教育和經濟層面上出現的國際形勢的變化，獲取更大的獨立成果。

然而，他的希望並未能變成現實。隨著日本統治時期的延長，朝鮮人的自治能力日益下降，他為此而感到了羞恥，於是乾脆主張「朝鮮民族應該被東洋唯一的文明國家日本所同化」。即便是通過日本人的同化手段，他仍夢想著提高民族素質。

韓國現代最具代表性的文化評論家尹鍾浩先生一針見血地指出：

「在將近半個多世紀的殖民地體制之下，早期的反日實踐者，只能轉變為親日者。從嚴格意義上講，國內殘存人口當中，幾乎不存在完全沒有親日行為的人。對當時這種狀態缺乏了解，也是韓國社會一大問題。高明的民族領袖在即將迎來解放的那一刻，留下了羞恥的紀錄——最近才被公之於眾，並廣為人知的事實，並不是可以視而不見的個案。在了解當時那個時代過程中，這也是人人都需要留意的案例。」（《所

謂過去之名的外國》，2011年5月）

　　筆者認為，我們在觀察百餘年前的歷史、歷史人物之際，理應杜絕帶著民族感情去考察當時情況的做法。這也將帶來解讀歷史的「成熟態度」。

101. 西方博覽會上「醜陋的中國人」形象

　　文明史也是各民族文明相互碰撞衝突的歷史。博覽會便是西方人的一大文明發明。西方人一直主張「博覽會是一個展示各種文明，擴展視野，學習新技術的盛會。這種形式的交流，也有助於促進各國之間的相互了解與交流。」這雖然是一種常識性的看法，但在近代史上，西方國家卻經常通過博覽會，宣傳東亞的落後、非科學性以及醜陋的形象。這也是不容我們忘記的歷史。

　　從17世紀後期，到18世紀初期，西方的啟蒙思想與中國的儒家、道家思想有著很深的淵源關係，甚至在西方國家引發了中國熱（chinoiserie）。但在進入19世紀中期以後，中國熱在西方世界迅速冷卻。梁啟超早就指出：「黑色、紅色、褐色人種血管中的微生物和大腦結構，與白色人種相差甚遠。只有黃種人與白種人的差距還不那麼大。」（《飲冰室文集》第二卷，中華書局，1989）據後人推測，梁啟超是從當時的文明優越主義思想出發，認為中國黃種人接近先進的白種人水準，以此來強調中國的優勢。

　　但和梁啟超的判斷不同的是，西方的白色人種卻並沒有高度評價中國人。從19世紀後期到20世紀初期，在西方人的言談中對中國人的看法與以往發生了很大的變化。

　　亞瑟・史密斯的《中國人的性格》是西方人有關中國人形象的唯

一一本著作。在書中，史密斯認為中國「又髒又亂，到處散發著令人厭惡的味道。」此外，從視覺角度將中國人形象化的繪畫作品《The Wasp》（1877年1月6日）中，我們也可看出，在西方人眼裡，中國人正處於從「猿猴」進化為「豬」的中間階段。在作者的醜化下，中國人既不是猿猴，也不是豬，甚至連正常的動物都不如。

另外，同樣是在《The Wasp》（1881年5月20日），再次出現了中國人的形象。畫面中的中國人臉色蠟黃，眼角上翹，而且骨瘦如柴。被如此醜化的中國人，後來又被加上了一條長長的辮子，於是變成了骯髒奇怪的動物。

我們不妨通過西方舉辦的博覽會，了解一下他們眼中的中國人形象。1893年，萬國博覽會在美國芝加哥召開。有趣的是，相關部門在布置展館時，故意把西方的近代文明，和非西方的前近代文明對照起來進行展示。他們把西方近代文明展館命名為白城（White City），並設置了名為「中途」（Midway）的人種學展館。中途展館作為人類館，展出的是非近代的土著民族和眾多非白種人國家相關人種學資訊。當然，中國也包括在其中。

但當時，主辦方卻在白城展館內的一座人工湖內，特設了一個小島，以代表日本。這說明什麼呢？顯然，在西方人看來，在所有非西方人種中，只有日本人已經進入了近代化佇列。進入近代文明展館的日本，就這樣開始成為「東方的西洋」，乃至「西洋的朋友」。日本以其「清潔」、「道德性」、「獨特的美學」受到西方國家高度評價。

此後，1904年，聖路易（Saint Louis）萬國博覽會召開。在會上，與日本的形象形成鮮明對照的是，中國的形象一落千丈。他們盛讚日本為「藝術這個單詞適用於日本國家全體人員，這個單詞甚至適用於最下層的人力車夫。日本是一個藝術的民族。」《芝加哥時報》發表文章稱，「從現在開始，應該允許日本加入盎格魯撒克遜人（Anglo-

Saxon）同盟。」而與之形成鮮明對比的是，中國人則都是「長著一條豬尾巴的人」、「貪婪的人」、「懶惰的人」或者是「無情而又冷漠的異教徒」。這種資訊很快在美國社會擴散開來。

事實上，慈禧太后費了很大的心事，準備參加1904年的聖路易的萬國博覽會。為了提升中國和自己的國際形象，慈禧太后下令參展人員都要打扮得優雅一些。她要求以溥倫為團長的皇室參展人員都要穿上傳統服裝，並佩戴各種飾品。同時編排了在她看來西方人應該喜歡的傳統曲目。所以，在一定程度上，也確實受到了「優雅而漂亮」的稱讚。

但在這樣的稱讚中，另一種否定的暗流在等待著他們。參加博覽會的中國人，遭到了當地市民的嘲弄，甚至還發生了丟失物品等受辱事件。

中國人形象的下滑，緣於「文明和野蠻的單線進化論（unilinear evolution），或以人種歧視觀念為基礎的人類學思想。而在這樣的歷史背景中，自詡為『東方洋夷』的日本外交，以及美國國內頒發的『中國人移民禁止法』等各種勢力在興風作浪，更是對波助瀾。」（《中國近代的風景》，文貞真等著）

正如中國人蔑稱西方人為「洋鬼子」一樣，西方人也把中國人蔑稱為「豬」。這種現象，即使是在進入21世紀的今天，仍未在東西方徹底根絕。

102. 熱愛中國美術的日本智者──內藤湖南

在收藏中國美術藏品領域中的日本人，內藤湖南無疑是一個領軍人物。他對中國美術的特殊感情及與之發生的關係，值得在此專門介紹。

從公正的角度上講，由於內藤湖南對中國美術的熱愛，散佚於中國並極有可能永遠消失的美術珍品、文物，被集中收藏保管於日本。從這一點

上看，內藤湖南在保護近代人類共同文化遺產方面做出了巨大貢獻。

內藤湖南是近代日本傑出的、國際知名的東洋史學家及中國學研究者，他是引領世界中國學的史學界巨匠級人物。

1907年，內藤湖南就任京都大學教授，開始宣導中國學，在中國哲學、文學、史學研究領域做出巨大貢獻。20世紀初期，內藤湖南對殷墟甲骨文的研究發現，以及對敦煌文化進行的先驅性的研究工作，開創了新中國學的先河。在史學領域，他將中國歷史劃分為古代、中世紀、近代三部分。他這種具有獨創性的時代劃分，至今還在中國史學界發揮重要影響。

作為一位文化史學家，內藤湖南在中國繪畫史研究，以及中國美術作品鑒賞領域都具有獨到的眼光。內藤湖南本人也是一個優秀的漢文詩人，在身後留下眾多傳世的漢文詩作。同時，他也是一個書法家，他的書法作品具有濃厚的文人氣息。從筆者收藏的內藤湖南書法作品中，能感受到魯迅和胡適二人的書法風格。

在京都時期，內藤湖南與日本著名書畫家富岡鐵齋等人交往密切，這也培養了他對中國美術作品的鑒賞能力。後來多次前往中國進行實地考察，他的鑒賞能力得到進一步提升。

內藤湖南會在自己經手的中國美術作品上留下題跋，或在畫心外留下標記，有時也會以圖錄的形式加以記錄。

當時，內藤湖南以日本最具權威的中國美術鑒賞家而名聞遐邇，日本收藏家一旦得到一件收藏品，就會風雨無阻地前往拜訪，並請他在收藏品上題跋。

京都大學名譽教授蘇武川先生指出：「值得住關注的是，內藤湖南掌握了這樣一些書畫名作。」舉例來說，住友財閥收藏了大量中國古代青銅器，並為此專門編輯出版了一本圖錄《泉屋清賞》，為這本圖錄作序的正是內藤湖南。這是世界上最早出現的、裝幀最奢華的中國青銅器

圖錄，而這本圖錄也在歐美國家引發了青銅器收藏熱。

他的兒子內藤乾吉曾這樣說明父親開始收藏中國古代美術作品的動機和緣由：「是為了提高日本人對中國書畫作品的鑒賞能力。」

內藤湖南一直認為，以往流入日本市場的中國書畫（主要是繪畫）品，並不是被中國國內重視的、正統繪畫作品，而是些帶有濃厚地方色彩的作品。所以他主張，有必要讓日本人接觸到真實的作品，以使他們了解這些真品的價值所在。因為他在北京見到的中國繪畫作品，和在日本國內見到的繪畫作品之間存在著天壤之別。

從內藤湖南如下談話中，我們可以發現他致力於收集中國美術作品的另外一個原因：「考慮到動亂不斷的中國國情，這種無法妥善保管美術品的狀態繼續發展，只會造成大量中國美術珍品的散佚；這些作品一旦丟失，就難以重新找回。所以作為一個熱愛東洋精神、東洋文化的人，理應挺身而出對其加以保護，這是最具意義的努力。」

因為發現同屬亞洲的中國美術作品處於散佚危機之中，所以內藤湖南認為，作為一個亞洲人，必須努力將這些文化遺產保留在亞洲國家。和內藤湖南一起投身於保護東亞美術作品的人物，當時還有日本著名首相犬養毅。犬養毅也是一個大亞洲主義者，他曾支援逃亡在日本的孫中山，並圖謀與中國聯合以對抗西方勢力。

內藤湖南將自己的大亞洲主義思想貫徹到中國美術作品收藏活動中，他的做法也引起了日本財政界的廣泛共鳴。日本財政界人士認為，「將中國美術品轉移到同文同種的日本，是我們義不容辭的使命。」在這種思想推動下，大量日本財界人士投入到收藏散佚的中國美術作品的行列中。

內藤湖南以自己研究所需的古書籍為中心，積極展開收集活動。如果遇到物美價廉的作品，內藤湖南便會將其買下，而當他遇到價格高昂的藏品時，則推薦上野理一等財力雄厚的藏家購買。中國美術品在戰亂

中流離失所的現狀，對於內藤湖南而言，實在是一件令人痛心的事情。他之所以能寫下《中國繪畫史》等相關名著，也是因為他曾大量接觸中國的繪畫名作。

1926年，內藤湖南正式退休，離開京都大學，開始過起了他夢寐以求的隱居生活。他在京都鄉下為自己建了一所房子，並將其命名為「恭仁山莊」。據說，即使內藤湖南隱居於鄉下，國內外訪客仍然絡繹不絕。1934年，內藤湖南沒能看到中日戰爭的結局，便與世長辭了。

現在，日本關西大學圖書館內，設有「內藤收藏」專室，裡面展出的是由內藤湖南的兒子捐贈給這所大學的收藏品。這些收藏品共計33000餘件，其中圖書佔27000千冊，還包括中日各界人士寫給內藤湖南的信函。

除此而外，內藤湖南的部分藏書也被收藏於「杏雨文庫」和京都大學。其中，《說文解字木部殘卷》、《毛詩正義》、《史記集解》被日本確定為國寶級文物。只要是中國的東西，內藤湖南便愛不釋手。可以說，他是一位極其熱愛中國文化的日本智者。

103. 韓國的愛國啟蒙運動和日本的「共存」關係

事實上，在日韓兩國近代關係史上，抗日義兵鬥爭並沒有形成主流。相反，穩健的培養朝鮮實力的運動——愛國啟蒙運動更為活躍。

1905年，日韓簽署保護條約以後，韓國對這一條約的態度分為兩派。新聞媒體在對日本的強壓提出反駁與批評的同時，也認為簽署這樣一份條約的原因在於韓國。很多人就此展開自我反省。在很多知識份子看來，義兵武裝鬥爭是有一定局限性的。因為義兵提出的口號乃是守護王室，「衛正斥邪」。這種政治主張，未能擺脫儒教傳統的保守思想。

　　事實上，大韓帝國自1897年宣布建國以來，高宗個人的皇權得到極度的強化，並開始著手弱化手下及政治對手的權力，結果是權力高度集中在皇帝手中導致政府功能喪失。於是，政府高層官員為了尋求相應的權力，與外國勢力勾結，紛紛站到親日派、親俄派、親美派等隊伍中。值此之際，地方的傳統統治階層為了控制農民，不得不尋找新的「保護者」。所以也有部分人對日本的統監統治政策表示贊同。

　　朝鮮方面出現了另一種比較溫和的運動形式：在適應、默認日本統監部體制的同時，努力把朝鮮建設成一個近代國民國家。這種運動形式是不同於武裝鬥爭的。韓國啟明大學李成煥教授在其論文《伊藤博文的韓國統治和韓國的國家主義》中指出，為了打破高宗專制君主制下的政治社會的閉塞狀態，憲政研究會重新展開啟蒙活動，因此輿論的社會影響力得到強化。而這些知識份子，在啟蒙知識的普及方面發揮了重要的作用。

　　當時比較活躍的愛國啟蒙社團有「大韓自強會」、「西北學會」、「東亞改進會」、「共進會」等。這些社團希望通過教育活動，把韓國建設成一個近代國民國家。這一時期，韓國的民族運動表現出劃時代的變化。

　　韓國的教科書上一直在強調，韓國的啟蒙運動是韓國人自己展開的。但在這一時期，由於韓國統監部的設立，日本的影響力得到全面提升。這是一個重要的歷史背景。「結果，韓國社會出現了這樣一種奇妙的現象：日本的影響力進一步得到強化的同時，韓國的國家主義勢力也在發展壯大，形成錯綜複雜的共存關係。」（李成煥）

　　李成煥教授強調的是，韓國社會和日本的統治的關聯性。立志於建設一個近代國民國家的韓國啟蒙運動，從結果上看，極有可能弱化堅持專制君主制的、以皇帝為中心的舊體制。因此在一定程度上，也有可能使新登場的統監部部分權力得到強化。

　　所以，韓國統監部認為，啟蒙運動只要不從正面提倡反日，就沒必要對其進行壓制。他們鎮壓的，是抗日義兵運動等對抗性的武裝鬥爭。提倡這種武裝鬥爭的人，實際上都是信奉舊體制的保守派知識份子，而不是新一代知識份子。統監部制定了新的審稿制度，在相當程度上緩和了對輿論的控制，以保護言論自由。

　　因此，伊藤博文相對溫和的政策，拓展了韓國人的政治社會空間。筆者在此簡單介紹一下伊藤博文的統治理念。伊藤博文是一位崇尚學知和文明的文明論者，一位知識份子型政治家，一位擁有開闊國際視野的國際政治家。他一向反對武力統治和併合政策，同時也對日俄戰爭提出反對意見。從中我們不難看出他也是一位和平主義者。他希望通過實施文明開化政策，以日本的方式實現韓國的近代化，然後再依靠韓國人自己的力量實現國家獨立。

　　就任韓國統監以後，伊藤博文曾明言：「我來到這片土地，就是為了把韓國建設成一個世界上的文明國家。」（《日韓外交資料集成》第16卷上）他制定的計畫，是以振興普通教育、完善產業基礎、殖產興業為中心的近代化計畫。

　　《大韓每日新報》1906年3月22日相關報導表明，實際上，韓國國民也對伊藤博文的政策抱有期望。他在位期間，韓國在教育、產業、道路等方面的近代化確實得到了大力發展。韓國的教科書傾向於抹殺他在這些近代化進程中取得的成就，但對於這一點，就連西方人也都曾給予高度評價。

　　在伊藤博文實施的政策下，韓國的啟蒙團體、言論出現了史無前例的活躍局面。成立於1906年4月的「大韓自強會」，由尹致昊、尹孝定、張志淵、羅壽淵、金相範等骨幹人員組成。他們聘請日本亞洲同盟論者大垣丈夫為顧問，頻繁展開各項活動。後來，「大韓自強會」的影響力進一步發展壯大，在全國設立了33個分支機構。「大韓自強會」

繼承「獨立協會」的意志，宣揚教育、殖產興業救國理念，通過報紙、雜誌、演講等活動，致力於展開民族啟蒙運動。李成煥教授認為，這實際上是一種通過「內政改革」，以實現富國強兵的路線，因此和統監部的「市政改善」政策是一脈相承的。

「大韓自強會」在1906年10月，向政府部門提交了促進引入義務教育制的意見書。當時的新聞媒體評論稱，「大韓自強會」的舉動掀起了教育熱潮，形成國家實力已經為時不遠。

教育的普及速度，超出了預想，實力培養運動也獲得了一定程度的成果。伊藤博文的政策和韓國的啟蒙運動，實際上是以社會進化論思想為基礎的。所以，這兩者達成默契，形成了「奇妙的共存關係」。但通過這種啟蒙運動，韓國人的民族主義迅速覺醒，這是伊藤博文始料不及的事情。具有諷刺意味的是，在伊藤博文政策許可下發展起來的愛國啟蒙運動，最終起到了掘墓人的作用。在高昂的民族運動過程中，伊藤博文在哈爾濱火車站被安重根擊斃，這一事件便是很好地證明。

104. 打造日本「惡」的神話

解讀歷史的工作，需要冷靜的理性，以及清晰的邏輯思維。筆者在居住日本10多年的時間裡，一直在從事重讀東亞近代史工作。其間，筆者發現，現代人打造歷史的作偽之嚴重程度，遠比歷史事實本身更令人震驚。

在對與日本相互糾纏在一起的近代史進行立論、解釋、建構過程中，韓國解放以後的歷史學家們所進行的「打造近代神話」工作，簡直令人啞口無言。在這樣的近代史描述中，日本永遠都必須是一種「惡」的象徵；在他們看來，日本從頭至尾都在壓迫朝鮮和朝鮮人，是對朝鮮

徹底實施掠奪和屠殺的罪魁禍首。

由這種定論推演出來的形象,已經成為「既成神話」。韓國某位歷史學家曾經指出:「在我們民族的歷史中,日本是一個惡的神話。」可謂是一針見血。現代韓國人的「民族」意識,是一種對立於日本的存在。在朝鮮民族的民族史、民族主義思想中,對日本的無限仇恨與憎惡,佔有很大的比重。

談論在日本殖民統治下形成的殖民地韓國的近代史,對於這些韓國的歷史學家而言,幾乎就是一種反動言論,甚至有可能被他們視為背叛民族的行為。

根據筆者的觀察、分析,韓國在解放以後,為了用民族、愛國主義等意識形態確立韓國人的身分,必須毫不動搖地對曾經的統治者日本,以及日本人、日本文化等進行重新評估——在這樣一種歷史背景下,開始了一場打造日本「惡」的神話運動。於是,他們用民族主義、民族史觀這樣一種尺度,來衡量日本36年殖民統治期間的近代化、文明、制度等,並將其置於民族歧視和民族壓迫這樣一個框架內,對其進行解讀。但事實上,在朝鮮的近代化過程中,日本的殖民統治起到了一個代理人作用。而這部分內容,幾乎被這些歷史學家所忽略。

概括起來講,這種觀點傾向於認為:日本帝國主義的殖民統治是罪大惡極的,是對韓民族的掠奪和殺戮。

筆者在前面曾提到日本帝國主義在殖民統治朝鮮期間,對朝鮮進行了土地調查,並採取了殖民政策、文明化的具體統治手段。但這些也都成為日本「惡」的罪狀。這些歷史學家為了打造日本「惡」的神話,不惜採取偽造事實,篡改資料的方法。

為了還原日本對朝鮮進行的土地調查和掠奪大米的歷史真相,筆者在此引用一段首爾大學經濟學教授李英熏先生的文章:

歷史學家打造了這樣的神話,而這個神話也通過國民教育系統得到

廣泛普及。其中最具代表性的實例，便是日本帝國主義通過「土地調查事業」（1910-1918），掠奪了佔朝鮮全國國土面積40%的土地。歷史教科書對此言之鑿鑿。這種主張，在殖民地時期的學術論著，或獨立運動家們最具煽動性的演講內容中也都難得一見。但一位在1950年代到日本留學的韓國青年李在茂第一次提出了這樣的主張。他認為，日本帝國主義為了掠奪朝鮮的土地，強迫所有權意識薄弱的朝鮮農民填寫繁雜的申請表，並辦理相關手續；在這一奸計實施以後，出現了無數未申報土地。日本人隨後沒收了這些土地，並以極其低廉的價格，將其轉讓給日本公司和日本移民。李在茂毫無根據的說法，或許只是在書桌前憑空捏造出來的神話而已。但是，這一神話，卻被大韓民國的歷史學家重新包裝了一番，然後以「國史」的名義在全國推廣開來。如此說來，教科書中所說的「日本掠奪了佔耕地面積40%的土地」，或許也是因為編撰教科書的某位史學家覺得需要一個確切的資料，所以才隨便填寫上去的。最近的歷史教科書編輯人員意識到包括筆者在內的批評者意見，悄悄將「國土面積的40%」更改為「耕地面積的40%」。但無論是從邏輯還是實證意義上講，這都是說不通的。

現行國史教科書認為，日本帝國主義繼「掠奪土地」以後，又對糧食進行了掠奪。教科書中提示的表格顯示，日本曾一度掠奪了當時大米生產總量的一半以上。在日本殖民統治時期，朝鮮和日本之間的關稅制度被廢止，兩國間通過自由貿易，形成了一個統一的市場。由於建立在這一市場中的價格體系的作用，朝鮮大米被出口到日本。但歷史教科書中將其視為日本掠奪朝鮮大米的根據，並簡單將其描述為「日本以極其低廉的價格買走了大米和各種原料。」在筆者看來，這是一種無論如何也不能接受的暴力性的邏輯。筆者了解到的情況是，在戰時的殖民統治時期，大米的自由市場已經建立起來，但朝鮮總督府從未控制過大米的價格，更未曾直接參與大米貿易。大量出口，說明出口方積蓄了大量的

（享壽78歲），每次跌倒，未過多久便東山再起，捲土重來。像他這樣的政治家，在朝鮮近代政治舞台上可以說是絕無僅有的。

換句話說，朴泳孝是朝鮮政治舞台上的不倒翁。筆者認為，我們不應簡單將其視為一個「親日派」人物，而應將其視為一個不倒翁式的政治家，進一步了解和分析他的人生、政治觀念以及世界觀，才有助於我們正確理解近代史。

朴泳孝出生於全羅道潘南，與朝鮮開化派鼻祖朴珪壽是本家。哥哥朴泳教在甲申政變期間，一度擔任開化派政權的「都承旨」（正三品官職）。由於甲申政變失敗，朴泳教被重新奪回政權的閔氏集團殺害。1872年，朴泳孝在12歲時，與國王哲宗的女兒永惠翁主成親，成為「錦陵尉」（相當於正一品的爵位）。永惠翁主在和朴泳孝結婚未過3個月便闔然長逝。如此一來，朴泳孝這個駙馬也就有名無實，但據說他始終以國王的駙馬自詡。

從1870年代中期開始，朴泳孝便跟隨哥哥朴泳教投在朴珪壽門下，因此很早就接觸到開化思想。後來，他與金玉均、徐光範等人一起組建開化黨。壬午軍亂發生以後，朴泳孝於1882年9月，以修信大使身分前往日本進行考察。歸國以後，朴泳孝於1883年2月被任命為漢城府判尹（正二品行政長官），並試圖對漢城的道路建設、員警制度等進行改革。此外，在福澤諭吉的幫助下，朴泳孝創設了博文局，著手創辦報紙。由於他的改革活動觸動閔氏政權的利益，朴泳孝很快被貶。

1884年12月，朴泳孝和金玉均成為開化派領袖，發動了著名的甲申政變，並成立新的革命政府。由於遭到閔氏政權和清軍的鎮壓，這次政變以「三日天下」宣告失敗。於是，朴泳孝和金玉均踏上了流亡日本的道路。流亡期間，朴泳孝和徐光範、徐載弼等人曾短暫在美國停留，但很快又回到日本，並在日本一直生活到1894年。也就是說，他在日本度過了10年的流亡生涯。

在亡命期間，朴泳孝為了行動方便，給自己起了一個日本名字——山崎永春（金玉均的日本名字為岩田周作）。在此期間，朴泳孝在明治學院學習英語，畢業後在橫濱的美國教會閱讀了大量書籍。1888年2月，朴泳孝向高宗發去《關於朝鮮國內政改革的建白書》，提出自己的改革設想。在流亡過程中，朴泳孝仍不停地探索救國道路。

1894年5月，朴泳孝遭到朝鮮閔氏政權派去的刺客的襲擊，所幸成功逃脫。金玉均遭到暗殺以後，「朴泳孝被流亡的開化派人士公認為領袖。」（尹海東）

1894年8月，朴泳孝和李圭完、柳赫魯等甲午改革（甲午更張）人士回到國內，於12月被任命為剛成立的第二屆金弘集內閣的內務大臣。這次內閣也被稱為「金弘集與朴泳孝聯合內閣」，是一個立志促進日本式的近代改革的內閣。上任以後，朴泳孝積極促進改革事業，並作為甲午改革的第二階段，對軍部、員警及地方行政機構進行了大刀闊斧的改革。

可是，在1895年7月，由於受到殺害明成皇后的「乙未事變」牽連，朴泳孝和禹範善、申應熙等人不得不再次亡命海外。和孫中山一樣，朴泳孝也在海外流亡了很長時間，總計有20年之久。1898年12月，大韓帝國中樞院主張重新任用朴泳孝，並委以政府重任。但是，由於反對意見過於強烈，相關部門只得放棄任用他的計畫。1900年7月，朴泳孝在日本神戶集結流亡的開化派人士，準備發動政變推翻朝鮮現政府，擁戴義親王李堈為國王。但由於秘密洩露，他們的計畫破產了。

1907年6月，朴泳孝秘密回國，並在獲得高宗的「特赦詔勅」以後，受到漢城各社會團體的熱烈歡迎。不僅如此，朴泳孝還得到了高宗親自賜給他的住處。7月，朴泳孝重新恢復宮內大臣官職，返回政壇。他極力反對朝鮮統監伊藤博文和李完用內閣試圖促使高宗讓位的陰謀，但終因勢單力薄而未能阻止。

　　純宗即位以後，朴泳孝因莫須有的罪名被流放到濟州島。1910年，隨著日韓併合的完成，朴泳孝獲得侯爵爵位，並從總督府那裡得到28萬元的「賣國公債」。日本方面巧妙地利用了「朴泳孝作為開化派領袖的政治價值」，這反而證明朴泳孝當時在朝鮮的政治威望。

　　1911年，朴泳孝還曾擔任朝鮮貴族會會長，投身於勸業株式會社、朝鮮物產貿易會社的早期營運；1919年，朴泳孝擔任朝鮮經濟會會長、朝鮮人產業會會長、朝鮮殖產銀行理事、京城紡織株式會社社長等職；1920年，朴泳孝擔任《東亞日報》社社長職務。在日本殖民統治時期，朴泳孝一直都以朝鮮經濟、文化界的領袖而活躍在各個領域。

　　1921年，朴泳孝出任朝鮮總督府中樞院顧問一職；1926年成為中樞院副議長；1930年，朴泳孝出任朝鮮林產工業株式會社代表，並作為一個民族改良主義者發揮了重要作用。作為金玉均以後的開化派領袖人物，朴泳孝始終像一個不倒翁，死而復生，東山再起。即使到了晚年，他也對朝鮮保存經濟、文化實力而做出了重要貢獻，並逐漸變成一位具有溫和思維方式的政治家和社會活動家。

　　1930年代初，在接受李光洙的採訪時，朴泳孝針對朝鮮的未來這樣說道：「我對朝鮮的前途沒有悲觀失望。為什麼呢？因為往後再無可『亡』之物。在我看來，朝鮮只能越變越好，哪怕只是一點點。」（《東光》1931年第3期）朴泳孝非常樂觀，他堅信只要堅持忍耐，朝鮮總有一天將迎來獨立的那一天。通過朴泳孝的一生，筆者了解並堅信，他是一個非常了解日本的力量和朝鮮的弱點的政治家。

106. 川島浪速：創建中國近代最初的員警學校

　　義和團運動爆發以後，1901年4月，在日本人川島浪速（1866-

1949）的積極參與下，北京京師警務學堂正式成立。這所學校是以培養近代警官為目的而成立的。

從這個意義上講，京師警務學堂可以說是中國近代員警學校的鼻祖。他是如何受到中國政府的委託，著手創辦這所員警學校的呢？

川島浪速從年輕時代起，就是一個熱衷於亞洲復興事業的大亞洲主義者。1880年，川島浪速被副島種臣、榎本武揚的「興亞會」所迷惑，開始夢想把中國和朝鮮從西方勢力的控制之下解救出來。於是，他在外國語學校專門學習了「支那」（中國）語，並在中日甲午戰爭時期參軍，成為福島安正少將手下的翻譯官。當時，八國聯軍中的德國軍隊計畫炮擊紫禁城，正是川島浪速成功阻止了這一災難的發生。通過這一事件，川島浪速在北京的中國人群體中名噪一時。

福島安正少將把200名日軍士兵和清軍交由川島浪速指揮，使其負責警備紫禁城和北京市區。沒過多久，清政府設立了軍事警務衙門，而川島浪速被聘為這個部門的顧問（《川島浪速翁》）

川島浪速向清政府建議，應該創建由清王朝自治的警官培養機關，而山口素臣和福島安正少將也都對此表示贊同。於是，1901年4月，京師警務學堂被提到議事日程上。隨後，川島浪速被聘為京師警務學堂的總監督。

當年7月，由於義和團運動爆發，而派駐北京的各國軍隊紛紛撤出北京城。8月，《辛丑條約》簽署，因此京師警務學堂也就失去了存在的必要。這時，清政府要求日本方面繼續經營這所學校。睿敬親王和清王朝重臣李鴻章一起會見日本的山口素臣司令官，並向他表示：「希望聘請川島浪速，按照日本軍隊的制度繼續經營下去。」

於是，川島浪速被清王朝授予二品官銜，負責京師警務學堂的管理和營運。清朝時期，作為國防兵力，主要有當初的八旗軍和綠營軍。雖說此後也出現新興鄉軍和新軍，但仍然缺乏相當於近代員警的治安、公安機

構。川島浪速希望通過建立員警制度，培養近代員警隊伍，使清王朝在出現國內動盪局面或國際紛爭之時，可以依靠自己的力量保護自己。

幸運的是，當時的清朝高層官員一致認同川島浪速公正的人品和誠意，並一致把他看成是一位警備領域的專家。開明派的清朝官僚希望能充分利用川島浪速，這一點是非常清楚的。因為川島浪速是第一個被清政府授予二品官銜的日本人。（上坂冬子）

川島浪速傾注自己的熱情，致力於培養清政府的員警隊伍。他從日本的文職官員中選拔掌握中文的警官及法律人才，聘請他們擔任警務學堂的教員。他從清軍步兵統領那裡選拔了300多名士兵，讓他們以軍事警務衙門工作人員的身分前來聽講。於是，中國近代第一所員警學校誕生了。

當時，外聘的總教習當中，有警視廳警視稻田穰、軍事教育總負責人陸軍大尉石丸忠實等有才華的人才。除了安排這些有能力的專業教員以外，日本著名文學家二葉亭四迷也曾在這所學校擔任事務長職務。

基本科課程首先開設初等科（4個月），用來培養巡捕，然後從中選拔優等生進入中等科（1年）繼續深造，將其培養成巡捕長。在巡捕長中，重新選拔優秀學員，進入高登科（3年）繼續深造；順利完成學業者，也將被任命為警巡。除此之外，警務學堂還設置了研究科、消防科、監督科等專業。

於是，在最初5年期間，京師警務學堂培養出將近3000名畢業生。如此一來，申請進入學堂的志願者每年遞增，因此到了1906年便超過了6000名。

1906年，川島浪速的總監督任期已滿（再次連任），以此為契機，京師警務學堂改由內務部管轄，並改稱為北京高等巡務學堂。當初僅有的10餘名日本教員，有一多半被解聘，轉而聘請那些從日本留學歸來的人才擔任相應的教員工作。

　　川島浪速在1901年被任命為總監督時，清政府內部還曾出現反對意見。這些保守派曾強烈要求廢止員警制度。但在善後營務處大臣胡橘棻的堅持下，才得以按原計劃進行。結果，清政府創設了以市內道路、土木工程為工作重點的工巡局，並委任肅親王善耆為總負責人；而工巡局也變成了川島浪速管轄的商社。肅親王善耆是一個急進式的開化派人物，他傾力協助川島浪速促進的員警制度改革，因此也和川島浪速建立了深厚的友誼。

　　肅親王後來親自拜訪川島浪速，與他洽談「清日結盟」相關事宜，並向川島浪速提議：「在國家間結成同盟關係之前，咱們兩人首先結義。」於是兩人成為結義兄弟。後來，肅親王將自己的第十四女金璧輝送給川島浪速做養女。她就是以「東方瑪塔・哈莉」及「男裝麗人」之稱聞名中外的間諜——川島芳子。

　　中國員警制度建立的過程中，川島浪速在中國近代史上留下了不可磨滅的足跡。

107.「大亞洲主義」譜系中的安重根

　　安重根的東洋和平、三國聯盟思想，來源於廣泛散布在亞洲全域的日本「大亞洲主義」思想。百年前，成為東亞文化、文明大熔爐的日本催生出的真知灼見、思想意識，對中國或朝鮮半島產生了深遠的影響。

　　發源於日本的大亞洲主義，吸引了無數像安重根一樣的朝鮮年輕知識精英。他們對大亞洲主義的積極吸納，構成朝鮮近代精神史上一個重要支流。韓國柳韓大學校長金永浩在其論文《安重根的東亞和平運動再發現》（2010）中指出：「廣義上的三國聯盟或東亞和平主義思想，作為愛國啟蒙運動的國際觀框架，受到日本明治維新時期福澤諭吉、樽

井藤吉等人亞洲主義思想的影響。從金玉均的『三和論』開始，到後來在對日本大亞洲主義論思想的吸納過程中確立的李沂、張志淵等人的『三定論』，或『三國聯盟論』等，呈現出多種形態。

這種思想將西方資本主義的侵略過程視為黃白人種間的戰爭，主張黃種人團結一致對抗敵人入侵。事實上，這種思想也在很大程度上弱化了對日本侵略韓國的戒備。申采浩批判東洋主義，認為這無異於被德國滅亡的波蘭在談論西方主義，並強力提出他的民族主義。有關東洋主義思想的爭論相當激烈，在這種複雜的背景下，安重根提出了他獨創性的《東洋和平論》。」

年輕的熱血鬥士、思想家安重根也和其他所有朝鮮社會精英一樣，受到了日本的影響。在當時廣泛流行於中國和日本的「大亞洲主義」思想影響下，安重根將其與韓國的獨立和東洋和平這兩大課題聯繫在一起，形成了他獨特的和平主義思想。

那麼，「東亞和平主義」思想具體有哪些內容呢？日本的東亞和平主義思想起源於幕府末期，在經過1890年代的發展以後，逐漸形成應對「西力東漸」的社會力量。東亞和平主義者認為，為了在西方勢力的壓迫下確保民族獨立，以中日韓三國為首的亞洲首先應該聯合起來。

幕府末期，東亞和平主義陣營的代表人物有佐藤信淵、平野國臣、勝海舟等；明治維新以後，則出現了福澤諭吉、志賀重昂、荒尾精、川島浪速、頭山滿、內田良平、北一輝、宮崎滔天等。一直到1945年日本戰敗為止，東亞和平主義譜系形成一條長長的紐帶。當然，大亞洲主義經過初期的亞洲同盟、「日清聯盟」、「日清韓三國聯盟」的發展階段，在1910年日韓併合以後（尤其是在辛亥革命以後），逐漸向聯盟和侵略傾斜。

最近，有中國學者開始將福澤諭吉的《東洋正略論》和安重根的《東洋和平論》放在一起，對其進行比較分析，以找出二者間的異同。

北京大學歷史學教授宋有成先生便是其中之一。宋有成教授認為，福澤諭吉從文明論和日本優先思想出發，主張日本為了獨立首先應該取得與西方文明同步的進步；而安重根則從國際主義立場出發，號召中日韓三國形成聯盟之勢。他同時指出，安重根的思想，即使是在進入21世紀的今天，也仍是東亞聯盟無可替代的思想瑰寶。（《關於安重根的〈東洋和平論〉和福澤諭吉的〈東洋正略論〉》）

大連大學歷史系教授張曉剛先生對孫中山的「大亞洲主義」思想，和安重根的《東亞和平論》進行了比較，並得出結論說，這兩者都受到了日本福澤諭吉的「亞洲聯盟論」思想的影響。他進一步指出，安重根的東亞和平主義思想，是在東亞傳統的「華夷思想」及福澤諭吉的「亞洲聯盟論」思想雙重影響下逐漸形成的。在筆者看來，張曉剛先生的分析是恰當的。（《試論二十世紀初〈東亞共同體〉構想》）

這些研究者認為，安重根的東亞和平主義思想，是在「大亞洲主義」思想框架下形成的。這在闡明日本的思想對近代中韓兩國產生的重大影響方面，具有重大意義。

福澤諭吉是曾經指揮「甲申政變」的韓國近代革命領袖金玉均的導師。而相較於安重根，金玉均可謂是他的前輩。顯然，金玉均在福澤諭吉那裡接受了文明開化思想。所以他才一直強調，「如果日本成為亞洲的英國，那麼朝鮮就應該成為亞洲的法國。」在亡命日本期間，金玉均一直在東亞範圍內思考朝鮮的改革。這就是他後來提倡的「三和主義」思想。他提出「清日韓」三國通過聯盟，抵抗歐美的侵略。孫中山、金玉均、張志淵等中韓精英，深受起源於日本的「大亞洲主義」思想影響，而這也是當時的社會現實。安重根的「東洋和平主義」思想，也是這種時代背景的產物。但日本對安重根的思想視而不見，於1940年發動了軍國主義戰爭，最終遭到慘敗。

108. 安重根和伊藤博文的方程式

民族英雄安重根和政治元勳伊藤博文，在日韓兩國是屬於彼此對立的象徵性的人物。但筆者認為，越是從平常心出發，對這兩個人進行解讀，就越能發現他們之間的共同點。

他們都忠實於自己的信念，具有人類共有的正義感，並在實踐過程中表現出相同的頑強意志。此外，他們都具有「東洋和平」這一共同思想，並將其付諸實施。讀者透過本書，已經對安重根的東洋和平主義思想有了一定程度的了解。而伊藤博文則是一個文人型的政治家，他立足於西方式的文明立場，主張通過文明統治，穩健地完成朝鮮的獨立過程。他是一個溫和的和平主義者。伊藤博文極力反對日俄戰爭，由此可以看出他是一個非戰論者。1904年3月，原敬（後來的日本首相）在當時寫下的日記內容也證實了這一點。日俄戰爭爆發之時，伊藤博文訪問了韓國（1904年3月），並拜謁高宗皇帝，向其陳述自己的意見。其內容為：為了維持東洋和平，必須以歐美諸國為模範，增進本國文明，自強自立；通過學習西方文明，排斥俄羅斯的侵略；把亞洲的力量整合在一處，形成文明，以阻止西方的暴力等。從這些內容中，我們可以發現，在伊藤博文看來，日俄戰爭是正當的。但他希望通過學習西方文明，實現朝鮮近代化的政治理念，和安重根的東洋和平思想是一脈相承的。

此外，和安重根相比，在伊藤博文的思想中，更多地體現出西方文明思想特徵。他們二人的立場雖然不同，但卻都希望通過「清日韓」三國聯盟，實現東洋和平，以阻止西方列強的侵略。

此外，兩人都具有很高的漢文素養，都是智慧的人。從他們留下來的書法作品中我們也可以看出，他們並不僅僅是從書法層面上留下這些作品的。他們通過這些書法作品，至今仍在向後人展示著自己頑強的信念。

　　安重根大義凜然的態度與不變的信念，贏得了日本監獄及法院相關人員的尊重。能如此尊重殺害本國政治元勳的「恐怖份子」，這恐怕在日本歷史上是絕無僅有的事情。至今為止，仍有不少日本人把安重根視為義士，在對他報以同情的同時，尊敬有加。

　　但是，韓國人對伊藤博文的態度，以及在對他的認識程度上體現出來的膚淺和狹隘，都與日本人對待安重根的態度形成鮮明對比。韓國人基本上把伊藤博文視為一個「侵略元凶」，一個「惡人」，並止於這種固定觀念，甚至都不想對他多做一番了解。對日韓兩國而言，這就是安重根和伊藤博文兩人的「方程式」。筆者認為，解讀安重根和伊藤博文兩人的「方程式」，也就是解讀「日韓兩國近代史的方程式」。

　　安重根現存於世的照片僅有十張左右。其中，以旅順監獄石牆為背景的半身照最為世人熟知。這張照片，近年來也頻繁出現於韓國的廣告畫和出版物中。照片中，安重根的形象表現出明顯的朝鮮北部地方特徵；他的左眼是雙眼皮，而右眼則是單眼皮。身高163公分，是一個左撇子；左手無名指從第一關節處被截斷，那是他曾經參加「斷指同盟」活動時的傑作。他用那缺少無名指的左手掌印下的掌印，也曾是他的象徵之一。

　　在哈爾濱火車站擊斃伊藤博文以後，安重根被俄羅斯憲兵抓捕歸案。從當時的記錄資料中可以發現，俄羅斯憲兵將安重根的左手扭在背後；審問過程中，安重根供認「手槍放在上衣右側口袋裡。」因為他是一個左撇子，所以才把手槍放在了右側口袋裡。另外，被捕當時，安重根的健康狀況良好，是一個活力四射的年輕人。

　　另一方面，伊藤博文身高僅為161公分，體重58公斤（1909年7月）；他一向身體健康，每天僅睡3個小時就可以全天工作。他的主治醫生曾證明說：「從五官到胸部、腹部以及內臟，沒有任何病症，實在是一個健壯的標本。」

　他們二人都是身材矮小的男人，卻都是胸懷遠大的大丈夫。奇妙的是，兩人的生日同為9月2日。筆者好奇的是，如果他們二人在天堂重逢，兩人又將如何應對。

　有關安重根的回憶錄或周圍人的證言表明，（擊斃伊藤博文以後）日本人的態度對安重根產生很大影響，並在他的身上引起了一些微妙的變化。他對自己射殺伊藤博文一事追悔莫及，並向監獄看守千葉十七誠懇表白說，「我確實是個罪人。」安重根表明，自己擊斃伊藤博文不是出於個人恩怨，所以也對其家人表示真誠道歉。1937年10月伊藤博文的兒子伊藤文吉與安重根的二兒子安俊生在漢城見面，握手言和。（《朝鮮日報》1937年10月17日）

　繼承先輩東洋和平思想，彼此和解，這本身是否也是「東洋和平」的一條道路？筆者在此真誠希望日韓兩國能超越歷史宿怨，共同致力於創造21世紀和平未來。

109. 在日本得到鍛鍊的蔣介石

　在百年前的1909年6月，蔣介石和孫中山在日本初次相逢。當時，孫中山由夏威夷檀香山出發，打算經由日本前往新加坡。在陳其美的介紹下，他與蔣介石在日本相遇。

　中國近代史上兩大巨人的初次相逢地並非是中國，而是日本。這一事實也值得回味。關於當時的事實，並沒有留下詳細的資料，因此具體的實際情況也不甚明瞭。但是，這一次相逢確實是中華民國史上值得一記的事件。

　孫中山對陳其美談起當天蔣介石給他留下的印象：「我們的革命運動需要蔣介石這樣的人才。他將來一定會成長為一個革命家。」

　　蔣介石和日本的淵源，差不多和孫中山一樣「源遠流長」。日本人至今為止，都保留著對蔣介石的高度評價，而且懷有憧憬之意。蔣介石曾兩度留學日本，其間也無數次亡命、訪問日本。

　　1905年，青年蔣介石開始了近一年的日本留學生活。他在駛往日本的船上發現，「日本人從不隨地吐痰，而是把痰吐到手帕或紙巾上處理。」這是日本人清潔的生活習慣給他留下深刻印象以後，他所做出的告白。他的第一次留學日本時間十分短暫，但他卻在其間認識了國民黨員老陳其美，並結識了陳其美的侄子陳果夫、陳立夫等一大批革命志士。

　　這年冬天，蔣介石歸國，並以第一名的成績，於1906年考入保定路軍速成學堂。其實，他之所以考入這所學校，目的就在於重新留學日本。於是，在過了1907年春節以後，蔣介石匆忙在大連坐上了前往日本的輪船，然後順利進入日本東京的振武學校。這所學校是以培養清朝留學生，向其傳授軍事知識為目的創建的，並以士官學校中的陸軍預備學校而聞名。中國近代史上著名的軍首長、都督幾乎都是從這所學校畢業的。比如閻錫山、蔡鍔、李鈞烈、吳祿貞、蔣百里、馮玉祥等，可以列出百名將領的名單。

　　蔣介石從振武學校畢業以後，被編入日本陸軍，並從1909年開始直到1911年為止，服役於高田炮兵連。當時，蔣介石年僅24歲，身高169公分，體重為59.2公斤，是一位最下級的二等兵，他在日本的「武士道」精神和惡劣的環境下，接受嚴格的軍事訓練。

　　冬天，蔣介石等人在素有雪國之稱的高田兵營，與日本士兵一起用冷水洗臉，還要承擔給軍馬洗澡、清掃兵營等工作。雖然也有白米，但那也只是日本式的飯團，和3塊日式醃蘿蔔。

　　當時，在日本兵營，作為一種艱苦的訓練方式，提倡簡樸的生活，並通過精神營養和身心鍛鍊，致力於肉體與意志的一體化。

　　很多有識之士認為：蔣介石正是通過這種軍事訓練，忍耐著恥辱與

簡樸給身體帶來的痛苦，並將這種「苦難」昇華為人生之樂的境界的。

此後，蔣介石在自己的飲食生活當中也傾向於偏愛日本式的簡樸的飲食，以及日本式的淡泊的日常生活。在這一點上，蔣介石與其夫人宋美齡的奢華截然相反。有人說，蔣介石之所以一直保持著自己的「蔣光頭」，原因就在於他原封不動地保持了日本軍隊的削髮習慣。

蔣介石在1970年接受外國記者採訪時，這樣直言不諱地說道：「日本一向崇敬盡忠報國的傳統精神，而且尊敬師長、注重俠義。我一直都喜歡日本的這種民族性。」

蔣介石把日本的武士道和中國的士道，都視為王陽明的「知行合一」學說的一種實踐，同時也強調中日兩國在文化層面上的同質性。（《中國的立國精神》，1932）

1934年，蔣介石向全國人民發出著名的「新生活運動」號召。這項運動的實質，正是蔣介石在年輕時代，在日本形成的精神世界的一部分。他是希望把自己在日本學到的「禮義廉恥」作為一種口號，來改造中國的國民性，並使其脫胎換骨，成為文明人、文明國家。這就是他的夢想。號召提升國民道德、知識教養的這項運動，在中國國民精神史上也應佔有一席之地。

蔣介石對中國國民性與日本國民性進行比較，指出中國國民性當中存在的四大劣根性：「污穢、浪漫（散漫、無紀律性）、懶惰、頹唐（精神萎靡、體格脆弱、興趣不良）。」並進一步指出，治療這一頑疾的良方，正是日本的「禮義廉恥」的生活方式。作為應對措施，他強調「整齊、清潔、簡單、樸素」，認為這才是值得推崇的中國國民性。

蔣介石對日本的基本認識，是以他在年輕時期在日本親身體驗為基礎的「日本式的精神」。在1934年，關於新生活運動，他曾數次發表演講，並指出中國國民性當中存在的缺點。「我是在日本陸軍學習，並接受學校教育、軍隊教育的。日本人的生活，可以用禮義廉恥來歸納。

日本正是靠這點成為富國、強國的。我們中國人在與日本進行槍林彈雨的戰鬥之前，已經在日常生活中輸掉了。」

蔣介石宣導的「新生活運動」，也可以在朴正熙於1979年在韓國推行的「新農村運動」當中找到相同的脈絡。學習日本，並以文明人、文明國家的形象向前發展。這同時也是東亞重新學習日本的一種形態。實際上，即使是在進入21世紀的今天，蔣介石提出的「新生活運動」仍然具有現實意義。他提出的方針，對於糾正中國已然傾向於追求物質和財富風尚，仍然可以成為精神方面的良藥。

作為一位中國政治家，蔣介石對於日本和日本文化的認識可謂是十分透徹的。正因為蔣介石熟知日本人的國民性，所以才在抗日過程中放棄「以卵擊石」的戰略，轉而採取「邊交涉邊抵抗」的戰略。從這一點上看，他的「持久戰」觀點是早於毛澤東的。

110. 青年毛澤東「改造中國」的雄心

在100年前，毛澤東身在何處，又是以什麼樣的方式生活的呢？被視為20世紀中國最偉大的「中華人民共和國建國之父」的毛澤東，同時也被譽為最偉大的政治家、思想家、軍事戰略家、詩人。百年前，他是在近代的尾聲中度過自己的青少年生活的。毛澤東比孫中山小27歲，比蔣介石小6歲，也比魯迅小12歲。但他的影響力卻超過以上三人，成為20世紀代表中國的偉人當中最年輕的一位。

1911年春，辛亥革命爆發前夜，毛澤東離開自己的出生地湖南湘潭，前往省會所在地長沙。當時，毛澤東才年僅17歲，是一位多愁善感的小青年。據說，在他的故鄉韶山沖，毛氏家族延續了500年歷史。他的父親毛貽昌為其取名「澤東」，就是取了「給東方帶來光芒」之

意。毛澤東果然如他的名字所預示的那樣，以東方巨人的身分君臨天下。以長沙為中心的湖南省，在中國近代史上培育了無數對清政府不滿的革命家和知識份子。辛亥革命武昌起義在湖南鄰省湖北爆發，也絕不是一件偶然的事情。

當時，受到明治維新巨大影響的湖南知識份子，邀請了身處廣東的梁啟超，前來湖南開辦學校。而梁啟超開辦學校採用的教育模式，就是以日本明治維新時期的教育為藍本的。當時，學校也聘請了眾多日本教師，而長沙作為日語學習熱潮最為高漲的地區，甚至被世人稱為「小日本」。

德富蘇峰、宇野鐵人等日本近代著名知識份子，以及日本著名作家芥川龍之介等人陸續訪問長沙，並預言長沙將成為中國革命的發源地。毛澤東、劉少奇、彭德懷等創建新中國的元老正是湖南出身。

毛澤東本人曾這樣描述自己受到日本影響的體驗：「在新式學校，我學習了自然科學，和西洋新開設的科目。另外一件事值得一提，教員中有一個日本留學生，他戴著假辮子。很容易看出他的辮子是假的。大家都笑他，叫他『假洋鬼子』……我喜歡聽他談日本的事情。他教音樂和英文。他教的歌中有一首叫做《黃海之戰》的日本歌，我還記得裡面的一些動人的歌詞：

> 麻雀歌唱，
> 夜鶯跳舞，
> 春天裡綠色的田野多可愛，
> 石榴花紅，
> 楊柳葉綠，
> 展現一幅新圖畫。

這首歌是歌頌日本戰勝俄國的，我當時從這首歌裡了解到 並且感

覺到日本的美，也感覺到一些日本的驕傲和強大。」（埃德加・斯諾，《紅星照耀中國》，1936）

當然，毛澤東記憶中的這首歌，並非是《黃海之戰》，而是《勇敢的水兵》。當時，在中國教孩子們學唱日本歌曲，這至少可以證明日本式的教育在中國已經滲透到了深入人心的程度。

1911年，隨著辛亥革命的爆發，在中國掀起了學習日本近代化的熱潮。毛澤東那時才17歲，第一次接觸報紙（據說，從此開始，他便癡迷於閱讀報紙）。他接觸到革命的議論文章以後，與朋友們一起做出勇敢的叛逆行為——剪掉辮子。毛澤東的反時代意識就是在這一時期形成的。

還有一段軼事值得我們關注，毛澤東是通過日本書籍，了解到明治維新和革命家西鄉隆盛的。在離開故鄉前往長沙之際，毛澤東曾給父親留下這樣一首臨別詩，據說這首詩正是對西鄉隆盛一首漢詩的模仿（雖然毛澤東錯以為是西鄉隆盛的漢詩，但實際上，那是同一時期西鄉隆盛的朋友月性的作品。）：

孩兒立志出鄉關，
學不成名誓不還。
埋骨何須桑梓地，
人間何處不青山。

我們不妨就此對照一下月性的原作：

男兒立志出鄉關，
學若無成不復還。
埋骨何須分墓地，
人間到處有青山。

　　在這首詩中，毛澤東接受明治維新時期傑出的悲劇英雄主義影響，立志成就一番壯舉的雄心表現得非常突出。

　　在那一年夏天，毛澤東總是和同學們一起圍繞著推翻清政府一事，展開激烈爭論。這年10月，在與湖南接壤的湖北省武昌，爆發了武昌起義，打響了辛亥革命第一槍。維持了2000多年的封建王朝統治歷史，就此畫上了休止符，同時，新的中華民國誕生了。

　　新生的共和國，直接給毛澤東帶來了多種選擇。最初，毛澤東志願參加革命軍第一軍，但僅維持了幾個月。毛澤東認為軍隊生活並不適合自己，於是他便退出軍隊，重新回到了學校。為了進入省立第一中學，毛澤東在圖書館刻苦讀書。他本就是一個天生的讀書狂，因此就像是一個饑渴之人暢飲甘泉那樣，在圖書館專心讀書。而這一時期的讀書生活，給毛澤東的人生帶來巨大的影響。1913年春，毛澤東年屆19歲。在這一年，毛澤東考入師範學校。在這裡，毛澤東開始接觸「共產主義」、「民族主義」、「馬克思主義」等辭彙，並對中國的未來產生濃厚的興趣。1917年夏天，毛澤東和同學們一起暢遊湖南各地，在接觸社會各階層的過程中，深刻思考中國的國民性。毛澤東指出：「中國人從本質上講是懶怠的、偽善的，甘於接受被奴隸狀態，而且心胸狹。」從此開始，毛澤東思考中國落後於近代世界的原因，並就此發表個人的意見。其綱領便是在「破壞中國文化」的同時，建立新的文化體系。

　　1917年3月，黃興去世以後，一直以來支持孫中山的日本革命鬥士宮崎滔天，前來參加葬禮。作為孫中山和宮崎滔天的追隨者，毛澤東給宮崎滔天寫信，邀請他到湖南師範學校進行演講。這封信的原件，如今珍藏於宮崎滔天的長子家中。於是，宮崎滔天的演講如期舉行，而毛澤東對此感激不盡，終生對其懷著崇敬之心。1955年，毛澤東親自邀請宮崎滔天的長子宮崎勇夫婦，到天安門城樓參加國慶觀禮。

　　1918年4月，毛澤東發起、組建了「新民學會」，以領導身分展開

活動，展開以「如何改造中國」為綱領的討論。毛澤東的這一綱領，以「改造中國」的野心貫穿他的一生。此後的文化大革命，對毛澤東而言，仍相當於是一個「改造中國」的環節。

毛澤東傳記相關內容表明，他之所以沒有選擇在當時頗為流行的日本或歐美留學，是因為他對自己的外語缺乏自信，也對「勤工儉學」式的體力勞動缺乏自信。在北京大學圖書館勤工儉學了一段時間以後，由於不適合自己，毛澤東重新回到了長沙。然後創辦《湘江評論》，宣導近代的自由與平等。1920年6月，在拜訪了陳獨秀以後，毛澤東迎來了他一生當中具有劃時代意義的變化：正式採納馬克思主義，和中國共產黨的誕生。

111.「國魂」是如何誕生的

考察人類歷史過程中，我們可以發現，在無數現象當中通過戰爭形式產生的文明、文化衝突，在異文化交流、異文化接觸與傳播過程中，起到的作用是最為快捷的。正如希臘哲學家赫拉克利特所說，「戰爭為文化之父」。

日本以20世紀發生於東亞的日俄戰爭為契機，瞬間被世界所矚目。而朝鮮這個國家的知名度，也相較於19世紀有所提高。日本以打敗俄羅斯為契機，使世人認識到日本人的「武士道」乃日本國民性的關鍵所在。

1899年，新渡戶稻造的英文著作《武士道》產生的影響是巨大的。這並非是一本對日本武士道真正意義上的研究專著。可以說，這是一本類似於比較文化論的「日本論」著作。它通過比較日本武士道和西方騎士道，向西方人宣告武士道才是日本的國魂、日本精神。

因英日同盟而與日本關係緊密的西方代表——英國，對日本的武士

道國民性產生了共鳴。漢密爾頓以「謙虛」、「了不起的自尊心」等語言，對日本的武士道大加讚賞。甚至還有人出版了題為《日本人寫的日本》（1904）的論文集。此外《泰晤士報》等媒體也刊登了大量讚揚日本精神的「高潔」的文章。

但事實上，向西方「傳遞」的武士道精神，是以明治維新時代的「忠孝」、「忠君愛國」為核心打造出來的，而與本來的「武士道」有著本質的區別。

思想史研究學者、東京大學人文研究所教授山室信一認為，日本「武士階級的理論，是由於『神國』這一傳統而成為日本根深蒂固的國民性的。但實際上它不過是這種理論本身炮製出來的虛構而已。」

可是，如果把目光重新轉向當時的東洋，我們就會發現，「武士道」在日本國內像流行病一樣盛極一時的時候，被它所迷惑的也有很多來自中國的留學生，以及像梁啟超那樣的年輕政治流亡者。

在他們看來，日本之所以能戰勝強大的俄羅斯帝國，迅速崛起為亞洲最強大的近代國家，就在於作為日本國民性的「武士道」。

高喊著「向日本學習」的口號來到日本的中國留學生，和逃亡政治家，從中日甲午戰爭的失敗和戊戌變法的挫折中，意識到日本獲得的成功中一定隱藏著密意，並帶著極大的熱情掀起了「學習日本」的熱潮。

臨到日本留學以前，秋瑾便得知日俄戰爭即將爆發，於是寫下了稱頌日本的勇武和獨立精神的詩句。在1904年踏上日本國土以後，秋瑾寫下了「敬告同胞」的文章，吐露了當時留學生的共同心聲。

「真正令人作嘔的是，日本的兒童無論大小，一致站在道路兩旁揮手高呼萬歲的情形。實際上，這些孩子太可愛，太令人羨慕了。在我們中國，何時能看到這樣的情形呢？日本人就是這樣萬眾一心地尊重軍人的。今天，俄羅斯這個大國之所以被小小島國日本打敗，原因也正在這裡。」

　　當時，中國的留學生看到人們熱烈歡送高舉著寫有「戰死」的旗幟奔赴戰場的軍人，受到了極大的震撼。

　　一直以來，重文輕武的中國傳統觀念，甚至衍生出「好男不當兵」的俗語。從中可以看出中國是怎樣輕視軍隊的。

　　那時，梁啟超在日本看到的，正是可稱為「日本魂」的「國魂」。「日本人常掛在嘴邊上的有日本魂，也有武士道。」

　　梁啟超撰寫了《中國魂》這樣一本書，並在其中指出，日本成功的原因就在於「大和魂」。他主張，中國人也應該像日本人學習，找回「中國魂」。他接著詳細闡明了「山海魂、冒險魂、軍人魂、平民魂、社會魂」等各種「中國魂」的具體內容。（王敏，《中國人的愛國心》）

　　作為一位中國人，梁啟超最早（1899年10月15日）在《清議報》中使用了「國民」這個單詞，以此來宣導中國的愛國主義和愛國心。在滯留於日本期間，梁啟超認識到了愛國心的重要性，並以橫濱中華大同學校的創始人身分，要求學生唱誦《愛國歌四章》。（山下真一）

　　作為愛國教育，梁啟超提倡的「德育、智育、體育」三方針便是由來於日本教育體系的。此後，在毛澤東的大力提倡下，也被移植到新中國教育體系當中。

　　此外，梁啟超創作的《中國魂》也被張志淵翻譯到朝鮮，並於1906年正式出版。從中也可以看出，他希望找出與「中國魂」一脈相承的「朝鮮魂」的努力。

　　崔錫夏指出，為找回被剝奪的主權，創造「朝鮮魂」是及其重要的。而朴殷植則大力宣傳為了爭取獨立，必須培養具有軍事力量的「韓國魂」。

　　此外，申采浩、申圭植、等人也開始大力宣傳、普及「國民魂」和「韓國魂」的重要性。在恢復一個國家獨立自主過程中不可或缺的國魂、國民魂思想，通過日本被朝鮮吸納了。這一思想在朝鮮的傳播過

程，被視為是民族獨立運動的愛國核心思想得到普及的過程。發揚國魂和愛國心，培養打倒日本帝國主義的力量——在朝鮮的仁人志士中，這種認識逐漸形成，並成為他們的共識。

當時，正在日本留學的魯迅發表了《斯巴達之魂》。魯迅在文中讚揚為祖國獻身的精神主旨，反映了當時那個時代的社會潮流。

通過日本學到的武士道尚武精神、國魂、愛國心等思想意識，也正是中國後來在抗日戰爭過程中所發揮出來的民族精神。還有，在朝鮮的獨立運動過程中，被動員起來的國魂、愛國心也是對日本的一種絕妙諷刺，同樣也是對近代史的一種嘲諷。這正是古語所說的「以其治人之道還治其人之身」。

112. 萬海韓龍雲的《建白書》

我們現代人沒有在百年前的近代生活過，因此對生活於那一時期的前輩們多有誤解。也許把這種誤解稱為錯覺更為準確一些。現代人總是把自己的民族主義投射到百年前的先輩身上，並錯誤地認為當時所有的朝鮮民族成員都懷著極其強烈的民族心，與日本帝國主義展開殊死抵抗的。或者是希望歷史果真如此。

不幸的是，我們的先輩從百年前的1910年8月開始，便被完全控制在日本帝國主義的統治之下。這也是韓民族屈辱性的亡國歷史事實。

韓國民族文化大百科詞典的編輯委員、啟明大學史學系教授金起協先生在《亡國的歷史——話說朝鮮》（2010）中這樣陳述道：「19世紀後期，韓國人隨著時間的推移，逐漸認識到需要更大的變化。認識的速度無法完全跟上環境變化的速度，所以才導致韓國亡國。在這個失敗過程中，有兩個因素發揮了作用。一個是朝鮮王國的國家功能衰退，因

此未能採取有效的應對措施；另一個因素是日本的野心使得現實環境急轉直下。朝鮮王朝滅亡，日本成功實現對朝鮮的殖民統治，有很多事實證明，從當時的實際情況來看，這是不可避免的。」

金起協教授這段話可以說是一語中的。也就是說，朝鮮這種不可避免的現實狀況，足以為日本帝國主義提供統治理由。當時的絕大多數朝鮮人，實際上是順應了日本帝國主義的統治的。

1919年「三一獨立運動」等大規模的抵抗運動，在日本統治朝鮮的35年間並不多見。

正如韓國著名評論家、作家卜鉅一先生在他的《為死者的辯護》（2003）等著作中所考查的那樣，「實際上，隨著日本帝國主義的統治得到進一步的強化與穩固，大部分朝鮮人希望自己會成為日本帝國主義的國民，繼續生活下去。而且也是基於這種展望採取行動的。他們把自己看成是日本帝國主義的國民。」所以，「雖然也偶爾有人否認日本對朝鮮的統治的正當性，並勇敢地站出來抵抗其權威性，但這些人只是『證明規則的例外』。」

當時日本方面的統計表明，1907年，武裝的朝鮮義兵總數為44116名，與日軍發生的衝突次數為323次。1908年，武裝人數增加到69832名，與日軍發生衝突次數達1451次。但是到了1909年，義兵總數急劇減少到25763名，與日軍衝突次數也減少到898次。1910年，武裝人數為1891名，衝突次數僅為147次。《日韓併合條約》也正是在這一時期簽訂的。

在近代外交資料、文獻中得到印證的是，日本帝國在朝鮮採取了強硬與溫和並舉的措施，並在軍隊、員警、法律、民法、教育等領域貫徹執行。

因此，在這種強有力的統治機構和系統之下，貿然的抵抗與武裝反抗，顯然就變成了以卵擊石的舉動。這一點，不僅是朝鮮的政治家、民

族運動家、知識份子，就連普通民眾也都清醒地認識到了。

誰會輕視自己的生命，而選擇死亡呢？除了逃亡到海外的獨立運動家以外，朝鮮廣大群眾便選擇了「順應」日本統治的道路。

萬海韓龍雲當時的所作所為，很好地證明了這一點。韓龍雲曾是朝鮮的最高民族領袖，同時也是一位詩人，為後人留下了膾炙人口的名作《你的沉默》。

1910年，韓龍雲向當時的朝鮮統監寺內正毅提交了《統監部建白書》。這是一份關於僧侶婚姻問題的提案。在建白書中，韓龍雲尊稱寺內正毅為「殿」。

所謂「建白」，指的是向朝廷或皇帝提出自己的主張或建議。這說明，韓龍雲在當時已經把統監視為「皇上」或者是「朝廷」。

在這裡不妨引用一下韓龍雲的建白書內容：「朝鮮的僧侶都認為解除這一法律是一件好事。但一朝提出的方案，很難改變千百年來的習慣。所以他們在懷疑和恐懼中躊躇了一年，期盼能以國家命令的形式予以解除。因此，今年三月，曾向前韓國中樞院舉例陳情，但至今尚無任何舉措。所以，僧侶們的疑心和恐懼日益嚴重，還俗率也隨之提高，傳道之事日漸減少。因此之故，竊以為速速廢止禁婚令，確保教勢似乎更為妥當。此外，如果大多數僧侶能夠結婚，並投入生產，對政治、道德、宗教界也會產生諸多影響。因此，置唐突之虞於不顧，向您陳情。還望您閱覽以後，以府令的形式廢止僧侶禁婚令，徹底改變千百年來的習慣。想必沒有什麼維新能與如此業績相提並論。」（徐景洙譯）

卜鉅一解釋說，從中可以看出韓龍雲曾「對朝鮮統監部寄予厚望」。「而如此優秀的民族領袖，向日本統治者提出這樣的建議，也表明了當時朝鮮人令人震驚的、對現實的認識。」可以說，這也是活下來保存民族實力的一種智慧。「為了保存民族而親日」──筆者認為，我們有必要重新聆聽李光洙對自己的親日行為所作的辯護。

113. 發現中國的「土匪原則」

筆者在2006-2008年間寫作《中國國民性「內結構」的發現》一書過程中，曾翻閱了大量中國古典以及近代作品中有關「土匪」的文獻資料。除了中國「正統」社會這一表面社會之外，其中還藏著這樣一個「非正統」社會。正是他們推翻了表面的正統階層，搖身一變成為新的正統社會主人公。

筆者從中領悟到，形成這一結構的重要因素，正是「土匪原則」。當然，「土匪原則」這一術語是筆者創造的詞語。我們通常把溫和的「儒教原則」視為統治中國的原則，但這只是統治階級或執政者的裝飾物，和典雅的招牌而已，而盤踞其中的，則是任何一個朝代都曾有過的令人恐怖的「土匪原則」。

經過了百年前的1900年代初期和1911年辛亥革命以後，新中國於1949年誕生。哪怕是在這一歷史時期，土匪也達到了猖獗的程度。

但是，中國的近代史上，通常只是傾向於將其表述為「革命史」、「反帝、反封建、反殖民地鬥爭史」，而很少言及這一時期的土匪、秘密結社、遊民社會。執政者人為地將有關這個階層生態的記述遮蔽或混為一談，或許是因為他們希望盡可能切斷中國正統性的革命與這個階層的關係。

西方及日本近代史研究者認為，百年前的1911年前後，是一個「龐大的土匪共同體（由4億人口組成的無法團體）」，因此，「對這一時期土匪的研究，將有助於揭示中國的國民性。」

有一本著作，對中國近代「內部社會」的土匪進行了多角度的分析。這就是英國學者菲利浦·理查·比林斯利（Philip Richard Billingsley）的《土匪——近代中國的邊緣與中央》（1988）一書。菲利浦·理查·比林斯利是一個社會學家，他運用中國近代珍貴史料，聚焦於中國的土匪，從

一個嶄新的視角闡述了他的近代中國論。

菲利浦‧理查‧比林斯利研究稱，在中國近代，農民的生活一旦變得難以為繼，他們往往就會成為土匪，這種現象表現出一定的歷史規律性。傳說中的盜賊盜跖，是所有盜賊的守護神，道教中的烏托邦思想中，也包含著與沒有法制觀念的人共存的思想。

在中國社會週期性地反覆出現王朝更替，其原因就在於反覆出現農民叛亂。對此，毛澤東曾指出，在世界史上都難以找到類似的例子。也許，毛澤東正是將這種農民叛亂、非法原則作為拯救中國的一種方針。

農村的最下層流民、無產者、失業者、破落戶們（按照毛澤東自己的話說，還有士兵、土匪、盜賊、乞丐、妓女）的鬥爭力是最為旺盛的。所以對他們進行教育並組織起來，使其成為中國革命的主力軍——這就是早年澤東的出發點。正如毛澤東反覆強調的那樣，自己是「綠林大學」畢業生，要想解決中國問題，就必須向「梁山英雄」學習。熟讀《水滸傳》的毛澤東，同時也是一個梁山泊綠林大學原則的忠實實踐者。文化大革命的原則，實際上也是以「階級鬥爭」、「造反有理」的招牌為基礎的暴力原則（土匪原則）。

通過1910年代的中國報紙和雜誌，我們可以了解到，那段時間，因土匪而引起的騷亂在中國從未間斷。正如老子在《道德經》中所說的，那是一個「法令滋彰盜賊多有」的時代。朱新繁在一篇文章中說道，1930年，中國土匪的數量少說也達到了200萬人之眾。即使是在辛亥革命以後，在不到10年時間裡，中國的報紙在把中國稱為「中華民國」的同時，也笑稱其為「匪國」。載玄之在他的著作《紅槍會》中說道：「接近民國開國期間，沒有一個地方沒有出現土匪，土匪每年都在各地引起騷亂。」

這種土匪、義匪，以其神秘性，俘獲了無數近代中國知識份子、文人的心。如《水滸傳》中的「義匪」系列人物，在刺激中國男人想像力

的同時，往往也使他們將「土匪」視為英雄，而且從本能上對土匪給予理解。某種土匪集團形式的「秘密結社」，與近代中國革命有著密切的關係，這是在研究中國近代史過程中應該予以關注的事實。

黃建遠的《青紅黑》中說，清末民初時期，天地會、青幫、紅幫等秘密結成的暴力性社團組織在全國各地盛極一時，其影響力甚至波及到統治階層。他們的勢力無所不及，從民國總統、總理，到軍隊、員警、金融、工商界、傳媒、文藝界、服務業界、產業界乃至最下層的苦力階層，都有這些組織成員的身影。孫中山的辛亥革命所需資金，日本方面的捐款，大都是從屬於洪門天地會的致公黨提供的。而孫中山本人，也是夏威夷致公黨黨首。蔣介石也與上海青幫有著密切的關係。蔣介石是掌握了中國「後街」的青幫頭目黃金榮的弟子。1920年代，在因遭遇挫折而失意之際，蔣介石就是在黃金榮的推薦下，投靠了孫中山的。在日後，蔣介石即使成為中華民國大總統，也與青幫保持著同盟關係。民國的大軍閥吳佩孚、張宗昌同樣也是青幫和紅幫的成員，京劇大師梅蘭芳、周信芳等也都是黃金榮的門生。毛澤東從1927年開始，放棄了知識份子式的佔領城市的方針，與江西的土匪袁文才結成同盟關係，開創了井岡山根據地。關於這一歷史事實，中國國內的歷史學家也都在各自的著述中有過說明。

毛澤東的革命理念，是將馬克思主義和他自己的土匪原則結合在一起而形成的近代鬥爭原則。也正是這樣的昇華，使他成功解放了中國。從這種意義上講，毛澤東是具有創造性和建設性的，他提出了屬於他自己的「革命原則」，是一個也無愧於「世所罕見的革命家」稱謂的近代偉人。

在認識近代中國的過程中被人們忘卻的，或者是遺漏的，正是這種隱藏於「儒教原則」之下，綿延發展過來的土匪原則，以及以這種土匪原則為基礎的暴力、鬥爭原則。這意味著中國社會是由紳士和流民共同

組成的，這也是中國統治原則中另一個有力的原則。另外，這也是中國國民性的一個組成部分。中國之所以能夠對外掛出華麗的儒教招牌，對其國家進行統治，也正是基於這種國民性才成為可能的。這實際上是一種「勞力原則」。

114. 百年前的訛傳

喬治‧桑塔亞那（George Santayana，1863-1952）認為，「歷史是當時並不在場的後人，對未曾發生的事件而說的謊言。」

在有關近代史的記述中，有很多我們完全沒有想到的但已經成為常識的內容。這些被我們視為理所當然，以至於全然不予置疑的事物，實際上是由毫無憑據的作偽、虛構組成的，或者至少是由訛傳形成的。

我們的近代史敘述，往往是從「被害者」角度出發，將西方列強或日本人視為「加害者」，從而對我們先輩的種種做法指指點點。可是，我們卻很少反問自己，我們究竟是為什麼要單方面接受這種迫害與侵略。對這種主體的、主觀的根源性的追究、反省幾乎不存在。世上所有事物的存在，一定會有正反兩面的原因在起作用。因此，既然歷史事件是因自己和他者共同作用而發生，我們理應同時查找自己和他者的原因才是正確的做法。

有無數歷史事實以訛傳訛流傳至今。其中，最為著名的是懸掛在上海外國人租借地公園入口處的招牌上寫著的「中國人和狗禁止入內」。

這種記述，通過歷史教科書，試圖強調的是，當時的中國人遭受了多麼大的凌辱。最近，中國作家蘆笛在網上或美國對這一段訛傳提出了批評。

他在網上貼出了1910年代上海黃浦公園入口處懸掛的招牌圖片。其

英文內容如下：

The board at the gate of Public Garden carried 10 "Public and Reserved Gardens Regulations" in English. The 1st regulation reads: "Gardens are reserved for the foreign community." The 4th regulation reads: "Dogs and bicycles are not admitted."

翻譯成中文應為：「公共花園門口的牌子上用英文寫了十條『公共和私有花園守則』，第一條是：『各花園為外國人社區專有』；第四條是：『狗和自行車不得入內』。」

在這裡，「garden」和「park」不是同樣的事物。前者四面圍牆，而後者意味著一種開放的空間。前者被翻譯為花園，而後者被統稱為公園。因此，蘆笛指出，應該把Public Garden翻譯成「公共花園」。

蘆笛認為，「公園」同樣是一種限制開放的花園。當時，外國人有很多種類的俱樂部，採用的是一種會員制，因此只有具備了會員資格，才能自由進入。他們當然把公園視為帶有俱樂部性質的場所，因此僅授予上海外國人自由進入公園的許可權。在中國的大城市，至今還有為外國人專設的公館、社區。

外國人掛出的招牌上的內容，實際上是在對外宣示，「這是外國人專用的公園」這層意思，因此中國人是不得入內的。而且還將這個內容和「不得帶著狗進入公園」的內容是分開寫的，是彼此獨立的內容。

蘆笛認為，招牌的內容不僅沒有把中國人和狗聯繫在一起，也沒有明確提出「中國人禁止入內」的禁令，它只是明確提示了「這裡是外國人專用的公園」而已。

但是，中國知識份子還是把它視為一種民族歧視行為，並對此憤憤不平。當然，這在現在看來也是可以理解的；對此提出強烈抗議之舉，也是能夠理解的。

但是，中國為什麼向外國人提供了會遭到如此蔑視的機會呢？中國

人一旦聚在一起，通常是不清潔的，而且經常隨地吐痰、亂扔垃圾。正因為這種「髒亂差」，才給外國人提供了不許中國人入內的口實。

著名學者唐德剛在他的著作《滿清七十年》中，證實在過去的中國，最清廉、最高效的機構就是外國人控制的海關和郵局。

在翻閱近代史資料和文獻過程中筆者發現不僅是西方人，就連偽滿洲時代日本人控制的機關和社會，其清廉、高效、潔淨度也是很高的，而且在產品生產、建築等諸多領域都遠遠領先於中國人。

筆者曾經採訪過滿洲電影製片廠的演員，做過專門調查。他們當中的大多數人對日本人普遍懷有好感，並認為他們和日本人是平等相處的。另外，他們一再強調日本人的清廉和奉公精神是值得我們學習的榜樣。

即使是經過了百年以後的今天，在大阪依舊有餐廳掛出了「中國人禁止入內」的招牌，以警示不守規則而大肆喧譁的中國人。中國人難以改變的陋習確實是有問題的，因此，雖說應該對外國人提出批判，但我們也有必要深刻反省自己。

115. 福澤諭吉「脫亞入歐」的實質

日本的10000日圓面額紙幣上，印有福澤諭吉（1835-1910）的肖像，拋開了他，我們很難理解日本的近代史。作為近代日本歷史上最著名的啟蒙思想家、教育家、專欄作家、文明批評家，福澤諭吉對日本所起到的作用，幾乎可以與康有為、梁啟超、嚴復3人對中國起到的作用相提並論。

「上天不會生養人上之人，也不會生養人下之人。」這是福澤諭吉留給後人的膾炙人口的名言。通過《勸學篇》、《西洋事情》、《文明論概略》等論著，他成為明治維新時期日本首屈一指的思想家、啟蒙知

識份子。雖說他的思想非常激進，但卻奠定了明治維新的基礎，並在日本人認識西洋以及亞洲的過程中，產生了極大的影響，以此從精神層面上引領日本的近代化發展方向。

迄今為止，無論是中國人還是韓國人，對福澤諭吉的認識，依然傾向於強調他的「脫亞論」，把他看成是一個「蔑視亞洲」的罪魁禍首。但事實上，試圖僅靠這一點概括福澤諭吉的思想體系和人物形象，似乎過於偏狹。

作為一個日本人，福澤諭吉在26～34歲這段時間3次踏訪歐洲和美國。這種西方文化體驗的經歷，形成了福澤諭吉「按照西方文明標準」發展的開明思想。

福澤諭吉是日本第一個從世界角度出發，觀察和思考日本及亞洲的思想家、文化批評家。在《文明論概略》（1875）中，福澤諭吉提出了著名的「文明的類型論」思想。他稱歐洲、美國為「最高文明國度」，稱土耳其、中國和日本等亞洲國家為「半開明國家」，而把非洲國家稱為「野蠻的國家」。

因其文明程度而定的文明類型，以有無突破現狀的進取心為標準。他指出，亞洲、中國等對改革等閒視之，陷於自滿自大的泥沼，被歷史現實主義所忘卻，一味地夜郎自大終於招致落後的現狀。也就是說，福澤諭吉揭示出亞洲和中國衰退的原因——在世界史當中自甘墮落，沉浸於以自我為中心。

此外，他也冷靜地分析，在世界史當中的文明國家，即資本主義國家的明暗面：進步與向海外侵略。就此，他這樣進一步闡述，白種人的殖民地傳播了流行病，減少了抵抗力低下的當地人人口。

從這個角度上看，我們至少可以發現，福澤諭吉並非是一個單純的「脫亞入歐論者」。他甚至預言了中國即將淪為西歐殖民地的事實：「雖說支那國土遼闊，因此西歐的實力暫時還沒能浸透到內陸，而只是

停留在沿海地區；但推測今後的發展趨勢，支那帝國終將淪為西歐人的田園。西歐人所到之處，土地將失去活力，草木也將停止生長，甚至有可能導致人種滅絕。」

當時，通過鴉片戰爭，中國的領土已經開始被英法帝國蠶食。福澤諭吉以他敏銳的洞察力，預見到中國即將淪為西歐人的「田園」的未來。

福澤諭吉隨後向日本提出警告：儘管日本暫時還沒有在對外關係方面受到極端迫害，但只要遺忘日本同為一個亞洲國家，便有可能遭到來自西洋的滅頂之災。

福澤諭吉的睿智和對西方文明的見識，以及在世界歷史潮流當中對亞洲和日本的觀察，都包含著他的卓越思想和智慧。

福澤諭吉指出的事情，就像是按照他的腳本上演的一齣連續劇，在中國和亞洲各地，以帝國主義的殖民統治形式一幕幕上演。

現在，讓我們回過頭來，從新考察一下福澤諭吉提出的「脫亞入歐論」。1885年3月16日，福澤諭吉在他創刊的《時事新報》上發表了著名的「脫亞論」。

「為了今天的目的，我們已經沒有時間等待我們鄰國的開明，以期亞洲的共同繁榮。我們反而應該從那裡脫離出來，並與西方文明同進同退……與惡友親密交往，只能招來厄運，而不能帶來自由。我們應該從內心謝絕亞洲東方的惡友（支那、朝鮮）。」

接下來，福澤諭吉把文明東漸比喻為麻疹，進而指出中國和朝鮮「為了應對麻疹，在回避問題的同時，固執自己的鎖國政策。」

福澤諭吉正在將世界歷史和亞洲歷史結合在一起，從一個更廣泛的視野出發加以觀察。對他而言，拒絕文明東漸的中朝兩國的「固陋」和「閉鎖」，或許是可恨的。值得一提的是，福澤諭吉是在他一向予以支持的朝鮮開化派領袖金玉均遭到殘殺、暴屍街頭之後，發表了這篇論文的。也就是說，他是在對中國和朝鮮極度失望的情況下，產生這種思想

的,這篇論文並非是單純從蔑視中國和朝鮮的目的出發而作的。此外,我們也應認識到,將他的「脫亞論」簡單歸結為侵略亞洲的思想策源地,是有一定局限性的。

在福澤諭吉的一生中,他所宣導的日本的選擇,正是摒棄以大清帝國為中心的「固陋」、「閉鎖」的朝貢體系,並脫胎換骨為西歐文明國家的道路。

「脫亞入歐」的選擇,正是亞洲的西方化、近代化的對策。如果冷靜地予以分析,福澤諭吉的主張使日本成功實現了近代化,並成為20年後代康有為、梁啟超等維新派的楷模。事實上,中國和朝鮮的近代化其實質都是實踐福澤諭吉所宣導的「脫亞入歐」思想的歷程。

福澤諭吉提出「獨立自尊」的口號,強調在日本獨立自尊的同時,也應實現朝鮮的獨立自尊。福澤諭吉把它當作留給自己的政治課題,向金玉均等人提供人力、物力方面的支持,但終於沒能獲得成果。最後,在金玉均領導的朝鮮開化派革命遭到失敗,他本人也慘遭殺害之後,福澤諭吉因此而激憤滿懷。

稀世的思想家、近代日本精神旗手福澤諭吉,在日俄戰爭爆發3天前,於1901年2月,在東京因腦出血復發逝世,時年66歲。

116.「東洋」的發展與「東洋學」的興起

所謂「東洋」這一單詞和價值觀,是隨著近代日本知識階層將其用來表達「東方」這一含義過程中慢慢普及起來的。現在,在日本和韓國,依然把東方乃至東亞、亞洲統稱為東洋。這基本上已經變成了「約定俗成」。

在中國,至今還以「東洋」專指日本,它和「東瀛」這名詞一樣,

是日本的另一個稱謂。《後漢書》或《三國志》的《魏書》中有關「倭人在帶方東南大海之中……」等表述，與「東洋」這個單詞一樣，在日本一直到江戶時代都是用來專指日本的。後來，其本意發生了轉變，而帶有「亞洲」、「東方」等含義。

東洋作為與西洋對應的洲際概念，西方人在大航海時期發現了它，並予以沿用。當然，在西方的觀點上，「東洋」有時也指從土耳其開始的東亞全域，有時也指屬於伊斯蘭社會地區的中東，或用來統稱從東亞開始、包括被稱為「極東」的整個地區。

「東洋」一詞在日本被固定為「亞洲同一地區」、文明傳統和價值象徵，是在1894年中日甲午戰爭時期開始的。事實上，在韓國一直沿用至今的「東洋」，便是從日本原封不動地「借」來的概念。

也有稍早一點使用這個單詞的事例，但在日本，報紙、雜誌、媒體、輿論界的意見領袖或政治家經常使用「東洋」，並將其含義固定下來，卻是從中日甲午戰爭時期開始的。眾所周知，中日甲午戰爭不僅動搖了中日韓三國的亞洲秩序，而且也是日本精神史上的重要轉捩點。

日本廢止了在歐美列強強迫下簽訂的不平等條約，同時也學著西方列強的樣子，強迫大清和朝鮮簽訂了不平等條約。這對日本而言，顯然是一個重要的歷史轉折時期。日本通過這場戰爭，一舉顛覆了一直保持到明治維新時期的尊重漢學、尊崇中國的傳統；輕視中國開始向潮流一樣在日本社會席捲開來。

在這一時期，「東洋」這一概念，實現了一次飛躍：作為東洋人的日本人戰勝了中國，而西方觀點式的「東洋」迅速超越了專指「日本」這一狹隘的語義範疇，從而脫胎為可以與西洋相對應的、「有價值的東洋」（加藤裕三《東洋的近代》）

日本人喜歡使用「東洋」一詞遠甚於「亞洲」，其中就有這種思想性的、世界觀的歷史背景因素。統計資料表明，直到今天為止，日本的

企業名稱冠以「東洋」的企業，要遠遠多於以「亞洲」冠名的企業。在韓國，冠以「東洋」的企業現在也不在少數。而「東洋」這一單詞，在中國之所以沒有得到普及，是因為通過甲午戰爭，對「日本」的印象進一步惡化。

意味著西方的「西洋」這個單詞，在日本是早於「東洋」誕生的。但與之對應的「東洋」，卻要等到明治維新以後的中日甲午戰爭時期才出現。這是因為價值意義超越了地理意義。在近代化初期，日本人曾使用「東洋的道德，西洋的機械」這種說法來表示近代化方法。從中不難看出，日本試圖以「東洋一流國家日本」與「西洋一流國家英國」相對應的意識。

中日甲午戰爭以後，「東洋」這一單詞，也通過留日學生引入民國時代，並以對立於西洋的概念予以使用。出版於1946年的《辭海》中，也把東洋解釋為東方。這也可以解釋為一種吸收了壓倒性優勢的日本文化以後出現的現象。

在日本，隨著「東洋」這一概念的廣泛使用，研究東洋的學術體系尤其得到了長足發展。經過了中日甲午戰爭和列強鎮壓義和團運動以後，東京大學史學家、教授、近代東洋學大家白鳥庫吉曾這樣說道：「東洋的事情應由東洋人研究。東洋學不同於遭到西洋帝國主義踐踏的政治，它應該凌駕於西洋之上。」白鳥庫吉在引入西方東洋學概念的同時便超越了它，從而成長為東洋學研究領域獨一無二的學者。他擺脫了自江戶時代以來，在漢學領域偏狹、偏向性地解讀史料和文獻的做法，確立了新的體系。白鳥庫吉以他確立的中國研究體系，引領了中國和西方的中國研究。

前近代（明治維新以前）的東洋學，主要是重點研究中國，而其對傳統文化當中的知識、資訊的研究成果，無論從數量上還是品質上，都是領先西方的。進入近代以後，日本於1894年，將「東洋史學」課程

引入中學教育體系，對其進行普及。日本如此用心地研究和認識中國的
「支那學」、「中國學」達到了令人驚歎的程度。

　　相較於中國人研究日本，日本對中國的研究在政治、經濟、軍事、
文化、教育、歷史、文字等各個領域，都積累了深度的、縝密的研究成
果。近代卓越的東洋學學者，應首推白鳥庫吉、內藤倫政、鹿野忠雄、
池內文平、矢野仁一等人。

　　這個東洋學譜系，與帝國主義的侵略和殖民地統治同步發展。進入
1930年代，其研究成果爆發性成長。僅南滿洲鐵道株式會社對中國的研
究、調查資料，就多達數萬種。而筆者收集到的日本對中國戰前事態、
中國社會、中國國民性方面的研究書籍及其他普通書籍就多達數千種。

　　由於篇幅原因，雖然無法對其研究成果詳加介紹，但可以指出的
是，日本在戰前對中國的研究就連中國現在的人文、社會學者也都歎為
觀止。繼津田左右吉教授等組成的「滿洲、朝鮮歷史地理調查部」之
後，由《朝鮮史編修會》、京城帝國大學等進行的有關朝鮮文化、歷史
的研究，作為東洋史學的一個環節，雖說其中魚龍混雜，但仍然保留了
對民俗學、人類學研究有價值的內容。

　　魯迅對中國國民性的批判，主要由來於當時日本人所著的有關中國
國民性研究、批評的書籍，並與其有著直接的關聯。而梁啟超、孫中山
等人，同樣是從日本人的研究中受到了啟發。事實上，近代中國人對中
國的認識，多是通過日本的學術研究成果獲得的。

　　現在，在日本的東洋學當中，中國學、韓國學、東南亞學是被細加
分類的。日本持續進行研究的東洋學，在不知不覺當中積累著相當可觀
的研究成果。在學術界，甚至盛傳「應該到日本進行中國學研究」的說
法。因此，中國和韓國也應在日本研究領域快馬加鞭，而這也是理解對
方的有效方法之一。

117. 「人」和「自我」的發現

　　筆者最近在解讀東亞近代史的過程中，有一個小小的「發現」。在中國近代以前，並沒有「人格」這個單詞。無論是在1940年出版的《辭源》，還是在1980年出版的中國典型的辭典《辭海》，都找不到「人格」這一詞語。

　　原因在於中國一直以來都是從「人品」、「人的品格」的角度上籠統地理解「人格」的。如此一來，便喪失了「人格」所具有的本來意義，或者是產生了錯覺，將其視為人品或品性的同義詞。

　　「人格」作為一個西方產物，英語寫為「personality」。它在文化人類學被用來專指人的性格、心理特徵等，同時也被用於表現人的個性、個人存在的狀態。「人格」傳入中國以後，人們經常從其字面意義出發，將其等同於「人的品格」，並將其視為道德價值判斷的尺度，而遺忘了其本來的意義。

　　回顧東亞精神史、思想史的時候，我們會了解到中日韓三國幾乎是在同一時期發現了專指獨立人格、個性的「人」，同時也發現了「自我」。

　　1907年，在日本留學的魯迅，在通過日語吸收西方文化的過程中，領悟到了人的個性和獨立人格。這一年，魯迅在一篇題為《文化偏至論》文稿中這樣寫道：「精神現象是人類生活的極致。如果不能發揮其光芒，便意味著人生未能完成。而發揚個人的人格，又是人生最重要的事情。」「首先應該樹立人，人樹立起來，凡事皆成。重要的是堅持個性，發揚精神。」

　　1910年以後，尤其是在五四新文化運動時期，魯迅更是在宣導科學和民主的同時，宣導人的「個性解放」。

　　新文化運動的另一個旗手陳獨秀，在他的《1916》中指出，中國國

民缺乏獨立人格。從而號召中國青年「尊重個人獨立自主的人格，不要成為他人的附屬品。」他在《新青年》發刊詞中提到的六大希望之中，排在第一位的便是「自由的而非奴隸的」的人格。他指出：「解放云者，脫離夫奴隸之羈絆，以完其自主自由之人格之謂也。我有手足，自謀溫飽。我有口舌，自陳好惡。我有心思，自崇所信，絕不認他人之越俎，亦不應主我而奴他人。蓋自認為獨立自主之人格以上，一切操行，一切權利，一切信仰，唯有聽命各自固有之智能，斷無盲從隸屬他人之理。」

魯迅是在歐洲近代文明背景下，捕捉到了其中的精髓，並於1907年宣導「人」、「獨立的自我」的。他強調，隨著「人」的發現，「人」應該克服「多數」和「物質」的統治，恢復「個性」和「自我精神」，這才是「立人」的首要問題。

他認為，只有所有人都以「人」的姿態「立」起來，創建一個共同的「人的國家」，中國才可能在世界上站立起來。

10年以後，魯迅創作的《狂人日記》實際上也是在宣導「立人」思想的。在近代中國文學史上，「人的覺悟」是五四反傳統運動的本質，並反映了當時啟蒙主義的特徵。「人的發現」關注著當時處於社會底層的婦女、兒童、農民，並宣導他們的「解放」。魯迅的弟弟周作人主張的通過「人的發現」，主張「人道主義」、「人的尊重」，也是與此一脈相承的。這些發現與主張，對近代中國「人的確立」和「人格的確立」產生了極大的推動作用。

1910年8月，日本的魚住影雄發表了題為《主張自我思想的自然主義》的文章。在文中，魚住影雄指出，權威是「國家」和「家庭」的特點，是青年自我發展的公敵。中日甲午戰爭以後，日本年輕的知識份子正為如何通過對權威的叛逆、尋找近代的「自我」而苦惱。

著名近代詩人石川啄木在一篇題為《時代封閉的現狀》的評論文章

中，對魚住影雄的觀點提出批評。他主張，青年人要想逃避時代的封閉狀態，就應該與國家鬥爭，伸張自我和獨立的個人自由。

當時，近代民主主義的社會關係，已經作為一種獨立的個人自由、平等的關係理念，提升了個人的權威。

因此，對於自己的認識，在主體化、內在化過程中得以實現。當時，日本在突然跨入戰爭時期的過程中，國家和家庭的現有秩序，在史無前例的權威重壓下襲向個人，因此與自我之間構成極為深刻的衝突。

尤其是在經歷中日甲午戰爭過程中，國家、國民國家意識進一步膨脹。在中日甲午戰爭時期，在國家主義的影響下，無視個人、壓制自我等泯滅個人和犧牲個人的做法達到了極致。另外，在這一時期，對言論自由的控制也進一步得到強化，因此國民針對戰爭的不滿，或「非戰論」等言論被徹底控制和鎮壓。

作為戰後東亞精神智慧的一個環節，在日本發起的近代思想、意識，與新潮語一起引起中國和朝鮮等國的連鎖反應。由此，亞洲在人和人格、自我實現方面開始覺悟。

118. 日韓維新思想的「引爆劑」

在近代史中我們可以發現這樣一個現象：中日韓三國在「近代」的理解方面存在著不同的特點。在日本，近代（modern）這個詞語會使人聯想到明治維新時代的「文明開化」這四個字。同時也會使人想起高領、西服、鹿鳴館、西方建築、鐵路、學校、科學等日本貪婪吸收的西方文明，以及資本主義帶來的豐饒和滿足感。

但是在中國，情況卻與此不同。從鴉片戰爭的失敗開始的「近代」，首先會使人聯想到屈辱和消極的形象。在西歐列強的侵略和殖民

化的壓抑下，中國人沉重的呻吟，成為一種永遠無法抹去的記憶。韓國的情況與中國大致相仿。「近代」在韓國人意識當中的形象也是沉重和陰鬱的。

從1840年的鴉片戰爭開始的亞洲近代史中，還有一個新的發現：在鴉片戰爭中，不得不向西方列強的近代文明屈服的現實所帶來的衝擊，並非是當事一方的清朝，而是與中國隔海相望的島國日本。

即使是簽署了屈辱的《南京條約》，並從此淪為半殖民地，鴉片戰爭還是沒能喚醒中國人，而中國人也沒有認識到自己的落後，所以開明的林則徐儘管有機會與之對抗，卻遭到革職。

中國在鴉片戰爭中失敗的消息，通過當時身在長崎的中國商人早已傳遍日本。這對日本幕府、知識份子和普通大眾來說，是一個巨大的震撼。從1894年出版的有關鴉片戰爭的著述《海外新話》（領田楓江）、《海外餘話》中，可以看到無數令人驚歎的有關戰爭的趣聞、內幕等內容。據說，當時就連普通百姓也都搶著看這類書籍。

當然，知識份子受到的衝擊就更大了。橫井小楠、齋藤竹堂、佐藤信淵、高島秋帆等當時首屈一指的學者，紛紛著書立說，分析鴉片戰爭失敗的原因，大聲疾呼日本應從中吸取教訓，盡快找出擺脫西方列強殖民化的道路。

1842年，佐久間象山提出了他的《海防八策》，告誡日本不要重蹈清國的覆轍。而高島秋帆則向日本政府提出了提高炮戰技術、強化海防的具體方案。同時指出清兵之所以失敗，原因就在於空論，並強調軍事力量的重要性。

日本人天生具有強烈的危機意識——這可以看成是「島國的劣根性」特徵之一。筆者在研究近代史過程中發現，這種危機意識是日本人的「精神結構」的一部分。即使是在和平時期的今天，這種危機意識還沒有在知識份子和普通民眾中絕跡，至今為止仍然像洪水猛獸一樣氾濫

成災。以「日本危及說」為主要內容的書籍，充斥在日本書店各個角落，其原因也正在於此。而在這一點上，中國人「形勢一片大好」式的懈怠狀態，與之形成了鮮明的對照。

當時，日本舉國上下都受到了鴉片戰爭的巨大衝擊，因而紛紛主張應該盡早落實海防政策，以應對西方列強的侵略。而導致這一「草木皆兵」狀態的，卻是一本中國書。

這個引爆劑，正是清朝魏源的名著《海國圖志》。鴉片戰爭失敗以後，雖說清政府依然沒有做出明確有效的反應，卻有少數開明人士已開始著手了解世界，研究和學習西方知識。1814年，林則徐被革去職務，在被發配到新疆之前，他把自己收集和翻譯的原稿以及有關西方的資料交給了自己的朋友魏源，並囑託一定要認真研究，根據這些資料寫出新的著作。

清末人類思想家、史學家魏源（1794-1857）以林則徐的資料為基礎，認真分析研究，終於在1842年12月寫成並出版了《海國圖志》50卷。1847年，《海國圖志》增補到了60卷。而到了1852年，則成為總計100卷的鴻篇巨製。書中的內容包括世界五大洲數十個國家的歷史地理知識，和海防戰略戰術，以及有關西方造船造炮技術的記述。此外還包括圖解10餘卷。

作為近代中國人所寫的最早的歷史地理著作，《海國圖志》突出地表現出「師夷之長技以制夷」的思想。

與此同時，福建省巡撫徐繼畬編著的《瀛寰志略》10卷也正式面世。

但是，魏源這一偉大著作並沒有在中國廣為傳播，反而是在日本引起了巨大迴響。日本的大庭修教授稱，《海國圖志》是從1851年開始輸入日本的，但由於其知名度，到了1859年進口量急劇增長，並給日本社會帶來巨大影響。日本的知識份子和政治家，爭先恐後地翻譯、出版、評論《海國圖志》，1854年至1856年3月期間，出版的各種版本《海國

圖志》多達42種，這在日本出版史上也是絕無僅有的特例。

這本書在帶給日本知識份子極大衝擊的同時，也被他們視為一種極其珍貴的寶物。《海國圖志》拓展了他們的眼界，成為幕府後期日本人了解海外文化的指南和引路人。

日本知識份子通過這本書，在西方的衝擊下，開始了解西方，並從中國鴉片戰爭的失敗中吸取教訓，提高自己的海防意識。幕府末期著名思想家、開國論的創始人佐久間象山，在讀過《海國圖志》以後也引起了巨大共鳴，並感歎「魏源才是我海外的同志」。

身為伊藤博文的導師的吉田松陰是日本明治維新的先驅者、思想家，他同時也是佐久間象山的學生。他在1855年讀過魏源的《海國圖志》以後受到了極大的啟發，並為之讚歎不已。

對於即將步入近代的日本而言，《海國圖志》成為它的行動指南，並成為幕府末期維新思想形成的「引爆劑」。日本的知識份子甚至還把《海國圖志》稱為「能使日本擺脫西方列強殖民化」的戰略指導書。

1845年，通過朝鮮使者，《海國圖志》也傳到了近代朝鮮。當時，這本書同樣喚起了朝鮮知識份子的關注，並對他們認識世界、確立國家意識做出了貢獻。實學派巨頭朴奎壽將這本書視為寶貝，並推薦自己的學生認真閱讀。金玉均、俞吉濬、朴泳孝等開化派領袖，也都是通過這本書開闊了認識世界的目光。此外，黃遵憲的《朝鮮策略》也在朝鮮知識份子階層流傳過程中，產生了巨大的影響。

在中國國內，魏源的《海國圖志》並沒有受到應有的關注，反而在周邊的日本和朝鮮引起巨大迴響，並成為這些國家對應西方列強的行動指南。從這一事實中，我們也可以發現觀察近代東洋的另一個視角。此外，我們也能發現，在應對近代化過程中已經落後的中國，認識世界的水準和樣貌。

119. 明治維新──世界罕見的文化革命

　　由於受到近代西方文明的衝擊，在非西方國家中取得西方式近代化的成功的國家，只有日本這個島國。日本通過明治維新（1858-1881）的成功，終於成為一個可以與西方列強比肩的強國，並成為中國和朝鮮等非西方國家的楷模。

　　中國的戊戌變法、辛亥革命，朝鮮的甲申革命等，以及此後的亞洲四小龍臺灣、韓國、新加坡等國家，在近代化革命中，日本的明治維新始終作為它們學習的典範，而受到各國的推崇。明治維新與亞洲近代的獨裁革命相區別的特點在於，明治維新是一場溫和的革命，而非是獨裁的。

　　明治維新是指日本在受到西方資本主義工業文明衝擊的背景下所進行的由上而下、具有資本主義性質的全面西化與現代化改革的運動。在這場運動中，處於落後狀態的日本顯然是被編入了具有「統治地位的國際秩序」當中。這一點是不容置疑的。借用日本知識份子的一句話說，「自佩里提督來到日本以來，日本與幕藩體制和身分制度決裂，在大約50年間實現了政治、經濟、軍事上的近代化，成為20世紀世界『一流國家』。」

　　在當時日本的國家目標中，佔據主導地位的是：如何應對西方勢力，並在政治、經濟、軍事方面維護國家獨立，使社會逐漸走上西方式的文明道路，並趕上西方列強。

　　清政府在1840年爆發的鴉片戰爭中戰敗，日本由此受到巨大衝擊，從此，因西方列強的殖民統治而產生的危機意識便開始急劇膨脹起來。在這一過程中，日本於1853年至1854年，被佩里提督強制要求開國，因此，日本採取了一條並非「以卵擊石」的溫和方式，對此加以採納。最近，學術界傾向於把明治維新的革命時間，界定在1858年至1881年這23年間，並將其視為是一種為了應對開國條約而進行的政治體制的整頓、

國家目標的確立及修正，以及調整其具體順序的討論過程。

1858年，在和美國簽訂《日美修好通商條約》以後，日本陸續與荷蘭、俄羅斯、英國、法國等簽訂了通商條約。並從次年起，正式開始了對西方的通商貿易。此後，形成了「富國強兵」的政治構想。於是，明治天皇於1890年發布了開設國會的「敕命」。隨著國營企業的民營化，金融、產業改革也在這一年開始實施。

在當時，明治維新是在實現多重目標，即「富國」、「強兵」、「議會」、「憲法」這四項措施並舉的情況下進行的。

有一點特別值得在此一記：日本人特有的「溫和的結構」，使明治維新獲得了成功。同時考慮多重國家目標的「柔軟性」，以及領導人的智慧都達到了相當高的水準。儘管大久保利通、勝海舟、西鄉隆盛等領導人各自提出了不同的國家目標，但日本卻保留了最大公因數，以變通的方式相互團結起來。即使在對立的時候義無反顧地對立，但在團結的問題上，日本人也會彼此做出讓步團結在一起。在明治維新期間，日本在經歷了小規模的流血事件以後，消滅了幕府時代的守舊勢力。在這一過程中，他們通過薩摩派和長洲派的聯盟，將流血衝突控制在最小範圍內，以使革命順利進行。

於是，到了明治維新中期，日本同時實現了「制定憲法、創設議會、殖產興業、對外進出」等四大國家目標。12年以後，在實現上述目標基礎上，日本於1893年成長為一個「世上無比強大的國家」。1894年在明治政府會議上，外相陸奧宗光發表演講稱，「統計資料顯示，相較於1868年，出口增長了5倍，軍艦數量增長4倍；陸軍兵力增長5倍，而鐵路業從無到有，建成了3000英里。作為一個亞洲最早的立憲國家，歐洲各國政府，也紛紛驚歎日本是一個無比強大的國家。」

學術界認為，日本實現近代化的前提條件是：①政治上的統一和穩定；②農業在耕地面積和生產效率上的提高；③物流系統的發達和全國

統一市場的形成；④商業、金融的發展和與之相伴的富裕階層的形成；⑤手工業的發展；⑥因地方政府支持而實現的產業振興；⑦教育的普及。以上這七個條件，即使是在今天的非西方國家，也很少有完全具備的。尤其是日本的教育普及達到了令人驚歎的程度，1872年制定了近代學制，而在3年以後的1875年，全國的小學校數量達到了2400所。小學教育普及率，男孩為50.49%，女孩為18.58%，這是當時世界最高的教育普及率。

日本獲得明治維新成功的另一個原因是，針對外部壓力的迅速的適應能力。儘管存在派別對立情況，但日本很快在徹底學習西方，形成西方化社會一事達成了統一。明治維新的價值，就在於這種徹底性。因此可以說，明治維新是一場徹底西方化的「文化革命」。近代英國外交官、著名學者喬治·B·桑姆森指出：「日本人從來不認為自己比歐洲人更優越，但中國人卻始終認為自己比歐洲人優越。」

1871年發表敕諭，鼓勵日本人民「肉食、短髮、西裝」的生活方式。像森有禮這樣的知識份子，乾脆提議把英語作為日本的國語。不管怎麼說，雖然日本提出了「和魂洋才」的口號，但其實質仍然是一場徹底西方化的「文化革命」。

國際學者G·F·哈迪森在比較日本的明治維新和清政府的革命，並總結其勝敗得失的時候這樣指出：鴉片戰爭以後，儘管日本和中國都在西方列強的壓力下被迫開國，但日本卻於1865年積極選擇了吸納西方文明的道路。而清政府卻依然固執堅持本國的優越性，繼續執行排外政策。這一分歧直接導致日本的近代化，以及中國的反動化這兩種截然相反的結果。G·F·哈迪森還指出了一個有趣的一點：日中分歧的深層原因在於，日本是由傳統武士統治的，與此相反，中國和朝鮮卻是由那些通過了科舉考試的士大夫階層統治的。因此，日本的武士在西方武力下感受到了屈辱，而作為緩釋這種屈辱的辦法，他們選擇了徹底學習

西方技術。但是深陷於儒教優越性的中國和朝鮮文人、讀書人政權，卻認為學習西方文明就是否定自己的價值。1865年中日韓三國的分水嶺就此形成。（平石直昭）

另外，日本內發的國家主義、國家意識保障了日本的團結。而在中國和朝鮮這種國家主義和國家觀是極其缺乏的。

100年前的中日韓. 2. 人物. 思想篇：東亞近代文
明新發現／金文學著. -- 一版.-- 臺北市：大地，
2017.05
　　面：　公分. --（History：94）
ISBN 978-986-402-199-4（平裝）

1. 文化史　2. 近代史　3. 東亞

730.3　　　　　　　　　　　　　　　106004013

100年前的中日韓(2)人物‧思想篇
—— 東亞近代文明新發現

作　　　者	金文學
發 行 人	吳錫清
主　　　編	陳玟玟
出 版 者	大地出版社
社　　　址	114台北市內湖區瑞光路358巷38弄36號4樓之2
劃撥帳號	50031946（戶名：大地出版社有限公司）
電　　　話	02-26277749
傳　　　真	02-26270895
E - m a i l	vastplai@ms45.hinet.net
網　　　址	www.vastplain.com.tw
美術設計	普林特斯資訊股份有限公司
印 刷 者	普林特斯資訊股份有限公司
一版一刷	2017年05月

HISTORY 094

定　　　價：280元
版權所有‧翻印必究

Printed in Taiwan